DUMBARTON OAKS
MEDIEVAL LIBRARY

Jan M. Ziolkowski, General Editor

THE OLD ENGLISH BOETHIUS

DOML 19

The Old English Boethius

With Verse Prologues and Epilogues Associated with King Alfred

Edited and Translated by

SUSAN IRVINE

and

MALCOLM R. GODDEN

DUMBARTON OAKS
MEDIEVAL LIBRARY

HARVARD UNIVERSITY PRESS
CAMBRIDGE, MASSACHUSETTS
LONDON, ENGLAND
2012

Library of Congress Cataloging-in-Publication Data
Boethius, d. 524.
   The Old English Boethius : with verse prologues and epilogues
associated with King Alfred / edited and translated by Susan Irvine and
Malcolm Godden.
      p. cm.—(Dumbarton Oaks medieval library ; 19)
   Includes bibliographical references and index.
   ISBN 978-0-674-05558-2 (alk. paper)
      1. Boethius, d. 524—Translations into English.   2. Alfred, King of
England, 849–899. Old English version of Boethius De consolatione
philosophiae.   I. Irvine, Susan (Susan Elizabeth)
II. Godden, Malcolm.   III. Title.
   PA6232.E5D45 2012
   100—dc23   2012008658

Contents

Introduction

This volume brings together a collection of Old English texts traditionally associated in various ways with King Alfred the Great. The main item is a version of the *Consolation of Philosophy* by Boethius, written in alternating verse and prose in imitation of the Latin original. Preceding it are a prose prologue, which claims "Alfred was the translator of this book," a verse prologue, and an introductory verse narrative on the Goths and Boethius. Following it are some other "Alfredian" verse prologues and epilogues, three from prose translations produced by or for the king and one from a late copy of a translation that was attributed to the king in Anglo-Saxon times.

THE OLD ENGLISH *BOETHIUS*

Anicius Manlius Severinus Boethius was born in Rome around 480, shortly after the last Roman emperor in the West had been deposed, in 476, and the barbarian general Odovacer had become ruler of Italy. Odovacer was in turn deposed and killed around 489 by Theoderic the Ostrogoth, possibly with the blessing of the Eastern emperor, and Theoderic then ruled Italy until his death in 526. The father of Boethius was of high rank and became consul and praetorian prefect under Odovacer in 487, but he apparently died when Boethius was still a boy. The young Boethius was adopted by the powerful senator Symmachus and later married his daughter, Rusticiana. Boethius himself served as consul under Theoderic in the year 510, but apart from that he seems to have mainly led a life of aristocratic scholarship on the margins of Italian politics, engaged in translations and adaptations of Greek philosophical texts and the composition of theological tracts that employed his philosophical training to intervene in the bitter disputes between East and West. Then in 523 he suddenly became involved in high politics when he was appointed to the key and powerful post at court of Master of the Offices under Theoderic. At the same time his two young sons were elected as consuls. Twelve months later he was out of office and facing accusations of treason for conspiring against the king. He was tried and convicted by the senate and apparently sentenced to death, but in the event only exiled to Pavia. There he composed the *Consolation of Philosophy* (*De consolatione philosophiae* or *DCP*), a dialogue in alternating prose and verse in which he analyzed his contrasting fortunes and set out his ideas about the nature of the human condition and the idea of God and Happiness. According to early accounts he was killed, perhaps executed, around 525, in uncertain circumstances.

Boethius presumably completed the *DCP* around 525, but there is no trace of it, or definite evidence of its influence, until the end of the eighth century. The earliest hint of its influence is some echoes in a work by the Anglo-Saxon scholar Alcuin, written about 796, the year when he retired from the court of Charlemagne and became abbot of Tours.

Thereafter, knowledge of the work and interest in it spread rapidly in the Carolingian world. The earliest surviving manuscripts are four that were written in France in the first half of the ninth century, but by the end of the ninth century at least, copies were also available in the Germanic-speaking parts of the Carolingian empire and in the British Isles. Altogether some eighty manuscripts of the *DCP* survive from the period up to 1100 and well over four hundred from the Middle Ages as a whole. Many more must once have existed, for the work was much studied and admired, although it was also seen as controversial and even heretical, at least in the early centuries. Surviving early manuscripts are generally heavily glossed, with annotations, comments, objections, and explanations crammed between the lines and in the margins, generally in Latin but sometimes in vernacular languages such as Old High German, Old English, Old Cornish, and Old Irish.

THE OLD ENGLISH VERSIONS

The study of the *DCP* in England can be traced back to at least the early decades of the tenth century, in ecclesiastical centers such as Canterbury and Glastonbury, and it was around that time, between about 880 and about 950, that someone produced an Old English translation and adaptation, probably for the use of students and scholars. It exists in two forms. The original translator turned both the prose and the verse of the original Latin into English prose, with substantial omissions, changes, and additions, resulting in a free adaptation that is distinctly longer than the original. Soon afterward someone produced a revised version, with alternating prose and verse in the fashion of the Latin text. It was apparently created by turning into verse those parts of the earlier prose translation which corresponded to verse in the Latin text, and retaining the rest of the original translation in prose. It is this prosimetrical version that is printed here.

Each of the two versions survives in just one medieval manuscript. The prose version appears in Oxford, Bodleian Library, MS Bodley 180, produced at the end of the eleventh century or beginning of the twelfth, while the prosimetrical version appears in London, British Library, Cotton MS Otho A.vi, produced around the middle of the tenth century. The work was better known in Anglo-Saxon times than this might suggest, however. A fragment of a third manuscript was found in the Bodleian Library in 1886 but has since been lost again: judging from the description, it may have been produced in the first half of the tenth century. Passages taken from the Old English text also appear in adapted form in the work of Ælfric at the end of the tenth century and in the Old English *Distichs of Cato* in the eleventh, and were cited by Nicholas Trevet in his commentary on the *DCP* around 1300. Copies are noted in early book lists from Exeter Cathedral and Christ Church Canterbury, and the work is mentioned in the late tenth-century *Chronicle* of Æthelweard and in the early twelfth-century works of William of Malmesbury.

The British Library manuscript was very badly damaged in the Cotton fire of 1731, and much of it can no longer be read. Fortunately, the manuscript had been carefully examined by the Dutch scholar Francis Junius around 1658, and he copied the verse portions, and variant readings from the prose parts, into his handwritten edition of the prose version. That edition survives in Oxford, Bodleian Library, MS Junius 12 and is an important record of the text of the prosimetrical version.

Both versions begin in the manuscripts with prefaces claiming King Alfred the Great (849–899) as author of the work. That attribution has generally been accepted in the past, but as with other supposedly Alfredian translations, such as those of Bede and Orosius, it now seems rather doubtful. Texts were commonly misattributed to kings and noblemen in the early medieval period, or written in their voice, and such features of the *Boethius* text as the competence in Latin, the familiarity with scholarly ideas and classical culture, and the occasional critiques of kingship suggest that the translation was the work of a well-educated Anglo-Saxon scholar familiar with royal courts but somewhat detached from them. Whether it was the translator himself who produced the revised prosimetrical version printed here, or an independent reviser familiar with the form of the Latin text, remains unresolved. Many features in the verse suggest that the composer of the verse was unfamiliar with the original Latin and the intentions of the translator, though occasional evidence points the other way. But the translator may of course have commissioned the verse from an experienced practitioner when he decided to produce a second, prosimetrical version.

The Prose Translation

The first Old English version of *Boethius* was a very free adaptation of the Latin. Books 1 and 5 are heavily condensed and the material rearranged in a different sequence. Books

2–4 are followed somewhat more closely but much adapted and expanded. Though modern critics, thinking of King Alfred as the author working in the midst of other woes, saw much of the variation as the effect of ignorance and incompetence, close comparison with the Latin manuscripts and with the wealth of early glosses can suggest that this was a translator or adapter who knew what he was doing and intended to produce an updated and modernized version of Boethius's text for a different community of readers and scholars, who might often take a different view of the world from Boethius himself. The translator was clearly familiar with the kind of comments that clustered in contemporary copies of the *DCP,* and he often used or adapted them for his own purposes. His adaptations show him working in the same intellectual cast as the commentators even when he does not use the same wording. But he also shows a good grasp of classical mythology and history independently of glosses, and a particular interest in natural science, especially the doctrine of the four elements and the workings of rivers and springs, though his understanding of astronomy sometimes seems imperfect.

The intellectual stance of the translator has been much discussed. His main authority figure, Wisdom, replacing the female Philosophia of the Latin, tends to use more obviously Christian terminology, such as God and the Creator rather than Love and Nature, and to repudiate pagan myths more explicitly, but he nevertheless avoids specifically Christian references and represents himself as the mentor of Aristotle and Plato and other pagan philosophers, and indeed invokes Platonic ideas that were often repudiated by early theologians. The narrator in the Latin text protests about the bewildering and over-complex method of Philosophia's argument, and modern critics have similarly commented on the contradictions and inconsistencies and repetitions in the Latin text. There is an evident sense of pleasure in the construction of an argument and the tricking of the narrator. The Old English translator prefers to straighten the argument out, signaling where the argument is going before he starts. So whereas in the Latin the figure Fortuna dominates the discussion in the first two books but then disappears to be replaced by Fate in the last two, the Old English version dismisses Fortuna altogether and uses Fate or *wyrd* throughout.

This prose version seems to have had some circulation in Anglo-Saxon times, since it survives into the late Bodleian manuscript and was the version used by Ælfric around the year 1000.

The Prosimetrical Version

This too had some circulation, occurring as it does in the Cotton manuscript and being apparently the version known to Trevet in the thirteenth century. The compiler of the prosimetrical version supplied a new prose preface and a verse one, both attributing the text to King Alfred (the prose preface also appears in the only manuscript of the prose version but seems to have been composed for the prosimetrical version and may have been transferred to the former by a reviser). He also substituted verse renderings for the original prose for most of the meters and for the opening chapter on the Gothic invasion, the accession of Theoderic and the conspiracy of Boethius. He seems to have overlooked (or conceivably chose for some reason not to alter) three of the meters, which are not signaled as song in the prose version and hence easily missed, and the major part of the Orpheus meter (3m12 in the Latin text), all of which are left as prose.

The composer of the verse had distinctive handicaps. He had to work from an existing prose version, obliged to follow its general sense and inevitably being influenced by its language and phrasing. It was also a text that in terms of subject and argument did not lend itself to the traditional devices of Old English poetry: there was little opportunity for heroic language and depictions of warfare or sea-voyaging, and what it had to say about royal courts was very negative. Nevertheless, he was clearly a skilled and experienced poet who coped well with the limitations and produced verse that generally follows closely the conventions and rules of Old English poetry. His verse is substantially longer than the equivalent prose, but that is largely due to the need to introduce words or phrases to support the meter or alliteration. In diction he introduced a great many poetic words, apparently for this purpose, but still uses more prosaic words (that is, words that are not generally found in Old English verse) than occur in most poems. Many of his additions of single words or phrases add nothing to the sense but support the meter. Specific differences of substance are indicated below in the Notes to the Translations, but it is perhaps worth remarking one general feature, a tendency to invoke the name of Christ and the Christian God more frequently than in the original prose.

In prosody, the basic rules of meter and alliteration are almost always followed: stressed elements are in the main

handled normally, and the particular metrical laws govern-
ing anacrusis, resolution, and double alliteration are gener-
ally followed. But there are some variations from strict prac-
tice which probably reflect the influence of the Old English
prose original, and other features, such as less use of double
alliteration and heavy use of end-stopping, which are also
found in other Old English verse translations, and perhaps
show the effect of having to follow another text, whether
English or Latin. Even so, the result is a unique Old English
text, a bold attempt to match in Anglo-Saxon guise the form
and style of one of the great literary monuments of the late
Roman world.

Editions

The editorial history of the Old English *Boethius,* and par-
ticularly the prosimetrical version, is a fascinating story.
Francis Junius came across the Bodleian manuscript in about
1651 and copied out the whole text (in an edited and cor-
rected form) in about 1658. Shortly afterward, it appears, he
discovered the Cotton manuscript and collated his edited
transcription of that version with his copy of the prose, add-
ing the verse portions on separate slips. This was intended
for a printed edition, but Junius died in 1677 without com-
pleting it. Then in 1698 Christopher Rawlinson prepared
the Junius materials for the printer and published them,
with the Bodleian text as the primary form, the Cotton vari-
ants to the prose at the foot of the page, and the Cotton me-
ters gathered together at the end. In 1731 the Cotton manu-
script was badly damaged in the Cotton fire, and subsequent
editions by Cardale in 1820, Fox in 1864, and Sedgefield in

1899 followed the format of Junius's edition, prioritizing the prose version but adding variants from the Cotton manuscript's prose and the meters at the end (only one meter in the case of Cardale). It was not until 2009 that the prosimetrical version found in the Cotton manuscript was made accessible in its original form, though even then the burned text had to be supplemented with readings from the Bodleian manuscript and from Junius. The present edition is based on the text prepared by the present editors for the Oxford University Press edition of 2009, but without the extensive apparatus and the indications of what letters and words are still legible in the Cotton manuscript.

The Verse Prologues and Epilogues

The metrical preface to the Old English *Boethius* is part of a rich Anglo-Saxon tradition of verse prologues (or prefaces) and epilogues to works in prose. The earliest examples are in Latin, written by the Anglo-Saxon scholar Alcuin of York after he had moved to the Continent to join the court of the emperor Charlemagne at Aachen. There he wrote verse prologues and epilogues to a number of his own Latin works and works by others, and these would no doubt have become known in England. But later examples are in English. They include five that were written to accompany Old English prose texts traditionally associated with King Alfred: the verse prologue to Bishop Wærferth's translation of Gregory's *Dialogi* (the Old English *Dialogues*), the verse prologue and epilogue to the translation of Gregory's *Regula Pastoralis* (the Old English *Pastoral Care*), the verse preface to the Old English *Boethius,* and the epilogue to the translation of

Bede's *Historia Ecclesiastica* (the Old English *Bede*). The others that survive are a poem in English, Latin, and Greek written to introduce a tenth-century copy of Aldhelm's Latin prose work in praise of virginity, and a poem in English introducing an eleventh-century collection of Latin and English prose texts and celebrating one Thureth for paying for the binding. Of these, the preface to the Old English *Boethius* is included in its appropriate place at the beginning of the *Boethius* in this volume, and the other four poems linked to "Alfredian" works are included here.

The texts relate in various ways to the works that they introduce or conclude. Sometimes the verse prefaces are paired with a prose preface, as in some of Alcuin's works and in the preface to the *Pastoral Care* and the *Boethius*. In some cases they were part of the original publication of the work in question, and perhaps by the same author, as again with Alcuin and the *Pastoral Care;* more often they seem to have been written and added as part of a recirculation, as with Alcuin's prologue to the Pseudo-Augustine work on dialectic, the *Categoriae decem,* Wulfsige's prologue to the Old English *Dialogues,* the verse preface to the *Boethius,* the epilogue to *Bede,* the prologue to Aldhelm, and the inscription about Thureth.

A distinctive feature of many of these texts is their use of the book itself as the speaker, as in Alcuin's prologue to his *De dialectica* and the Old English prologues to the *Dialogues,* the *Pastoral Care,* perhaps the *Boethius, Aldhelm,* and the *Thureth* collection. The device of investing an inanimate object (including a book) with a first-person voice may have been familiar from the Old English verse riddles, or perhaps from the Latin sources that informed the vernacular collection. Scribal colophons which refer to the book in the first person (such as *Wulfwi me wrat* [Wulfwi wrote me] in London, British Library, Cotton Otho C.i) may have offered a precedent. The Alfred Jewel, now in the Ashmolean Museum in Oxford, in which the object, probably a bookmarker, speaks out through an inscription (*Aelfred mec heht gewyrcan*), offers an interesting vernacular analogue to the conceit of the speaking book. The conceit of the speaking book may have served to draw attention to the book as an esteemed physical object in its own right.

In lexical, metrical, and syntactic terms, the verse prologues and epilogues relied on using and adapting traditional poetic formulas found elsewhere in the corpus of Old English verse. The extent to which they followed conventional metrical structures varies considerably: at one end of the spectrum, relatively regular in its metrical usage, is the epilogue to the Old English *Pastoral Care,* at the other, with markedly loose metrical usage, is the verse prologue to the same work. The level of closeness to conventional poetic formulaic systems can vary within individual prologues and epilogues according to the subject matter. So, for example, the final six lines of the verse prologue to the *Pastoral Care,* explaining the process of translation and copying, deviate considerably further from traditional formulaic systems than the first part of the poem.

The verse prologues and epilogues act as intermediaries between the works that they frame and their contemporary audience. They may explain the origin of the work and justify its production, as in the verse prologues to the Old English *Pastoral Care* and *Boethius,* or they may interpret a work and recommend it to its readers, as in the first part of the verse prologue to the Old English *Dialogues* and the epilogue to the Old English *Pastoral Care.* They may draw attention to the person responsible for procuring or copying this particular book, making petitions on his behalf, as in the second part of the verse prologue to the Old English *Dialogues* and the epilogue to the Old English *Bede.* Arguably, the traditional poetic structures and diction of these prologues and epilogues were designed to reflect a long-standing tradition of composition in the vernacular and to justify its use in conveying the learning of the past.

A consistent feature of these texts is their concern to bestow authority on the vernacular works they accompany. One of the methods of achieving this was by explicit reference to the Latin source authors such as Gregory (in the verse prologue and epilogue to the Old English *Pastoral Care*), whose authority could be taken for granted. Elsewhere, Alfred's name, the epitome of royal authority, is brought to bear, as in the verse prologues to the Old English *Dialogues, Pastoral Care,* and *Boethius.*

The ways in which the verse prologues and epilogues drew on a Carolingian model and imaginatively adapted that model to contemporary textual and linguistic strategies make them a fascinating witness to the development of literary culture in late ninth-century England and beyond. The fact that they represent such a small proportion of the Old English poetic corpus belies their significance.

THE VERSE PROLOGUE TO THE OLD ENGLISH DIALOGUES

According to Asser, in his Life of King Alfred, Gregory the Great's well-known and influential Latin collection of stories of saints and their miracles, known as the *Dialogues* and written ca. 593, was translated into English by Wærferth, bishop of Worcester, at the request of King Alfred and for his use, apparently around 885 or soon after. Two of the surviving manuscripts of the translation begin with a prose prologue, written in King Alfred's voice but probably by the translator himself, in which the king confirms that he commissioned the translation for his own edification. But a third copy has instead of this prose prologue a verse one of twenty-seven lines written in the voice of the book but on behalf of a bishop who received a copy of the translation from the king and has arranged for a further copy (or more) to be made. The bishop is named as Wulfstan in the only manuscript, but the name seems to have been altered, probably from Wulfsige, who was bishop of Sherborne in Alfred's time. Wulfsige, then, recirculated the text and supplied the verse prologue to recommend the work to others and to record its origins, as a gift from the king. The prologue generally follows conventional Old English metrical structures closely. It also makes considerable use of poetic expressions which parallel those in Old English verse elsewhere. A marked exception is the word *bisen,* which, though infrequent in Old English verse, is used here three times, possibly with its dual meanings of "example" and "exemplar" in mind.

This prologue has been edited a number of times, both on its own and as part of the Old English *Dialogues* as a whole. It was printed as prose by Heinrich Krebs in 1880 and also by Hans Hecht in his edition of the whole of the Old English *Dialogues* in 1900. It was first printed as verse by Ferdinand Holthausen in 1900. Elliott V. K. Dobbie edited the prologue in the Anglo-Saxon Poetic Records (1942); in 1980 David Yerkes printed a revised text based on Dobbie's, drawing on a fresh examination of the manuscript and un-published documents by Krebs and Henry Johnson.

THE VERSE PROLOGUE TO THE OLD ENGLISH PASTORAL CARE

Gregory the Great's guide for bishops or *Regula Pastoralis,* written ca. 590, rapidly became standard reading for bishops in the Western Church and was repeatedly recommended. The Old English translation was issued from the court of King Alfred sometime between 890 and 896, accompanied by a prose prologue and verse prologue and a verse epilogue, all in English, as well as English prose translations of Grego-ry's own prologue and epilogue. The prose prologue, written in the voice and name of King Alfred and identifying the king himself as the translator, explains the thinking behind the translation, urges the production of other translations, and briefly indicates the arrangements for circulating and preserving copies of the text: copies are to be sent to every episcopal seat and kept in the episcopal church. The verse prologue is in the voice of the book and focuses on its trans-mission from Gregory the Great through Augustine of Can-terbury and on to King Alfred, who had it copied far and wide and then sent to his bishops, some of whom could not manage Latin, it says. The influence of Alcuin is perhaps evi-dent in both prologues. The prose prologue shows similari-ties with the prologue to the homiliary of Paul the Deacon, written in the voice of Charlemagne but probably by Alcuin, and the verse prologue somewhat resembles the Latin verse prologues to Alcuin's *De dialectica* and the *Categoriae decem.*

The verse is generally judged to be of dubious quality (as in Sweet's much-quoted "curious doggerel") because of its metrical irregularities. Its first ten lines draw much more heavily on traditional poetic formulas than the last six. This is reflected in its diction, with the more characteristically poetic words and phrases occurring in its first part (*iegbuend, dryhtnes cempa,* and *rodra weard*). The prologue contains a notably high number of prosaic religious and learned terms within its sixteen lines.

Although Henry Sweet printed this prologue as prose in his edition of two versions of the Old English *Pastoral Care* published in 1871, he acknowledged its metrical structure and presented it as verse in his notes. Editions of the prologue (including Dobbie's in the Anglo-Saxon Poetic Records and the present one) have most commonly based their text on the earliest surviving manuscript, Oxford, Bodleian Library, Hatton 20 (dated 890–897), whose copy of the prologue is extremely accurate. A recent partial edition of the Old English *Pastoral Care* by Carolin Schreiber (2003) uses the tenth-century manuscript Cambridge, Corpus Christi College 12 as the base text and offers a full apparatus.

THE VERSE EPILOGUE TO THE OLD ENGLISH PASTORAL CARE

The verse epilogue immediately follows the translation of the *Regula pastoralis* and of Gregory's brief epilogue. It appears in only two of the surviving manuscripts but appears to be a feature of the original dissemination of the text. Like the verse prologue, it focuses on the transmission of the text from the Holy Spirit through the evangelists and fathers of the church, including Gregory himself and (by implication)

King Alfred, to the readers of the Old English version, using an extended and imaginative metaphor of water and watercourses that draws on Saint John's Gospel (7:38–39) and on chapters 38 and 39 of the *Pastoral Care* itself, and perhaps too on the traditional metaphors referring to Gregory's eloquence seen for instance in the incipits of the four books of the Old English *Dialogues*. The epilogue conforms closely to conventional Old English poetic structures. Its straightforward diction also belies its metaphorical complexity.

The epilogue was printed as prose by Sweet in his edition of the Old English *Pastoral Care* published in 1871. It was first printed in verse form by Holthausen in 1901. As with the verse prologue to the same work, editors (including Dobbie and the present editors) have usually based their text on the copy in Hatton 20, with the exception of Schreiber's 2003 edition, whose base text is the tenth-century copy in CCCC 12.

The Verse Epilogue to the Old English Bede

Bede's *Historia Ecclesiastica,* completed around 730, was translated into English at some time in the ninth century. As early as the tenth century it was attributed to King Alfred, but that attribution is no longer accepted, not least because the language is largely Mercian rather than West Saxon. It may have been encouraged or commissioned by the king, but there is no positive evidence. The translation was popular, with some five copies extant as well as some extracts in another manuscript and some evidence of use by Ælfric. The translation included prose renderings of Bede's prologue and epilogue, but in one eleventh-century manuscript,

Cambridge, Corpus Christi College 41, there is a further epilogue, in verse, probably written in the voice of the scribe. The relatively loose metrical structure of the epilogue may reflect late composition.

Thomas Miller, in his edition of the Old English *Bede* published in 1890–1898, printed the verse epilogue separately from the main work as part of his "Various Readings." Jacob Schipper in his edition of 1897–1899 similarly printed it away from the work itself. The epilogue has been edited on its own and with other verse (the latter category including Dobbie's edition in Anglo-Saxon Poetic Records), and it has also been edited by Fred C. Robinson as the third part of a tripartite prosimetrical epilogue, in which the verse succeeds two prose prayers which are found in other manuscripts of the Old English *Bede* as well as in CCCC 41. The present edition treats it as a separate poem which a scribe has added to the work he has copied.

THE OLD ENGLISH
BOETHIUS

BOOK I

Prose 1: Preface

Ælfred kuning wæs wealhstod ðisse bec and hie of boc-
lædene on Englisc wende, swa hio nu is gedon. Hwilum he
sette word be worde, hwilum andgit of andgite, swa swa he
hit þa sweotolost and andgitfullicast gereccan mihte for
þam mislicum and manigfealdum weoruldbisgum þe hine
oft ægðer ge on mode ge on lichoman bisgodan.

2 Ða bisgu us sint swiþe earfoþrimu þe on his dagum on þa
ricu becoman þe he underfangen hæfde, and þeah ða he þas
boc hæfde geleornode ond of Lædene to Engliscum spelle
gewende, þa geworhte he hi eft to leoðe swa swa heo nu ge-
don is. And nu bit and for Godes naman healsað ælcne þara
þe þas boc rædan lyste þæt he for hine gebidde, and him
ne wite gif he hit rihtlicor ongite þonne he meahte, forþam
þe ælc mon sceal be his andgites mæðe and be his æmettan
sprecan þæt he sprecð and don þæt þæt he deþ.

Prose 1: Preface

King Alfred was the translator of this book and turned it from Latin into English, as it is now set down. Sometimes he set it down word for word, sometimes sense for sense, in whatever way he could explain it most clearly and intelligibly, given the many worldly troubles of different kinds, which often occupied him in mind and body.

The troubles that occurred in his time, in the kingdoms 2 that he had received, are very hard for us to count, and yet when he had grasped this book and turned it from Latin into English prose, he then converted it again into verse, as it is now set out. And now he prays and in God's name entreats everyone who takes pleasure in reading this book to pray for him, and not to blame him if they understand it more correctly than he could, since everyone must speak what he speaks and do what he does according to the power of his understanding and the time available to him.

Verse Preface

Ðus Ælfred us   eald-spell reahte,
cyning West-sexna,   cræft meldode,
leoð-wyrhta list.   Him wæs lust micel
ðæt he ðiossum leodum   leoð spellode,
5   monnum myrgen,   mislice cwidas,
þy læs ælinge   ut adrife
selflicne secg,   þonne he swelces lyt
gymð for his gilpe.   Ic sceal giet sprecan,
fon on fitte,   folc-cuðne ræd
10   hæleðum secgean.   Hliste se þe wille.

Meter 1

Hit wæs geara iu   ðætte Gotan eastan
of Sciððia   sceldas læddon,
þreate geþrungon   þeod-lond monig,
setton suðweardes   sige-þeoda twa.
5   Gotene rice   gearmælum weox.
Hæfdan him gecynde   cyningas twegen
Rædgod and Aleric;   rice geþungon.
Þa wæs ofer Muntgiop   monig atyhted
Gota gylpes full,   guðe gelysted,
10   folc-gewinnes.   Fana hwearfode
scir on sceafte.   Sceotend þohton
Italia   ealla gegongan,

4

Verse Preface

Alfred, king of the West Saxons,
told us an old story in this manner, made known his ability,
his skill as a poet. He had a great desire
to proclaim verse to these people,
entertainment for them, varied speeches,   5
lest tedium should drive away
the self-regarding man, when he pays little heed
to such a matter because of his pride. I must yet speak out,
engage in poetry, tell to men
well-known advice. Let him listen who will.   10

Meter 1

It was a long time ago that the Goths brought
shields from Scythia in the east,
violently oppressed many a nation,
two victorious nations setting out southward.
The kingdom of the Goths increased year by year.   5
They had two kings by right,
Raedgota and Alaric; they prospered in power.
Then many of the Goths, full of pride,
were enticed over the Alps, longing for war,
for battle. The shining banner   10
fluttered on its staff. The warriors,
the shield-bearing soldiers, intended to overrun

lind-wigende.   Hi gelæstan swua
efne from Muntgiop   oð þone mæran wearoð
15 þær Sicilia   sæ-streamum in,
eg-lond micel,   eðel mærsað.
     Ða wæs Romana   rice gewunnen,
abrocen burga cyst;   beadu-rincum wæs
Rom gerymed.   Rædgot and Aleric
20 foron on ðæt fæsten;   fleah casere
mid þam æþelingum   ut on Crecas.
Ne meahte þa seo wea-laf   wige forstandan
Gotan mid guðe;   gio-monna gestrion
sealdon unwillum   eþel-weardas,
25 halige aðas: wæs gehwæðeres waa.
Þeah wæs mago-rinca   mod mid Crecum,
gif hi leod-fruman   læstan dorsten.
     Stod þrage on ðam.   Þeod wæs gewunnen
wintra mænigo,   oðþæt wyrd gescraf
30 þæt þe Ðeodrice   þegnas and eorlas
heran sceoldan.   Wæs se here-tema
Criste gecnoden;   cyning selfa onfeng
fulluht-þeawum.   Fægnodon ealle
Rom-wara bearn   and him recene to
35 friðes wilnedon.   He him fæste gehet
þæt hy eald-rihta   ælces mosten
wyrðe gewunigen   on þære welegan byrig,
ðenden God wuolde   þæt he Gotena geweald
agan moste.   He þæt eall aleag.
40 Wæs þæm æþelinge   Arrianes
gedwola leofre   þonne drihtnes æ.

all Italy. They did as they intended,
right from the Alps to that famous shore
where the large island of Sicily   15
marks out its territory with sea currents.

    Then the kingdom of the Romans was conquered,
the finest of cities sacked; Rome was opened up
to the warriors. Raedgota and Alaric
went into the stronghold; the emperor fled   20
with the princes away to the Greeks.
Then the survivors could not withstand the Goths
in war, in battle; the guardians of the homeland
reluctantly gave up their ancestors' treasure and made
sacred promises: it was an affliction in both respects.   25
Yet the hearts of the warriors were with the Greeks,
if they dared to support their leader.

    It remained in this fashion for a time; the nation was
conquered for many years until fate ordained
that warriors and noblemen should   30
obey Theoderic. That ruler was
committed to Christ; the king himself received
baptism. All the offspring of Roman citizens
rejoiced and immediately sought
peace with him. He promised them firmly   35
that they would be permitted to remain
in possession of their ancient rights in that wealthy city,
for as long as God wished that he might have power
over the Goths. He set all that aside.
The heresy of Arius was dearer   40
to that prince than God's law.

Het Iohannes,   godne papan,
heafde beheawon;   næs ðæt hærlic dæd.
Eac þam wæs unrim   oðres manes
45 þæt se Gota fremede   godra gehwilcum.
      Ða wæs ricra sum   on Rome-byrig
ahefen here-toga,   hlaforde leof
þenden cyne-stole   Creacas wioldon.
Þæt wæs rihtwis rinc.   Næs mid Rom-warum
50 sinc-geofa sella   siððan longe.
He wæs for weorulde wis,   weorð-mynða georn,
beorn boca gleaw;   Boitius
se hæle hatte   se þone hlisan geþah.
      Wæs him on gemynde   mæla gehwilce
55 yfel and edwit   þæt him el-ðeodge
kyningas cyðdon;   wæs on Creacas hold,
gemunde þara ara   and eald-rihta
þe his eldran mid him   ahton longe,
lufan and lissa.   Angan þa listum ymbe
60 ðencean þearflice   hu he ðider meahte
Crecas oncerran,   þæt se casere eft
anwald ofer hi   agan moste.
Sende ærend-gewrit   eald-hlafordum
degelice,   and hi for drihtne bæd
65 ealdum treowum   ðæt hi æft to him
comen on þa ceastre,   lete Creca witan
rædan Rom-warum,   rihtes wyrðe
lete þone leodscipe.   Ða þa lare ongeat
Ðeodric Amuling   and þone þegn oferfeng,
70 heht fæstlice   folc-gesiðas
healdon þone here-rinc.   Wæs him hreoh sefa,

He commanded that the good pope John
should have his head cut off; that was not a noble deed.
In addition to that there were countless other crimes
that the Goth committed against everyone's good.   45

    Then a certain powerful man in Rome was
raised up as consul, one cherished by his lord
at the time that the Greeks held the throne.
He was a just man. There was no better treasure giver
among the Romans for a long time afterward.   50
He was wise in respect of the world, eager for honors,
a wise scholar; Boethius
was the name of that man who attained fame.

    He had in his thoughts all the time
the evil and contempt that the foreign kings   55
showed them; he was loyal to the Greeks
and remembered the honors and ancient rights,
the love and favors, that his predecessors had had
with them for a long time. Then he began
to consider carefully how he could bring   60
back the Greeks, so that the emperor might
have power over them again.
He secretly sent a letter to his former
lords, and urged them for the sake of God
and their old loyalties that they should return to them,   65
to the city, and that Greek counselors should be allowed
to rule the Romans, and the Romans should be allowed
to have their due rights. Then Theoderic the Amuling
heard about that request and seized the officer;
he commanded the lords of the people   70
to hold that warrior firmly. His mind was troubled,

9

ege from ðam eorle.   He hine inne heht
on carcernes   cluster belucan.
Þa wæs modsefa   miclum gedrefed
75 Boetius.   Breac longe ær
wlencea under wolcnum;   he þy wyrs meahte
þolian þa þrage   þa hio swa þearl becom.
Wæs þa ormod eorl,   are ne wende,
ne on þam fæstene   frofre gemunde,
80 ac he neowol astreaht   niðer ofdune
feol on þa flore,   fela worda spræc,
forþoht ðearle;   ne wende þonan æfre
cuman of ðæm clammum.   Cleopode to drihtne
geomran stemne,   gyddode þus:

Meter 2

"Hwæt, ic lioða fela   lustlice geo
sanc on sælum;   nu sceal siofigende,
wope gewæged,   wreccea giomor,
singan sar-cwidas.   Me þios siccetung hafað
5   agæled, ðes geocsa,   þæt ic þa ged ne mæg
gefegean swa fægre,   þeah ic fela gio þa
sette soð-cwida   þonne ic on sælum wæs.
Oft ic nu miscyrre   cuðe spræce
and þeah uncuðre   ær hwilum fond.
10   Me þas woruld-sælða   welhwæs blindne

in him was fear because of that nobleman. He commanded
him to be locked in a prison cell.
    Then Boethius's mind was greatly
troubled. For a long time he had enjoyed   75
prosperity under the skies; he found it all the harder
to endure so harsh a time when it befell.
Then the nobleman was despondent, was not expecting
mercy, nor did he think of any comfort in that stronghold,
but, stretched out prostrate and turning downward,   80
he fell on the floor; spoke many words
in great despair, never expecting to come from there
out of those fetters. He called to the Lord
with a sad voice, sang as follows:

Meter 2

"Formerly I sang many songs
joyfully in happy times; now, sighing, exhausted
by weeping, I, a sad outcast, must
sing laments. This sighing and sobbing
have hindered me so that I cannot compose   5
those songs so elegantly, although I formerly
composed many a true discourse in happy times.
Often now I misapply known words,
and yet previously composed with more unfamiliar ones.
These worldly joys, which I always thought   10

on ðis dimme hol dysine forlæddon,
and me þa berypton rædes and frofre
for heora untreowum, þe ic him æfre betst
truwian sceolde. Hi me to wendon
15 heora bacu bitere and heora blisse from.
Forhwam wolde ge, weoruld-frynd mine,
secgan oððe singan þæt ic gesællic mon
wære on weorulde? Ne synt þa word soð
nu þa gesælða ne magon simle gewunigan."

Prose 2

Þa ic þa þis leoð, cwæð Boetius, geomriende asungen hæfde, þa com þær gan in to me heofencund Wisdom and þæt min murnende mod mid his wordum gegrette, and þus cwæð: "Hu ne eart ðu se mon þe on minre scole wære afeded and gelæred? Ac hwonon wurde þu mid þissum woruldsorgum þus swiðe geswenced? Butan ic wat þæt þu hæfst þara wæpna to hraðe forgiten þe ic þe ær sealde." Ða cleopode se Wisdom and cwæð: "Gewitaþ nu awirgede woruldsorga of mines þegenes mode forþam ge sind þa mæstan sceaþan. Lætaþ hine eft hweorfan to minum larum."

2 Þa eode se Wisdom near, cwæð Boetius, minum hreowsiendum geþohte and hit swa niowul hwæthwugu up arærde. Adrigde þa mines modes eagan and hit frægn liðum wordum hwæðer hit oncneowe his fæstermodor. Mid þam þe ða þæt Mod wið his bewende, þa gecneow hit swiðe sweotele his agene modor, þæt wæs se Wisdom ðe hit lange ær tyde

to trust best, have enticed me,
foolish and nearly blind, into this dark hole,
and have deprived me of advice and comfort
owing to their faithlessness. They cruelly turned
their backs on me and took their happiness away from me.　15
Why, my friends, would you
say or sing that I was a fortunate man
in the world? Those words are not true
since the joys cannot last forever."

Prose 2

When, said Boethius, I had sung this song, lamenting, there came to me heavenly Wisdom, and he greeted my mourning mind with his words, and said as follows: "Are you not the person who was nourished and taught in my school? But how have you become so sorely oppressed by these worldly sorrows? It is, I know, because you have too quickly forgotten the weapons which I had given you." Then Wisdom called out and said: "Depart now, you accursed worldly sorrows, from my pupil's mind, since you are the worst of evildoers. Leave him to turn again to my teachings."

Then, said Boethius, Wisdom came nearer to my grieving thought and lifted it up a little from where it lay prone. Then he dried my mind's eyes, and asked it with gentle words whether it knew its foster mother. As soon as the Mind turned that way, it recognized very clearly its own mother; that was Wisdom who had trained and taught it 　2

and lærde. Ac hit ongeat his lare swiðe totorene and swiðe tobrogdene mid dysigra hondum, and hine þa frægn hu þæt gewurde.

3 Þa andwyrde se Wisdom him and sæde þæt his gingran hæfdon hine swa totorenne þær þær hi teohhodon þæt hi hine eallne habban sceoldon. Ac hi gegaderiað monifeald dysig on ðære fortruwunga and on þam gilpe butan heora hwelc eft to rihtre bote gecirre. Ða ongan se Wisdom hreowsian for þæs Modes tydernesse and ongan þa giddian and þus cwæð:

Meter 3

"Eala, on hu grimmum   and hu grundleasum
seaðe swinceð   þæt sweorcende mod
þonne hit þa strongan   stormas beataþ
weoruld-bisgunga.   Þonne hit winnende
5 his agen leoht   anforlæteð,
and mid uua forgit   þone ecan gefean,
ðringð on þa ðiostro   ðisse worulde,
sorgum geswenced.   Swa is þissum nu
mode gelumpen,   nu hit mare ne wat
10 for Gode godes   buton gnornunge
fremdre worulde.   Him is frofre ðearf."

long before. But it saw that his teaching was severely torn and pulled apart by the hands of fools, and it asked him how that had happened.

Then Wisdom answered it and said that his pupils had 3 torn him in this way, wherever they had determined to have all of him. But they pile up much folly in that presumption and ambition, unless each of them returns to the right remedy. Then Wisdom began to grieve for the Mind's weakness, and began to sing, and said as follows:

Meter 3

"Oh what a terrible and bottomless
pit the gloomy mind struggles in
when the fierce storms of worldly cares
pound it. When in distress
it abandons its own light   5
and wretchedly forgets eternal joy,
it rushes into the darkness of this world,
afflicted by sorrows. So it has happened
now to this mind, since it does not know any more
of the goodness that relates to God, but only the misery 10
of a strange world. It has need of comfort."

Prose 3

Þa se Wisdom þa and seo Gesceadwisnes þis leoð asungen hæfdon, þa ongan he eft sprecan and cwæð to ðan Mode: "Ic geseo þæt þe is nu frofre mare þearf þonne unrotnesse. Forþam gif þu þe onsceamian wilt þines gedwolan þonne onginne ic þe sona beran and ðe bringe mid me to heofonum."

2   Þa andsworode him þæt unrote Mod and cwæð: "Hwæt la hwæt sint þis nu þa good and þa edlean þe þu ealne weg gehete þam monnum þe þe heorsumian woldan? Is þis nu se cwide þe þu me geo sædest þæt se wisa Plato cwæde, þæt was þæt nan anweald nære riht butan rihtum þeawum? Gesihst þu nu þæt þa rihtwisan sint laðe and forþrycte forþam hi þinum willan woldan fulgan, and þa unryhtwisan siendon up ahafene þurh heora won dæda and þurh heora selflice? Þæt hi ðy eð mægen heora unriht gewill forðbringan, hi sind mid gifum and mid gestrodum gefyrðrode. Forþam ic nu wille geornlice to Gode cleopian." Ongan ða giddien and þus singende cwæð:

Meter 4

"Eala, ðu scippend   scirra tungla,
hefones and eorðan,   ðu on heah-setle
ecum ricsast,   and ðu ealne hræðe
hefon ymbhwearfest,   and ðurh ðine halige miht

Prose 3

When Wisdom and Reason had sung this lay, then he began to speak again and said to the Mind: "I see that you have more need of comfort than of grief. And so if you are willing to repent of your folly, I will begin to carry you immediately and bring you with me to heaven."

Then the sorrowful Mind answered him and said: "Are these now the benefits and the rewards which you always promised those people who would obey you? Is this now the saying which you told me long ago that the wise Plato said, which was that no power would be right without right virtues? Do you see now that the just are hated and afflicted because they wanted to do your will, and the unjust are raised up through their wicked acts and through their self-will? So that they may more easily do their wicked will, they are supported with gifts and plunder. And so I will now earnestly call to God." It began then to sing, and singing said as follows:

Meter 4

"Creator of the bright stars,
of heaven and of earth, you reign on
an eternal throne and you spin the whole
heaven quickly around, and through your holy power

5   tunglu genedest   þæt hi ðe to herað.
Swylce seo sunne   sweartra nihta
ðiostro adwæsceð   ðurh ðine meht.
Blacum leohte   beorhte steorran
mona gemetgað   ðurh ðinra meahta sped;
10   hwilum eac þa sunnan   sines bereafað
beorhtan leohtes,   þonne hit gebyrigan mæg
þæt swa geneahst   nede weorðað.
Swelce þone mæran   morgen-steorran,
þe we oðre naman   æfen-steorra
15   nemnan herað,   ðu genedest þone
þæt he þære sunnan   sið bewitige;
geara gehwelce   he gongan sceal
beforan feran.   Hwæt, ðu, fæder, wercest
sumur-lange dagas   swiðe hate,
20   þæm winter-dagum   wundrum sceorta
tida getiohhast.   Ðu þæm treowum selest
suðan and westan,   þa ær se swearta storm
norðan and eastan   benumen hæfde
leafa gehwelces   ðurh þone laðran wind.
25   Eala hwæt, on eorðan   ealla gesceafta
hyrað ðinre hæse,   doð on heofonum swa some
mode and mægne,   butan men anum,
se wið ðinum willan   wyrceð oftost.
    "Wella, ðu eca   and ðu ælmihtiga
30   ealra gesceafta   sceppend and reccend,
ara ðinum earmum   eorðan tudre,
monna cynne,   ðurh ðinra mehta sped.
Hwi ðu, ece God,   æfre wolde
þæt sio wyrd on gewill   wendan sceolde
35   yflum monnum   ealles swa swiðe?

compel the stars to obey you.   5
Likewise the sun quenches the darkness
of black nights through your power.
The moon with its pale light moderates
the bright stars through the workings of your powers;
at times it also robs the sun   10
of its bright light when it so falls out
that by necessity they come so very close together.
Likewise you compel the great
morning star, which we hear called
by another name the evening star,   15
to attend the sun's journey;
every year it must make
its journey ahead of it. You, father, make
the long summer days very hot,
assign wondrously short hours   20
to the winter days. You give the southwest wind
to the trees, those which previously the dark storm
from the north and east had deprived
of every leaf through that more hostile wind.
Truly on earth all created things   25
obey your command, they do likewise in heaven
with mind and might, except for humankind alone,
who acts most often against your will.
    "Eternal and almighty
creator and ruler of all creation,   30
pity your wretched earthly offspring,
the human race, through the workings of your powers.
Why, eternal God, would you ever have wanted
fate to proceed quite so completely
according to the will of the wicked?   35

Hio ful oft dereð   unscyldegum.
Sittað yfele men   giond eorð-ricu
on heah-setlum,   halige þriccað
under heora fotum;   firum uncuð
40   hwi sio wyrd swa wo   wendan sceolde.
Swa sint gehydde   her on worulde
geond burga fela   beorhte cræftas.
Unrihtwise   eallum tidum
habbað on hospe   ða þe him sindon
45   rihtes wisran,   rices wyrðran.
Við þæt lease lot   lange hwile
bewrigen mid wrencum,   nu on worulde her
monnum ne deriað   mane aðas.
Gif ðu nu, waldend, ne wilt   wirde steoran,
50   ac on self-wille   sigan lætest,
þonne ic wat þætte wile   woruld-men tweogan
geond foldan sceat   buton fea ane.
     "Eala, min dryhten,   ðu þe ealle ofersihst
worulde gesceafta,   wlit nu on mon-cyn
55   mildum eagum,   nu hi on monegum her
worulde yðum   wynnað and swincað,
earme eorð-waran.   Ara him nu ða."

Prose 4

Þa þæt Mod þa þillic sar cweðende wæs and þis leoð sin-
gende wæs, se Wisdom þa and seo Gesceadwisnes him
bliðum eagum on locude and he for þæs Modes geomrunga

It very often harms the innocent.
Throughout earthly kingdoms the wicked sit
on high thrones, trample the holy
under their feet; people do not know
why fate must proceed so wrongly.   40
So bright virtues are hidden
throughout many cities here in the world.
At all times the unjust
hold in contempt those who are wiser about
justice than they are, and more worthy of power.   45
False deceit is kept concealed with tricks
for a long time, since people in this world
are not harmed by the wicked oaths that they swear.
If you, our ruler, do not wish now to control fate,
but leave it to take its own course,   50
then I know that throughout the earth's regions people
will fall into doubt, all but a very few.
   "My Lord, you who watch over all
the creatures of the world, look now at the human race
with merciful eyes, since they, wretched earth dwellers,   55
are in conflict and difficulty in the many vicissitudes
of this world. Therefore pity them now."

Prose 4

When the Mind was uttering such sorrow and singing this
song, Wisdom and Reason gazed on it with cheerful eyes
and he was not at all troubled by the Mind's grieving but said

næs nauht gedrefed ac cwæð to þam Mode: "Sona swa ic þe ærest on þisse unrotnesse geseah þus murcniende ic ongeat þæt þu wære ut adrifen of þines fæder eðele, þæt is of minum larum. Þær þu him fore of þa ðu þine fæstrædnesse forlete and wendest þæt sio wyrd þas woruld wende heore agenes ðonces buton Godes geþeahte and his geðafunga and monna gewyrhtum. Ic wisse þæt þu ut afaren wære ac ic nysste hu feor ær ðu þe self hit me gerehtest mid þinum sarcwidum.

2   "Ac þeah þu nu fier sie ðonne þu wære, ne eart þu þeah ealles of þam earde adrifen ðeah þu þæron gedwolode. Ne gebrohte þe eac nan oðer man on þam gedwolan butan þe sylfum þurh þine agene giemelieste. Ne sceolde þe eac nan man swelces to gelefan, þær þu gemunan woldest hwylcra gebyrda þu wære and hwylcra burgwara for worulde, oððe eft gastlice hwilces geferscipes þu wære on þinum mode and on ðinre gesceadwisnesse; þæt is þæt þu eart an þara rihtwisena and þara ryhtwillendra, þa beoð þære heofencundan Ierusalem burgware. Of ðære næfre nan, buton he self wolde, ne wearð adrifen, þæt is of his godan willa. Wære þer he wære, simle he hæfde þone mid him. Þonne he ðone mid him hæfde, wære þær he wære, þonne wæs he mid his agnum cynne and mid his agnum burgwarum on his agnum earde, þonne he wæs on ðara ryhtwisena gemanan. Swa hwa þonne swa þæs wyrðe bið þæt he on heora þeowdome beon mot, þonne bið he on ðam hehtan freodome.

3   "Ne onscunige ic no þæs neoþeran and þæs unclænan stowe gif ic þe geradne gemete, ne me no ne lyst mid glase geworhtra waga ne heahsetla mid golde and mid gimmum gerenodra, ne boca mid golde awritenra me swa swiðe ne lyst swa me lyst on þe rihtes willan. Ne sece ic no her þa bec ac

to the Mind: "As soon as I first saw you in this grief, lamenting in this fashion, I realized that you had been driven from your father's country, that is, from my teachings. You departed from it when you abandoned your firm position and thought that fate moved this world by its own will, unaffected by the design of God and his permission and human merits. I knew that you had moved away but I did not know how far until you yourself showed it to me with your laments.

"But though you are further away than you were, you are 2 not wholly driven from that land, though you have gone astray there. No one else brought you into that folly but yourself through your own carelessness. No one should have expected such a thing of you either, if you were willing to recall of what birth you were and of what citizenry, as regards the world, or again, in a spiritual sense, of what community you were in your mind and in your reason; that is, that you are one of the righteous and well-intentioned people who are the citizens of the heavenly Jerusalem. From that, that is, from his own good intention, no one was ever exiled unless he himself wished it. Wherever he was, he always had that with him. When he had that with him, wherever he was he would then be with his own kin and his own fellow citizens in his own land, when he was in the company of the righteous. Then whoever is worthy of being allowed to be in their service is in the state of highest freedom.

"I do not shun this low and unclean place if I find you 3 well-disposed, nor do I want walls made with glass or thrones decorated with gold and jewels, nor do I want books written in gold as much as I want a well-directed will in you. I am not looking here for the books but for that which gives þæt ðæt þa bec forstent, ðæt is þin gewit. Swiðe ryhte þu seofodest þa woon wyrd ægþer ge on ðara unrihtwisra anwalda heanesse ge on minre unweorðnesse and forsewennesse ge on þara manfulra forðforlætnesse on ðas weoruldspeda. Ac forþon þe þe is swa micel unrotnes nu get getenge ge of þinum irre ge of þinre gnornunga, ic þe ne mæg nu giet geandwyrdan ær þon ðæs tiid wyrð, forðon eall þæt mon untiidlice ongynð næfð hit no æltæwne ende.

4   "Þonne ðære sunnan scima on Agustes monðe hatost scinð, ðonne dysegað se ðe þonne wile hwelc sæd oðfæstan þæm drygum furum. Swa deð eac se ðe wintregum wederum wile blostman secan. Ne meaht þu win wringan on midne winter þeah þe wel lyste wearmes mustes."

5   Þa clipode se Wisdom and cwæð: "Mot ic nu cunnian hwon þinre fæstrædnesse þæt ic þonan ongietan mæge hwonon ic þin tilian scyle and hu?" Ða andwyrde þæt Mod and cwæð: "Cunna swa þu wille." Ða cwæð seo Sceadwisnes: "Gelefst ðu þæt sio wyrd wealde ðisse worulde, oððe auht godes swa geweorðan mæge butan þæm wyrhtan?" Ða andwyrde þæt Mod and cwæð: "Ne gelyfe ic no þæt hit geweorðan meahte swa endebyrdlice, ac to soðum ic wat ðætte God rihtere is his agenes weorces, and ic no ne wearð of þam soðan geleafan." Ða andwyrde se Wisdom eft and cwæð: "Ymb þæt ilce þu giddodest nu hwene ær and cwæde þæt ælc wuht from Gode wisse his rihttiman and his rihtgesetnesse fuleode butan men anum. Forðæm ic wundrige swiðe ungemetlice hwæt þe sy oððe hwæt þu mæne nu þu ðone geleafan hæfst. Ac wit sculon þeah giet dioplicor ymb ðæt bion. Ic nat ful geare ymb hwæt þu giet tweost. Gesege me, nu þu cwist þæt ðu noht ne tweoge þætte God ðisse worulde

value to the books, that is, your intelligence. You very rightly grieved over wicked fate in respect of the height of the power of the unrighteous and the dishonoring and rejection of me and the abandonment of the wicked to these worldly riches. But because very much trouble is still afflicting you, both from your anger and from your grief, I cannot yet answer you, before the time for it comes, because whatever one begins at the inappropriate time has no perfect ending.

"When the sun's beam shines hottest in the month of August, then anyone who wants to commit seed to the dry furrows is a fool. So too is anyone who wants to look for flowers in wintry weather. You cannot press wine in midwinter even if you do want warm new wine." 4

Then Wisdom spoke and said: "May I now explore a little your resolution so that I can understand from that how and with what means I am to cure you?" Then the Mind answered and said: "Explore as you wish." Then Reason said: "Do you believe that fate controls this world, or that anything good can happen without the maker?" Then the Mind answered and said: "I do not believe that it could happen by such a process, but I know for a truth that God is the director of his own work, and I have never departed from that true belief." Then Wisdom answered and said: "You sang about that same thing a little earlier and said that every creature knew from God its right time and fulfilled its right ordinance except humankind alone. And so I wonder very greatly what is the matter with you or what you mean now you have that belief. But we two must look into that more deeply. It is not entirely clear to me what it is you are still doubtful about. Tell me, now that you say that you have no doubt that God directs this world, how then does he wish it 5

rihtwisige hu he þonne wolde þæt heo wære?" Ða andwyrde þæt Mod and cwæð: "Uneaþe ic mæg forstandan þine acsunga, and cwyst þeah þæt ic þe andwyrdan scyle."

6   Se Wisdom þa cwæð: "Wenstu þæt ic nyte þone dem þinre gedræfednesse þe þu mid ymbfangen eart? Ac sæge me hwelces endes ælc angin wilnige." Ða andwirde ðæt Mod and cwæð: "Ic hit gemunde gio ac me hæfð þios gnornung ðære gemynde benumen." Ða cwæð se Wisdom: "Wasþu hwonan ælc wuht cume?" Ða andwyrde þæt Mod and cwæð: "Ic wat þæt ælc wuht from Gode com." Þa cwæð se Wisdom: "Hu mæg þæt bion nu þu ðæt angin wast þæt ðu eac ðone ende nyte? Forðam sio gedrefednes mæg þæt mod astyrigan ac hio hit ne mæg his gewittes bereafian. Ac ic wolde þæt þu me sæde hwæþer ðu wisse hwæt þu self wære." Hit þa andwyrde and cwæð: "Ic wat þæt ic on libbendum men and on gesceadwisum eom and þeah on deadlicum." Þa andwyrde se Wisdom and cwæð: "Wastu auht oþres bi þe selfum to secganne buton þæt þu nu sædest?" Ða cwæð þæt Mod: "Nat ic nauht oðres."

7   Ða cwæð se Wisdom: "Nu ic hæbbe ongiten þine ormodnesse nu þu self nast hwæt þu self eart. Ac ic wat hu þin man tilian sceal. Forþam þu sædest þæt þu wreccea wære and bereafod ælces godes, forðon þu nestes hwæt ðu wære. Þa þu cyddest þæt ðu nystes hwelces endes ælc angin wilnode, þa ðu wendest ðætte stiorlease men and recelease wæren gesælie and wealdendas þisse worulde. And ðær þu cyddest eac þæt þu nystes mid hwelcere gerece God wilt ðisse worulde, oðþe hu he wolde þæt hio wære, þa ðu sædest þæt ðu wende þæt þios sliðne wyrd ðas woruld wende buton Godes geþeahte. Eac þæt wæs swiðe micel pleoh þæt þu swa wenan

to be?" Then the Mind answered and said: "I can scarcely understand your question and yet you say that I have to answer you."

Wisdom then said: "Do you think that I do not know the 6 harm that is done by the affliction with which you are enveloped? But tell me what end each beginning desires." Then the Mind answered and said: "I remembered that before but this grief has deprived me of that memory." Then Wisdom said: "Do you know where each creature came from?" Then the Mind answered and said: "I know that every creature came from God." Then Wisdom said: "How can it be, now that you know the beginning, that you do not also know the end? Affliction can disturb the mind but it cannot deprive it of its intelligence. But I want you to tell me whether you know what you yourself are." It then answered and said: "I know that I am in a living and rational but mortal being." Then Wisdom answered and said: "Do you know anything else to say about yourself apart from what you just said?" Then the Mind said: "I do not know anything else."

Then Wisdom said: "Now I have understood your de- 7 spair, now that you yourself do not know what you yourself are. But I know how you are to be cured. The reason why you said that you were an exile and deprived of all good was that you did not know what you were. When you revealed that you did not know what end each beginning desired, you thought that uncontrolled and reckless people were fortunate and were rulers of this world. When you also acknowledged that you did not know with what rule God controls this world, or how he wanted it to be, you said that you thought that this cruel fate moved this world without God's design. Indeed it was very perilous that you should think so.

sceoldes. Næs hit no þæt an þæt þu on ungemetlicum unge-
sælðum wære, ac eac þæt þu fulneah mid ealle forwurde.

8   "Ðonca nu Gode þæt he ðe gefultumade þæt ic þin gewit
mid ealle ne forlet. We habbað nu giet þone mæstan dæl
þære tindran þinre hælo, nu ðu geliefæst þæt sio wyrd þurh
hie selfe buton Godes geþeahte þas weoruld wendan ne
mæge. Nu ðu ne þearft þe nauht ondrædan, forðæm ðe of
ðæm lytlan spearcan þe þu mid ðære tyndran gefenge lifes
leoht þe onlyhte. Ac hit nis giet se tima þæt ic þe healicor
mæge onbryrdan, forðæm hit is ælces modes wise þætte
sona swa hit forlæt soðcwidas swa folgaþ hit leasspellunga.
Of ðæm ðonne onginnað weaxan þa mistas ðe þæt mod ge-
drefað, and mid ealle fordwilmað ða soðan gesihðe swelce
mistas swelce nu on þinum mode sindon. Ac ic hi sceal æræst
geþinnian þæt ic siððan ðy eð mæge þæt soþe leoht on þe
gebringan."

Meter 5

"Ðu meaht be ðære sunnan   sweotole geþencean
and be æghwelcum   oðrum steorran
þara þe æfter burgum   beortost scinet,
gif him wan fore   wolcen hangað,
5   ne mægen hi swa leohtne   leoman ansendan
ær se þicca mist   þynra weorðe.
Swa oft smylte sæ   suðerne wind
græge glas-hlutre   grimme gedrefeð,
þonne hie gemengað   micla ysta,

It was not simply that you were in great misfortune, but more that you had nearly perished completely.

"Thank God now for helping you, so that I did not wholly 8 depart from your intelligence. We still have now the greatest part of the tinder of your health, now that you believe that fate by itself, without God's design, cannot move this world. Now you have no need to be afraid, since from the little spark which you received from the tinder the light of life will illuminate you. But it is not yet the right time for me to inspire you more deeply, since it is the tendency of every mind that as soon as it forsakes true sayings it follows false stories. Then from that the fogs which afflict the mind begin to grow, and such fogs as are now in your mind utterly confound the true vision. But I shall first dissipate them so that afterward I can more easily bring the true light to you."

Meter 5

"You can clearly perceive, with the sun
and every other star
which shine very brightly across towns,
that if a dark cloud hangs in front of them
they cannot give out such a bright light   5
until the thick mist becomes thinner.
So the wind from the south often
fiercely whips up the calm gray sea that was clear as glass,
when great storms unsettle it,

10 onhreráð hron-mere; hrioh bið þonne
   seo þe ær gladu onsiene wæs.
   Swa oft æspringe ut awealleð
   of clife harum col and hlutor
   and gereclice rihte floweð,
15 irneð wið his eardes, oð him oninnan felð
   muntes mægen-stan and him on middan geligeð,
   atrendlod of ðæm torre. He on tu siððan
   tosceaden wyrð; scir bið gedrefed,
   burna geblonden, broc bið onwended
20 of his riht-ryne, ryðum toflowen.
   Swa nu þa þiostro þinre heortan
   willað minre leohtan lare wiðstondan
   and ðin mod-geþonc miclum gedrefan.
   "Ac gif ðu nu wilnast, þæt ðu wel mæge,
25 þæt soðe leoht sweotole oncnawan,
   leohte geleafan, þu forlætan scealt
   idle ofer-sælða, unnytne gefean.
   Þu scealt eac yfelne ege anforlætan
   woruld-earfoða. Ne most ðu wesan for ðæm
30 ealles to ormod, ne ðu ðe æfre ne læt
   wlenca gewæcan, þe læs ðu weorðe for him
   mid ofer-mettum eft gescended
   and to up ahafen for orsorgum
   woruld-gesælðum; ne eft to waclice
35 geortreowe æniges godes
   þonne þe for worulde wiðerweardra mæsð
   þinga þreage and þu ðe selfum
   swiðost onsitte. Forðæm simle bið
   se mod-sefa miclum gebunden
40 mid gedrefnesse gif hine dreccean mot

stir up the whale-sea; then what was smooth   10
in appearance before is rough.
So a spring of water, cool and pure, often
gushes out from the gray cliff
and flows directly onward,
runs toward its home, until a huge   15
mountain rock falls into it and lies in the middle of it,
rolled from the cliff. Then it becomes
divided in two; the clear surface is disturbed,
stirred up with currents, the brook is turned
from its proper course, split up into channels.   20
So now the darkness of your heart
wants to resist my bright teaching
and greatly disturb your thoughts.
    "But if you now desire, as well you may,
to recognize clearly in pure faith   25
the true light, you must abandon
vain indulgences, pointless pleasure.
You must also abandon the wrongful fear
of worldly troubles. You should not be too despairing
at all because of those, nor should you ever let   30
earthly splendor afflict you, lest you later become
corrupted with pride because of it
and too exalted because of carefree
worldly joys; do not too feebly
despair of any good   35
when the greatest adversities in the world
torment you and you very greatly
fear for yourself. The mind is
always heavily fettered
with anxiety if either of these evils   40

þissa yfla hwæðer,   innan swencan;
forðæm þa twegen tregan   teoð tosomne
wið þæt mod foran   mistes dwoleman
þæt hit seo ece ne mot   innan geondscinan
45   sunne for ðæm sweartum mistum,   ær ðæm hi geswiðrad
                                        weorðen."

is allowed to torment it, afflict it within;
those two griefs together pull
the chaos of mist in front of the mind
so that the eternal sun cannot shine into it
because of the dark mists, until they are cleared away." 45

BOOK 2

Prose 5

Þa geswugode se Wisdom ane lytle hwile oðþæt he ongeat þæs Modes ingeþoncas. Ða he hi þa ongieten hæfde, þa cwæð he: "Gif ic þine unrotnesse on riht ongieten hæbbe, þonne nis þe noht swiðor þonne ðæt þæt þu forloren hæfst þa woruldsælða þe þu ær hæfdest, and geomrast nu forðæm þe hio onhwyrfed is. Ic ongiete genoh sweotule þæt þa woruldsælða mid swiðe monigre swetnesse swiðe lytelice oleccað þæm modum ða hie on last willað swiþust beswican, and þonne æt nihstan, þonne hi læst wenað, hi on ormodnesse forlætað on þæm mæstan sare.

2   "Gif þu nu witan wilt hwonan hi cumað, þonne meaht þu ongietan þæt hi cumað of woruldgidsunga. Gif þu þonne heora þeawas witan wilt, þonne meaht þu ongietan þæt hie ne beoð nanum men getreowe. Be þæm þu meaht ongietan ðæt þu þær nane myrhðe on næfdest þa þa ðu hie hæfdest, ne eft nane ne forlure þa ða þu hi forlure. Ic wende þæt ic þe geo gelæred hæfde þæt þu hi oncnawan cuðe, and ic wisse þæt þu hi onscunedest ða ða þu hi hæfdest, ðeah þu hiora bruce. Ic wisse þæt ðu mine cwidas wið hiora willan oft sædest, ac ic wat þæt nan gewuna ne mæg nanum men bion onwended þæt þæt mod ne sy be sumum dæle onstyred; forðæm þu eart eac nu of þinre stilnesse ahworfen.

3   "Eala Mod hwæt bewearp þe on ðas care and on þas gnornunga? Wenst þu þæt hit hwæt niwes sie oþþe hwæthwugu

34

Prose 5

Then Wisdom was silent for a little while, until he understood the Mind's inner thoughts. When he had understood them, then he said: "If I have rightly understood your grief, then there is nothing more the matter with you than that you have lost the worldly felicity which you had before, and are sad now because it has left you. I understand well enough that worldly felicities cunningly flatter with all sorts of pleasures the minds which they intend to deceive most in the end, and then at last, when they least expect it, abandon them to despair and to the greatest misery.

"If you want to know now where they come from, then 2 you can understand that they come from worldly appetites. If you then wish to know their nature, then you can understand that they are not faithful to anyone. So you can understand that you possessed no joy in them when you had them and afterward lost no joy when you lost them. I thought that I had taught you long ago to recognize them, and I knew that you despised them when you had them, though you made use of them. I knew that you often reported my sayings against their desires, but I know that habits cannot be changed in anyone in such a way that the mind does not become to some extent disturbed; and so you too are now abstracted from your peaceful state.

"What has cast you, Mind, into this anxiety and grief? 3 Do you think that it is something new or uncommon that

35

ungewunelices þæt ðe on becumen is, swelce oþrum mon-
num ær þæt ilce ne eglede? Gif ðu þonne wenst þæt hit on
þe gelang sie þæt ða woruldsælða on ðe swa onwenda sint,
þonne eart ðu on gedwolan. Ac swylce hiora ðeawæs sint; hi
beheoldon on ðe hiora agen gecynd, and on hiora wandlunga
hy gecyðdon hiora fæstrædnesse. Swylce hi wæron rihte ða
hi ðe mæst geolectan, swilce hi nu sindon, þeah ðe hi ðe liol-
cen on þa leasan sælða. Nu ðu hæfst ongiten ða wanclan
treowa þæs blindan lustes. Þa triowa þe þe nu sindon opene
hi sindon git manegum oðrum behelede.

4   "Nu þu wast hwelce þeawas þa woruldsælða habbað and
hu hi hwearfiað. Gif þu þonne heora þegen beon wilt, and þe
heora þeawas liciaþ, to hwon myrnst þu swa swiðe? Hwi ne
hwearfost þu eac mid him? Gif þu þonne heora untriowa on-
scunige, oferhige hi þonne and adrif hi fram þe; forðæm hi
spanað þe to þinre unðearfe. Þa ilcan þe þe gedydon nu þas
gnornunga forðæm þe þu hi hæfdest, þa ilcan þe wæren on
stillnesse gif þu hi na ne underfenge. Ða ilcan þe habbað nu
heora agnes ðonces forletan, nales ðines, ða ðe næfre nanne
mon buton sorge ne forlætað.

5   "Þyncað þe nu swiðe diore and swiðe leofe ða ðing þa ðe
nawðer ne sint ne getrywe to habbanne, ne eac ieðe to for-
lætanne? Ac ðonne hi hwæm from hweorfende bioð, he
hi sceal mid ðæm mæstan sare his modes forlætan. Nu ðu
hi ðonne æfter þinum willan þe getrewe habban ne meaht,
and hy ðe willað on murcunga gebringan þonne hie þe fram
hweorfað, to hwæm cumað hi þonne elles butan to tacnunge
sorges and anfealdes sares?

6   "Ne sindon þa woruldsælþa ana ymb to þencenne þe mon
þonne hæfð, ac ælc gleaw mod behealt hwelcne ende hi hab-
bað and hit gewarenað ægðer ge wið heora þreaunga ge wið

has happened to you, as if the same thing has not afflicted other people before? If you think that it is attributable to you that the worldly felicities have thus changed toward you, then you are in error. Their ways are like this; they maintained in you their own nature, and in their mutability they showed their consistency. Just as they were when they most flattered you, so they are now, though they lured you into that false felicity. Now you have understood the wavering fidelities of blind pleasure. Those fidelities which are now revealed to you are still hidden from many others.

"Now you know what customs the worldly felicities have 4 and how they change. If then you wish to be their follower and you like their customs, why do you grieve so much? Why do you not change along with them? If you shy away from their infidelities, scorn them then and drive them from you; they lure you to your own loss. The same felicities which have now caused you this grief because you possessed them would have been at peace with you if you had not accepted them. Those things which never leave anyone without pain have now left you, by their own will, not yours.

"Do the things which are neither reliable when you have 5 them nor easy to forsake seem now very precious and desirable to you? But when they depart from anyone, he must relinquish them with the greatest pain of mind. Now that you cannot have them faithful to you according to your will, and they intend to bring you to grief when they leave you, to what end do they come, then, except as a portent of sorrow and unmixed pain?

"It is not enough to consider just the worldly fortunes 6 that someone has at the time, but every prudent mind considers what end they will have and takes precautions against olecunga. Ac gif þu wilt beon heora þegn and hiora hiera, þonne scealt þu georne geðolian gehwæt þæs þe to heora þenungum and to hiora þeawum and to heora willan belimpet. Gif þu þonne wilnast þæt hie for ðinum ðingum oþre ðeawas nimen oðer hiora willa and heora gewuna is, hu ne unweorþast þu þonne ðe selfne, þæt ðu winsð wið þam hlafordscipe þe ðu self gecure, and swa ðeah ne meaht hiora sidu and hiora gecynd onwendan?

7   "Hwæt þu wast gif þu þines scipes segl ongean þone wind tobrædest þæt þu þonne lætæst eall eower færeld to ðæs windes dome. Swa eac gif þu þe selfne to anwalde þæm woruldsælðum gesealdest, hit is riht þæt þu eac hiora þeawum fulgange. Wenst þu þæt þu þæt hwerfende hweol þonne hit on ryne wyrð mæge oncerran? Ne meaht þu þon ma þara woruldsælða hwearfunga onwendan.

8   "Ic wolde nu giet ðæt wit ma spræcen emb ða woruldsælða. To hwam ætwite ðu me ær þæt þu hi for minum þingum forlure? Hwi murcnast ðu wið min, swelce þu for minum þingum sie þines agnes benumen? Ægþer ge þira welona ge þines weorþscipes, ægþer þara þe com ær from me, þa hi þe onlænde wæron. Ute nu tellan beforan swelcum deman swilce þu wille: gif þu geseðan miht þæt ænig deaðlic mon swelces hwæt agnes ahte, ic hit þe eft eall agyfe þæt þu gereccan miht þæt þines agnes wære. Dysigne and unlæredne ic þe underfeng þa þu ærest to mannum become, and þa þe getydde and gelærde and þe þa snyttro on gebrohte þe þu þa weoruldare mid begeate þe ðu nu sorgiende anforlete. Þu meaht þæs habban þanc þæt þu minra gifa wel bruce. Ne miht þu no gereccan þæt þu þines auht forlure. Hwæt siofast ðu wið me? Habbe ic þe awer benumen þinra

both their threats and their flattery. But if you wish to be their follower and their servant, then you must willingly endure everything that belongs to their service, customs and will. If then you want them to adopt other customs for your sake than their will and custom is, do you not then dishonor yourself by fighting against the lordship which you yourself have chosen, and yet you cannot change their customs and their nature?

"You know that if you spread your ship's sail against the wind, then you leave the course that you all follow to the choice of the wind. In the same way, if you give yourself into the power of the worldly felicities, it is right that you also accept their ways. Do you think that you can turn aside the rolling wheel when it is running? No more can you change the course of those worldly felicities.

"I would like us now to speak further about worldly felicities. Why did you reproach me earlier, claiming that you lost them for my sake? Why do you grumble against me, as if you were deprived of your own things for my sake? Both your wealth and your dignity came previously from me, when they were lent to you. Let us now give account before whatever judge you wish: if you can demonstrate that any mortal being ever owned such things as his own, I will give back to you everything that you can show was your own. I received you foolish and uneducated when you first came to the human condition, and then I trained and instructed you and brought to you the wisdom with which you acquired the worldly prosperity that you, full of grief, have now lost. You can be grateful that you have had good use of my gifts. You cannot claim at all that you have lost anything of your own. Why do you sigh at me? Have I in any way deprived you of

gifena þara þe ðe from me comon? Ælc soþ wela and soð weorðscipe sindan mine agne ðeowas, and swa hwar swa ic bio hie bioð mid me. Wite þu for soð gyf þæt þine agne welan wæron þe þu mændest þæt þu forlure, ne meahtest þu hi na forleosan.

9 "Eala hu yfele me doð mænige weoruldmenn mid þæm þæt ic ne mot wealdan minra agenra þeawa. Se heofen mot brengan leohte dagas and eft þæt leoht mid þeostrum beheligan; þæt gear mot brengan blostman and þy ilcan geare eft geniman; seo sæ mot brucan smyltra yða, and ealle gesceafta moton hiora gewunan and heora willan bewitigan butan me anum. Ic ana eom benumen minra þeawa and eom getogen to fremdum þeawum þurh þa ungefylledan gitsunga woruldmonna. Þurh ða gidsunga hi me habbað benumen mines naman þe ic mid rihte habban sceolde. Þone naman ic scolde mid ryhte habban þæt ic wære wela and weorðscipe. Ac hy hine habbað on me genumen, and hi hine habbað gesealdne hiora wlencum and getohhod to heora leasum welum þæt ic ne mot mid minum þeowum minra þenunga fulgangan swa ealla oþra gesceafta moton.

10 "Ða mine þeowas sindon wisdomas and cræftas and soðe welan; mid þæm ðeowum wæs on symbel min plega; mid þæm þeowum ic eom ealne þone hefon ymbhweorfende, and þa niðemystan ic gebringe æt þæm hehstan and þa hehstan æt ðæm niðemæstan; ðæt is þæt ic gebrenge eadmodnesse on heofonum and ða hefonlican god æt þæm eaðmodum. Ac þonne ic up gefere mid minum þeowum, ðonne forseo we þas styrmendan woruld swa se earn ðonne he up gewit bufan ða wolcnu styrmendum wedrum þæt him ða stormas derigan ne mægon. Swa ic wolde la Mod þæt þu þe fore up to us gif þe lyste, on þa gerad þe þu eft mid us þa eorðan secan wille for godra manna þearfe.

your gifts, those which came to you from me? All true wealth and true honor are my own servants, and wherever I am they are with me. You should know for a fact that if the things that you complained of losing were your own riches, you would not have been able to lose them.

"How badly I am treated by many worldly people, so that 9 I am not allowed to practice my own virtues. The sky is allowed to bring bright days and then to hide the light with darkness; the year is allowed to bring flowers and take them away in the same year; the sea is allowed to enjoy pleasant waves, and all created things are allowed to keep their customs and their desires, except me alone. I alone am deprived of my own virtues and am attached to alien customs through the unsated appetite of worldly people. Through that appetite they have deprived me of my name which I ought rightly to have. By right I should have the name of wealth and honor. But they have taken that from me and given it to their riches and assigned it to their false wealth so that I am not allowed to perform my duties with my servants as all other created things are allowed.

"Those servants of mine are wisdom and skills and true 10 riches; with those servants was always my sport; with those servants I whirl around the whole sky and I bring the lowest to the highest point and the highest to the lowest; that is, I bring humility to the heavens and the heavenly goods to the humble. But when I ascend with my servants, then we reject this turbulent world like the eagle when he goes up above the clouds in stormy weather, so that the storms cannot harm him. So I would wish, Mind, that you came up to us if you wanted to, on condition that you are willing afterward to go with us to the earth for the sake of good people.

11   "Hu ne wastu mine þeawas hu georne ic symle wæs ymbe
godra monna þearfe? Wast þu hu ic gewand ymb Croesos
þearfe Creca cyninges, þa þa hine Cirus Persa cyning gefan-
gen hæfde and hine forbærnan wolde? Ða hine mon on þæt
fyr wearp þa alysde ic hine mid heofonlicon rene. Ac þu ðe
fortruwudest for þinre rihtwisnesse and for þinum godan
willan; wendest þæt þe nanwuht unrihtlices on becuman ne
meahte, swelce þu wolde þa lean eal þinra godena weorca on
þisse weoruld habban. Hu meahtest þu sittan on middum
gemænum rice þæt ðu ne sceolde þæt ilce geþolian þæt oðre
men? Hu meahtes þu bion on midre þisse hwearfunga þæt
ðu eac mid ne hwearfode? Hwæt singað þa leoðwyrhtan
oðres be ðisse woruld buton mislica hwearfunga þisse wo-
rulde? Hwæt is þe ðonne þæt þu þærmid ne hwearfie? Hwæt
recstu hu ge hwearfigen nu ic siemle mid þe beo? Ðe wæs
þios hwearfung betere forðæm þæt ðe þissa woruldsælða to
wel ne lyste, and þæt ðu þe eac betre na gelefde.

12   "Ðeah þæm feohgitsere cume swa fela welena swa þara
sondcorna bið be þisum sæclifum, oþþe þara steorrena ðe
þiostrum nihtum scinað, ne forlæt he þeah no ða seofunga
þæt he ne seofige his ermða. Þeah nu God gefylle þara weli-
gra monna willan ge mid golde ge mid seolfre ge mid eallum
deorwyrðnessum, swa ðeah ne bið se ðurst gefylled hiora git-
sunga. Ac sio grundlease swelgend hæfð swiðe mænegu
westu holu on to gadrianne. Hwa mæg þæm wedendan giet-
sere genoh forgifan? Swa him mon mare selð, swa hine ma
lyst.

13   "Hu wilt þu nu andwyrdan þæm woruldsælðum gif hi
cweðað to þe: 'Hwæt witst ðu la Mod us? Hwi yrsast þu wið

"Do you not know my ways, how eager I have always 11
been about the needs of good people? Do you know how I
changed things for the sake of Croesus king of the Greeks,
when Cyrus king of the Persians had captured him and in-
tended to burn him to death? When he was cast into the fire
I released him with heavenly rain. But you were overcon-
fident because of your righteousness and your good inten-
tions; you thought that nothing unjust could fall upon you,
as if you would have the reward for all your good works in
this world. How could you sit in the midst of the realm that
is common to all without having to suffer the same as other
people? How could you be in the midst of these changes
without changing with them? What else do the poets sing
about concerning this world but the various changes of this
world? What is it about you that you should not change with
it? Why do you care about how you all change since I am al-
ways with you? This changeableness was better for you be-
cause you did not take too much pleasure in these worldly
felicities and also because you did not count on better
things.

"Though someone greedy for wealth acquires as many 12
riches as there are grains of sand by the sea cliffs or stars that
shine on dark nights, he never gives up the sighing and stops
grieving for his poverty. Though God should fulfill the rich
people's desires with gold and silver and all precious things,
the thirst of their desires will not be slaked. But the bottom-
less pit has very many empty holes to collect things in. Who
can give enough to the raging acquisitor? The more he is
given the more he desires.

"How will you want to answer worldly felicities now if 13
they say to you: 'Why do you reproach us, Mind? Why are

43

us? On hwæm abulgon we þe? Hwæt, þe ongan lystan ure, nales us þin. Þu settest us on þæt setl ðines sceoppendes þa ðu wilnodest to us þæs godes ðe ðu to him sceoldes. Þu cwist ðæt we hæbben þe beswicene, ac we magan cweðan ma þæt þu hæbbe us beswicene, nu us ðurh þine lust and þurh þine gitsunga onscunian sceal ealra gesceafta sceppend. Nu þu eart scyldigra þonne we ægþer ge for þinum agnum unriht-lustum ge eac forðæm þe we ne moton for ðe fulgan ures sceppendes willan; forðæm ðe he ure ðe onlænde æfter his bebodum to brucanne, nales þinre unrihtgitsunga gewill to fulfremmanne.' Andwyrde unc nu," cwæð se Wisdom, "swa swa þu wille; wit geandbidiað þinre andswore."

14 Ða cwæð þæt Mod: "Ic me ongite æghwonan scyldigne, ac ic eom mid þæs laðes sare swa swiðe ofðrycced þæt ic inc geandwyrdan ne mæg." Ða cwæð se Wisdom eft: "Þæt is nu giet þinre unrihtwisnesse þæt ðu eart fullneah forþoht. Ac ic nolde þæt þu þe forþohte. Ac ic wolde þæt þe sceamode swelces gedwolan, forðæm se se ðe hine forþencð se bið or-mod, ac se se ðe hine scamað se bið on hreowsunga. Gif þu nu gemunan wilt ealra ðara arwyrðnessa þe ðu for þysse weo-rulde hæfdest siððan ðu ærest geboren wære oð ðisne dæg, gif þu nu atellan wilt ealle þa bliðnessa wið þam unrotnes-sum, ne meaht ðu fuleaþe cweðan þæt þu earm sie and unge-sælig, forþam ic ðe geoncne underfeng untydne and un-læredne and me to bearne genom and to minum tyhtum getyde.

15 "Hwa mæg þonne auht oðres cweðan buton þæt þu wære se gesælgesta þa? Þu me wære ær leof þonne cuþ, and ær þon þe ðu cuðe minne tyht and mine þeawas; and ic þe giongne gelærde swylce snytro swelc manegum oðrum eldran

you angry with us? In what ways have we angered you? Truly, you conceived a desire for us, not we for you. You placed us in the seat of your maker when you sought from us the good that you should have sought from him. You say that we have led you astray, but we can say rather that you have led us astray, now that the creator of all things has to scorn us because of your desire and greed. Now you are guiltier than we are, because of your own wrongful desires and also because we are not permitted on account of you to perform our maker's will. He lent us to you to use according to his directions, not to satisfy the appetite of your wrongful desires.' Answer the two of us now," said Wisdom, "as you wish; both of us are waiting for your answer."

Then the Mind said: "I understand myself to be in every 14 way guilty, but I am so very afflicted with the pain of the offense that I cannot answer the two of you." Then Wisdom said again: "The fact that you are almost completely in despair is still part of your mistake. I did not want you to despair. But I wanted you to be ashamed of such folly, because one who despairs is dispirited, but one who is ashamed is penitent. If you are willing now to remember all the honors that you had as regards this world from the time you were first born until this day, if you will now count all the joys against the griefs, you could not very easily say that you are wretched and unfortunate, since I took you in when you were young, untrained and uneducated, and adopted you as my child and trained you to my teachings.

"Who can say anything other than that you were most 15 happy then? You were beloved by me before you were well-known, and before you knew my teachings and my customs; and when you were young I taught you such wisdom as is gewittum oftogen is; and ic þe gefyrðrede mid minum larum to ðon þæt þe mon to domere geceas. Gif þu nu forðæm cwist þæt þu gesælig ne sie þe þu nu næfst ða hwilendlican arwyrðnessa and ða bliðnessa þe þu ær hæfdest, þonne neart ðu þeah ungesælig, forðæm ðe þa unrotnessa þe þu nu on eart swa ilce ofergað swa ðu cwist ðæt þa blissa ær dydon.

16   "Wenstu nu þæt þe anum þellecu hwearfung and þillecu unrotnes on becume, and nanum oðrum mode swelc ne come, ne ær þe ne æfter þe? Oþþe wenst þu þætte on ænegum menniscum mode mæge auht fæstrædlices bion buton hwearfunga? Oððe gif hit on ænegum men ænige hwile fæstlice wunað, se deað hit huru aferreð þæt hit bion ne mæg þær hit ær wæs. Hwæt syndan ða weoruldsælða oðres buton deaðes tacnung? Forðam se deað ne cymð to nanum oðrum ðingum butan þæt he þæt lif aferre. Swa eac þa woruldsælða cumað to ðæm mode to þon þæt hi hit benimen þæs ðe him leofast bið ðisse worulde; þæt bið þonne, þonne hi him from gewitað. Gesege la Mod hwæðer þe betere þince, nu nanwuht woruldlices fæstes and unhwearfiendes bion ne mæg, hwæðer ðu hi forsio, and þines agnes ðonces hi forlete butan sare, þe þu gebide hwonne hi ðe sorgiendne forlætan?"

Meter 6

Ða se Wisdom eft   word-hord onleac,
sang soð-cwidas,   and þus selfa cwæð:
"Ðonne sio sunne   sweotolost scineð
hadrost of hefone,   hræðe bioð aðistrod

withheld from many other, older intelligences; and I advanced you with my instruction to the point that you were chosen as judge. If you now say that you do not have felicity because you do not have the passing honors and the joys that you had before, then you are not without felicity, however, because the sorrows that you are now in will pass just as you say that the joys did before.

"Do you think now that such change and such sorrow 16 come only to you, and such things have come to no other mind, neither before you nor after you? Or do you think that anything can be fixed without change in any human mind? Or if it does remain fixed for any time in anyone, death will in any case remove it so that it cannot be where it was before. What else are worldly felicities but a sign of death? Death does not come for any other purpose except to remove life. So also worldly felicities come to the mind in order to deprive it of that which is most loved by it as regards this world; that is when they leave it. Say, Mind, which seems better to you now that nothing in the world can be fixed and unchanging, that you scorn worldly felicities and leave them of your own will without pain, or that you wait until the time when they leave you in sorrow?"

Meter 6

Then Wisdom unlocked his word-hoard again,
sang true songs and he said as follows:
"When the sun shines from heaven
most clearly and brightly, all other stars

47

5 ealle ofer eorðan oðre steorran,
 forðæm hiora birhtu ne bið auht
 to gesettane wið þære sunnan leoht.
 Þonne smolte blæwð suðan and westan
 wind under wolcnum, þonne weaxeð hraðe
10 feldes blostman, fægen þæt hi moton.
 Ac se stearca storm, þonne he strong cymð
 norðan and eastan, he genimeð hraðe
 þære rosan wlite; and eac þa ruman sæ
 norðerne yst nede gebædeð
15 þæt hio strange geondstyred on staðu beateð.
 Eala, þæt on eorðan auht fæstlices
 weorces on worulde ne wunað æfre."

Prose 6

Þa cwæð Boetius: "Eala Wisdom þe eart modor eallra mæ-
gena, ne mæg ic no wiðcweðan ne andsacigian þæs ðe þu me
ær sædest, forþæm þe hit is eal soð. Forðam ic nu hæbbe
ongiten þæt ða mina sælða and sio orsorgnes, ðe ic ær wende
þæt gesælða bion sceoldan, nane sælða ne sint, forðæm hi
swa hrædlice gewitað. Ac þæt me hæfð eallra swiðost ge-
drefed, þonne ic ymbe swilc smealicost ðence, þæt ic nu
sweotole ongiten hæbbe ðæt ðæt is sio mæste unsælð on þys
andweardan life þæt mon ærest sy gesælig and æfter þam
ungesælig."

2 Ða andsworode se Wisdom and sio Gesceadwisnes and
cwæð: "Ne meaht þu no mid soðe getælan ðine wyrd and

across the earth are quickly dimmed   5
because their brightness is nothing
when set against the light of the sun.
When the wind blows gently in the sky
from the south and west, then the flowers in the meadows
grow quickly, rejoice that they are permitted to do so.   10
But the tumultuous storm, when it comes fierce
from the north and east, quickly takes away
the rose's loveliness; and also the storm from the north
compels by necessity the wide sea,
violently whipped up, to dash against the shore.   15
Nothing on earth, no structure firmly built,
lasts forever in the world."

Prose 6

Then Boethius said: "Wisdom, you who are mother of all
virtues, I cannot deny nor oppose what you have said to me,
because it is all true. I have now understood that my felici-
ties and freedom from care, which I thought before were
felicities, are no felicities, because they pass so quickly. But
when I think most deeply about such things, what has most
of all distressed me is that I have now clearly understood
that the greatest infelicity in this present life is to be first
happy and after that unhappy."

Then Wisdom and Reason answered and said: "You can-   2
not with truth blame your fate and your fortunes for the

þine gesælða swa swa ðu wenst for ðæm leasum unsælðum þe ðu þrowast. Hit is leasung þæt þu wenst, ðæt ðu sie ungesælig. Ac gif ðe nu þæt swa swiðe gedrefed and geunrotsad hæfð þætte þu forlure þa leasan gesælþa, þonne mæg ic þe openlice gereccan þæt ðu sweotole ongitsð þætte ðu git hæfst ðone mæstan dæl þara gesælða þe þu ær hæfdest. Saga me nu hwæðer þu mid rihte mæge siofian þina unsælða swelce ðu eallunga hæbbe forloren þina gesælða. Ac ðu hæfst get gesund gehealden eall þæt deorwyrðoste ðætte þu ðe besorgost hæfdes. Hu meaht þu þonne mænan þæt wyrse and þæt laðre nu ðu ðæt leofre hæfst gehealden?

3   "Hwæt, þu wast þæt sio duguð ealles moncynnes and ðe se mæsta weorðscipe get leofað, þæt is Simachus ðin swior. Hwæt, he is giet hal and gesund and hæfð ælces godes genoh. Forðon ðe ic wat þæt ðu auht ne forslawode þætte þu þin agen feorh for hine ne sealdest gif þu hine gesawe on hwelcum earfoðum; forðæm se wer is wisdomes and cræfta full and genog orsorg nu get ælces eorðlices eges. Se is swiðe sarig for ðinum earfoðum and for ðinum wræcsiðe.

4   "Hu ne liofað þin wif eac, þæs ilcan Simaches dohtor? And sio is swiðe wel gerad and swiðe gemetfæst; sio hæfð eall oþru wif oferðungen mid clænnesse. Eall hire god ic þe mæg mid feam wordum areccan, þæt is ðæt hio is on ealum þeawum hiere fæder gelic. Sio liofað nu þe, þe anum, forðæm ðe hio nanwuht elles ne lufað buton þe. Ælces godes hio hæfð genoh on ðys andweardan life, ac heo hit hæfð eall forsawen ofer ðe ænne. Eall heo hit onscunað forðæm þe heo þe ænne næfð; þæs anes hire is nu wana. For þinre æfweardnesse hire þincð eall noht þæt hio hæfð, forðæm hio is for þinum lufum ormod, and fulneah dead for tearum and for unrotnesse.

false infelicities that you suffer, as you think. Your belief that you are unfortunate is false. But if the fact that you have lost the false felicity has so greatly distressed and saddened you, then I can explain things to you plainly so that you clearly perceive that you still have the greatest part of the felicity that you had before. Tell me now whether you can rightly lament your misfortunes as if you have entirely lost your felicity. On the contrary, you have still kept unharmed all the most precious things that you held dearest. How can you then grieve over what is worse and less desirable when you have kept what is more precious?

"Look, you know that the honor of all humankind and 3 the greatest honor to you is still living, that is Symmachus your father-in-law. He is still healthy and sound and has enough of every good thing. Indeed I know that you would not hesitate to give your own life for him if you saw him in any difficulty. That man is full of wisdom and virtues and free enough still of every earthly fear. He is very sorry for your hardships and for your exile.

"Does not your wife live also, daughter of the same Sym- 4 machus? And she is full of prudence and modesty; she has excelled all other women in her purity. All her good qualities I can describe to you with a few words, that is that she is in all her habits like her father. She lives now for you, for you alone, because she loves nothing else but you. She has enough of every good thing in this present life, but she has scorned it all for you alone. She despises it all because she does not have you alone; that alone is she now lacking. Because of your absence everything that she has seems nothing, because she is despondent out of love for you, and nearly dead through tears and unhappiness.

5 "Hwæt wille we cweðan be þinum twæm sunum? Ða sind ealdormen and geðeahteras on þæm is swiotol sio gifu and ealle ða duguþa heora fæder and heora eldran fæder, swa swa giunge men mægon gelicost beon ealdum monnum. Þy ic wundrige hwi ðu ne mæge ongietan þæt ðu eart nu git swiðe gesælig, nu ðu giet liofast and eart hal. Hwæt, þæt is sio mæste ar deadlicra monna, þæt hie libban and sien hale, and þu hæfst nu giet toeacan eall þæt ic ðe ær tealde. Hwæt ic wat þæt þæt is giet diorwyrðre þonne monnes lif, forðæm mænegum men is leofre þæt he ær self swelte ær he gesio his wif and his bearn sweltende.

6 "Ac hwi tiolast þu þonne to wepanne buton andweorce? Ne meaht ðu nu giet þinre wyrde nauht oðwitan ne þin lif no getælan. Ne eart þu no eallunga to nauhte gedon swa swa þu wenst. Nis þe nu git nan unaberendlic broc getenge, forðon ðin ancer is giet on eorðan fæst, þæt sint ða ealdormen þe we ær ymb spræcon. Þa ðe ne lætað geortrewan be þys andweardan life; and eft þin agna treowa and seo godcunde lufu and se tohopa, þa ðreo þe ne lætað geortreowan be þam ecan life."

7 Ða andsworede þæt unrote Mod and cwæð: "Eala, wæran þa ancras swa trume and swa ðurhwuniende ge for Gode ge for worulde swa swa ðu sægest; þonne mihte we micle ðy ieð geðoligan swa hwæt earfoðnessa swa us on become. Eall hie us ðyncað þy leohtran þa hwile þe þa oncras fæste bioð. Ac þu miht þeah ongitan hu þa mina sælða and se min weorð-scipe is oncerred."

8 Ða andswarode se Wisdom and seo Gesceadwisnes and cwæð: "Ic wene þeah þæt ic hwæthwugununges þe up ahofe

"What will we say about your two sons? They are high of- 5
ficials and counselors in whom the gift and all the virtues of
their father and their grandfather are clear, as like old men
as young men can be. And so I wonder why you cannot un-
derstand that you are still very fortunate, now that you still
live and are healthy. Indeed, that is the greatest gift of mor-
tal men, that they live and are healthy, and you have still all
the additional things that I reckoned up for you before. In-
deed I know that those are still more precious than a man's
life, because many a man would rather die himself than see
his wife and children dying.

"But why do you then give yourself up to weeping with- 6
out cause? You cannot now reproach your fate at all nor
complain of your life. You are not wholly reduced to nothing
as you think. There is no intolerable affliction affecting you.
Your anchor is still fixed in the ground, that is, the high offi-
cials that we spoke about before. They will not let you de-
spair of this present life; and also your own faith and the di-
vine love and hope, those three will not let you despair of
the eternal life."

Then the sorrowful Mind answered and said: "Oh would 7
that the anchors were as strong and as long-lasting, for God
and for the world, as you say; then we could endure much
more easily whatever hardships fell on us. They seem to us
all the lighter while the anchors are fast. But you can see
how my felicity and my honor are overturned."

Then Wisdom and Reason answered and said: "I believe, 8
however, that I have somewhat raised you up from sorrow

of þære unrotnesse and fulneah gebrohte æt þam ilcan weorðscipe þe þu ær hæfdes, buton þu git to ful sy þæs þe þe læfed is, þæt þe forðy wlatige. Ac ic ne mæg adreogan þine seofunga for þam lytlan þe þu forlure; forþam þu simle mid wope and mid unrotnesse mænst gif þe ænies willan wana bið, þeah hit lytles hwæt sie. Hwa wæs æfre on þis andweardan life oððe hwa is nu oððe hwa wyrð get æfter us on þisse worulde þæt him nanwuht wið his willan ne sie, ne lytles ne miceles? Swiðe nearwa sint and swiðe heanlica þa menniscan gesælþa forþam oþer twega, oððe hie næfre to nanum men ne becumaþ oððe hi ðær næfre fæstlice ne ðurhwuniað swelca swelce hi ær to coman. Þæt ic wille herbeæftan sweotolor gereccan.

9 "We witon þæt monige habbað ælces woruldwillan genog, ac hi habbað þeah sceame þæs welan gif hi ne beoð swa æþele on gebyrdum swa hi woldon. Sume beoð swiðe æþele and widcuðe on heora gebyrdum, ac hi beoþ mid wædle and mid hænðe ofþrycte and geunrotsode, þæt him wære leofre þæt hie wæran unæþele þonne swa earme gif hit on heora anwealde wære. Manege beoð þeah ægðer ge full æðele ge full welige and beoð þeah full unrote þonne hi oðer twega, oððe wif nabbað oððe him gemæc oððe gemede nabbað. Manige habbað genog gesællice gewifod ac for bearnleste eallne þone welan þe hi gegaderigað hi læfað fræmdum to brucanne, and hi beoþ for þam unrote. Sume habbað bearn genoge ac þa beoþ hwilum unhale oððe yfele and unweorð oððe hraðe gefarað, þæt þa eldran for ðam gnorniað ealle heora woruld. Forþam ne mæg nan man on þys anweardan life eallunga gerad beon wið his wyrd. Þeah he nu nanwuht elles næbbe ymbe to sorgienne, þæt him mæg to sorge þæt

and almost brought you to the same level that you were at before, except that you are still too full of what is left within you, which makes you feel ill. But I cannot endure your complaints about the little that you have lost; for you continually complain with weeping and grief if you lack any of your desire, though it is little. Who was there ever in this present life or who is there now or who will be after us in this world for whom there was not something opposed to his desires, small or great? Human felicities are very straitened and very slight because of two things, either they never come to anyone or they never steadfastly remain such as they were when they came. I will explain that more clearly later on.

"We know that many people have enough of every worldly 9
desire but they are ashamed of that wealth if they are not as noble in birth as they would wish. Some are very noble and celebrated in terms of their birth but they are afflicted and grieved with poverty and ignominy, so that they would rather that they were of low rank than so poor, if it was in their power. Many, however, are both very noble and very rich and yet are very miserable when they either have no wife or do not have one who is suitable and agreeable. Many have married felicitously enough but because of lack of children leave all the wealth that they gather to strangers to enjoy, and they are miserable for that reason. Some have children enough but those are sometimes unhealthy or wicked and worthless, or die early, so that the parents mourn for them all their lives. So no one can be wholly settled with his fate in this present life. Though he may have nothing else to grieve over

he nat hwæt him toweard bið, hwæðer þe god þe yfel, ðon ma þe þu wistest; and eac þæt þæt he þonne gesællice brycð, he ondræt þæt he scyle forlætan.

10 "Getæc me nu sumne mann þara ðe þe gesælegost þince and on his selfwille sy swiðost gewiten. Ic þe gerecce swiðe hraðe þæt ðu ongitst ðæt he bið for swiðe lytlum þingum oft swiðe ungemetlice gedrefed gif him ænig wuht bið wið his willan oþþe wið his gewunan, þeah hit nu lytles hwæt sie, buton he to ælcum men mæge gebecnan þæt he ierne on his willan. Wundrum lytel mæg gedon þone ealra gesælgoston mon her on worulde þæt he wenð þæt his gesælða sien oððe swiðe gewanode oððe mid ealle forlorena.

11 "Þu wensð þæt þu seo swiðe ungesælig, and ic wat ðæt monegum men þuhte þæt he wære to hefonum ahæfen gif he ænigne dæl hæfde þara þinra ungesælða þe þu nu giet hæfst. Ge furðum sio stow þe ðu nu on gehæft eart and þu cwist ðæt þin wræcstow sie, hio is þam monnum eþel þe ðæron geborene wæron and eac þam þe hiora willum þæron eardiað. Ne nanwuht ne bið yfel ær mon wene þæt hit yfel sie, and þeah hit nu hefig sie and wiðerweard, þeah hit bið gesælð gif hit mon lustlice deð and geþyldelice aræfneð.

12 "Feawe sint to ðæm gesceadwise gif he wyrð on ungeðylde þæt he ne wilnige þæt his sælða weorðen onwende. Wið swiðe monige biternesse is gemenged sio swetnes þisse worulde. Þeah hio hwæm wynsumu ðynce, ne mæg he hi no gehabban gif hio hine flion onginð. Hu ne is hit þær swiðe swiotol hu werelica þas woruldsælða sint, nu hi ne magon þone earman gefyllan, forþæm he symle wilnað hwæshwugu þæs ðe he þonne næfð, ne hi þæm geþyldegum and þæm gemetfæstum symle ne wuniað?

now, it can worry him that he does not know what is coming, good or evil, any more than you knew; and also he dreads that he must relinquish what he then felicitously enjoys.

"Show me now someone who seems to you most fortu- 10 nate and who has gone furthest in satisfying his own desires. I will explain it to you very quickly, so that you will perceive that he is often exceedingly troubled for very small things, if anything is contrary to his will or his custom, though it may be some little thing, unless he can signal to everyone to run to meet his wishes. Remarkably little can cause the person most felicitous of all in worldly terms to think that his felicities are either greatly lessened or wholly lost.

"You think that you are very unfortunate and I know that 11 many people would think that they were transported to heaven if they had one bit of your misfortunes that you now have. Even the place in which you are held captive, and which you say is your place of exile, is a homeland for those who were born there and also for those who willingly live there. Nothing is evil before someone thinks it is evil, and though it may now be burdensome and adverse, yet it is felicity if it is willingly taken and patiently endured.

"Rare is the person who is so rational that if he sinks into 12 impatience he does not desire that his fortunes should be changed. The sweetness of this world is mingled with very much bitterness. Though the sweetness may seem pleasant to someone, he cannot keep it if it sets out to leave him. Is it not very clear from this how paltry these worldly felicities are, now that they cannot satisfy the wretched man because he always wants something that he does not have, nor do they always remain with the patient and moderate?

13 "Hwy sece ge þonne ymbutan eow þa gesælða þe ge onin-
nan iow habbað þurh þa godcundan mieht geset? Ac ge niton
hwæt ge doð. Ge sint on gedwolan. Ac ic eow mæg mid
feawum wordum gereccan hwæt se hrof is ealra gesælða.
Wið þas ic wat þu wilt higian þon ær þe ðu hine ongitest;
þæt is þonne God. Meaht þu nu ongitan hwæðer þu auht þe
deorwyrðre hæbbe þonne þe selfne? Ic wene þeah þæt ðu
wille cweþan þæt þu nauht deorwyrðre næbbe. Ic wat gif þu
nu hæfde fulne anweald þines selfes, þonne hæfde þu hwæt-
hwugu on ðe selfum þæs ðe þu næfre þinum willum alætan
noldes, ne sio wyrd þe on geniman ne meahte.

14 "Forðæm ic ðe mindgige þæt þu ongite þætte nan gesælð
nis on þis andweardan life. Ac onget þæt nauht nis betere on
þis andweardum life ðonne seo gesceadwisnes, forðæm hio
þurh nan þing ne mæg þæm men losian; forþy is betere þæt
feoh þætte næfre losian ne mæg ðonne þætte mæg and sceal.
Hu ne is þe nu genoh sweotole gesæd þæt sio wyrd þe ne
mæg nane gesælða sellan? Forðæm þe ægðer is unfæst, ge sio
wyrd ge sio gesælð; forþam sint swiðe tedre and swiðe hreo-
sende ða gesælða.

15 "Hwæt, ælc þara þe þas woruldgesælþa hæfð oðer twega,
oððe he wat þæt hi him fromwearde bion, oððe he hit þonne
nat. Gif he hit þonne nat, hwelce gesælþa hæfð he æt þam
welan gif he bið swa dysig and swa unwis þæt he þæt witan
ne mæg? Gif he hit þonne wat, þonne ondræt he him þæt hi
losien, and eac geare wat þæt he hi alætan sceal. Se singala

"Why then do *you** mortals look outside yourselves for 13
the felicity which *you* have within *you,* placed by divine
power? But *you* do not know what *you* do. *You* are in error.
But I can explain to *you* in a few words what the summit of
all felicity is. Toward that I know that you yourself (Mind)
wish to strive as soon as you perceive it; that is God. Can
you perceive now whether you have anything more precious
than yourself? I think though that you will say that you have
nothing more precious. I know that if you now had full con-
trol of yourself then you would have something in yourself
that you would never willingly give up and which fate could
not take from you.

"And so I urge you to recognize that there is no felicity in 14
this present life. But recognize that nothing is better in this
present life than reason, because no one can in any way lose
it; that treasure which can never be lost is better than that
which can and must. Is it not now explained to you clearly
enough that fate cannot give you felicity? Because both fate
and felicity are mutable, therefore felicities are very frail and
fleeting.

"Indeed, everyone who has these worldly felicities either 15
knows that they will leave him or he does not know it. If he
does not know it, what felicity does he have from the wealth
if he is so foolish and unwise that he cannot know that? If he
does know it, then he is frightened that they may be lost,
and also knows well that he will lose them. The continual

---

* Italicized *you* and *your* are used from here on to reflect Wisdom's use of
the plural pronoun *ge, eow,* etc. when addressing Boethius as a representa-
tive of humanity in general.

ege ne læt nænne mon gesælinne beon. Gif þonne hwa ne
recð hwæðer he þa gesælþa hæbbe þe næbbe þe he þonne
hæfð, hwæt þæt þonne beoð forlytla sælða oþþe nane þæt
mon swa eaðe forlætan mæg.

16   "Ic wene nu þæt ic þe hæfde ær genog sweotole gereaht
be monegum tacnum þætte monna sawla sint undeadlica
and eca, and þis is genog sweotol þætte nænne mon þæs
twiogan ne þearf þætte ealle men geendiað on þam deaðe
and eac heora welan. Þi ic wundrige hwi men sien swa unge-
sceadwise þæt hi wenen þætte þis andwearde lif mæge þone
monnan don gesæligne þa hwile þe he leofað, þonne hit hine
ne mæg æfter ðys life earmne gedon. Hwæt we gewislice
witon unrim ðara monna þe þa ecan gesælða sohton nalles
þurh þæt an þæt hi wilnodon ðæs lichomlican deaðes ac eac
manegra sarlicra wita hi gewilnodon wið þæm ecan life; þæt
wæron ealle þa halgan martiras."

Meter 7

Ða ongon se Wisdom   his gewunan fylgan,
glio-wordum gol   gyd æfter spelle,
song soð-cwida   sumne þa geta,
cwæð þæt he ne herde   þæt on heane munt
5   monna ænig   meahte asettan
healle hrof-fæste.   "Ne þearf eac hæleða nan
wenan þæs weorces,   þæt he wisdom mæge
wið ofer-metta   æfre gemengan.
Herdes þu æfre   þætte ænig mon

fear allows no one to be happy. If then someone does not care whether he has the felicities or not, then those are very little felicities or none at all which can be relinquished so easily.

"I think now that I had sufficiently explained to you before by many indications that the souls of men are immortal and eternal, and it is clear enough that no one needs doubt that all people end in death, and their riches too. So I wonder why people are so foolish that they think that this present life can make someone happy while he lives when it cannot make him miserable after this life. Indeed, we certainly know countless people who have sought the eternal felicities not only through desiring bodily death but also through desiring painful punishments in exchange for the eternal life; those were all the holy martyrs." 16

Meter 7

Then Wisdom began to follow his custom,
recited in poetic words a song after a story,
sang one more true verse,
said that he had never heard of anyone
being able to erect a hall with a firm roof   5
on a high mountain. "Moreover no man need
expect it to happen that he can ever
mix wisdom with pride.
Have you ever heard of anyone

10   on sond-beorgas   settan meahte
    fæste healle?   Ne mæg eac fira nan
    wisdom timbran   þær ðær woruld-gitsung
    beorg oferbrædeð.   Baru sond willað
    ren forswelgan;   swa deð ricra nu
15   grundleas gitsung   gilpes and æhta,
    gedrinceð to dryggum   dreosendne welan,
    and þeah þæs þearfan ne bið   þurst aceled.
    Ne mæg hæleþa gehwæm   hus on munte
    lange gelæstan,   forðæm him lungre on
20   swift wind swapeð.   Ne bið sond þon ma
    wið micelne ren   manna ængum
    huses hirde,   ac hit hreosan wile,
    sigan sond æfter rene.
                    "Swa bioð anra gehwæs
    monna mod-sefan   miclum awegede,
25   of hiora stede styrede,   þonne hi strong dreceð
    wind under wolcnum   woruld-earfoða,
    oþþe hit eft se reða   ren onhrereð
    sumes ymbhogan,   ungemet gemen.
    Ac se ðe þa ecan   agan wille
30   soðan gesælða,   he sceal swiðe flion
    ðisse worulde wlite,   wyrce him siððan
    his modes hus,   þær he mæge findan
    eað-metta stan   unigmet fæstne,
    grund-weal gearone;   se toglidan ne þearf,
35   þeah hit wecge wind   woruld-earfoða
    oððe ymbhogena   ormete ren,
    forþæm on þære dene   drihten selfa
    þara ead-metta   eardfæst wunigað,
    þær se wisdom a   wunað on gemyndum.

being able to set sturdy halls   10
on sand dunes? Nor indeed can anyone
build wisdom where covetousness
is spread over the hill. The barren sand will
absorb the rain; so now does the bottomless
greed of the powerful for renown and possessions,   15
it drinks dry the fleeting wealth,
and yet the thirst of the one who craves it is not assuaged.
A house on a mountain cannot last long
for any man because a swift wind immediately
sweeps round it. No more does sand hold   20
against a deluge of rain for anyone,
for the guardian of the house, but it will collapse,
the sand will sink as a result of the rain.
                                        "So the mind
of everyone is greatly swayed,
shifted from its place, when beneath the clouds   25
the strong wind of worldly troubles afflicts it
or the fierce rain of anxiety,
immeasurable worry, disturbs it.
But he who wishes to have eternal
true delights must completely shun   30
this world's beauty, then let him construct
the house of his mind where he can find
the extremely sturdy rock of humility,
a stable foundation; it has no cause to collapse
though the wind of worldly troubles or   35
the flood of anxieties may afflict it,
for in the valley of that humility lives
the Lord himself, settled in his home,
and there wisdom always dwells in memorials.

40   "Forðon orsorg lif   ealnig lædað
        woruld-men wise   buton wendinge,
        þonne he eall forsihð   eorðlicu good,
        and eac þara yfela   orsorh wunað,
        hopað to þam ecum   þe þær æfter cumað.
45   Hine þonne æghwonan   ælmihtig God
        singallice   simle gehealdeð
        anwunigendne   his agenum
        modes gesælðum   þurh metodes gife,
        þeah hine se wind   woruld-earfoða
50   swiðe swence,   and hine singale
        gemen gæle,   þonne him grimme on
        woruld-sælða wind   wraðe blaweð,
        þeah þe hine ealneg   se ymbhoga
        ðyssa woruld-sælða   wraðe drecce."

Prose 7

Ða se Wisdom þa and seo Gesceadwisnes þis leoð þus asungen hæfde, þa ongon he eft secgean spel and þus cwæð: "Me þincð nu þæt wit mægen smealicor sprecan and diogolran wordum, forþam ic ongite þæt min lar hwæthwugu ingæð on þin ondgit and þu genoh wel understenst þæt ic þe to sprece. Geþenc nu, hwæt þines agnes sie ealra þyssa woruldæhta and welena, oððe hwæt þu þæron age unandergildes? Gif þu him gesceadwislice æfterspyrest, hwæt hæfst þu æt þam gifum þe þu cwist þæt seo wyrd eow gife and æt ðam welan, þeah hy nu ece wæron?

"Therefore the wise always lead   40
an untroubled life without change,
when they renounce all earthly goods
and also remain untroubled by those evils,
looking for the eternal things which come afterward.
Then almighty God keeps him   45
in every way perpetually
continuing in his mind's own
blessings through the grace of the creator,
though the wind of worldly troubles
may greatly afflict him and care may constantly   50
hinder him when the wind of worldly fortunes
blows cruelly and fiercely on him,
and though the distraction of these worldly fortunes
may always terribly afflict him."

Prose 7

When Wisdom and Reason had sung this song, then he be-
gan to use speech again and said as follows: "It seems to me
now that we two can discuss things more deeply and with
more obscure arguments, since I perceive that my teaching
penetrates somewhat your understanding and you under-
stand well enough what I say to you. Think now, what is your
own of all these worldly possessions and goods, or what do
you have of them that does not yield you harm in return? If
you rationally ask about them, what do you have from the
gifts which you say that fate gives to you mortals and from
the riches, even if they were everlasting?

65

2 "Sæge me nu hwæðer se þin wela þines ðances swa diore
seo, þe for his agenre gecynde. Hwæðer ic þe secge þeah ðæt
hit is of his agenre gecynde næs of þinre. Gif hit þonne his
agenre gecynde is nas of þinre, hwi eart þu þonne a þy betra
for his goode? Sege me nu hwæt his þe diorust þince, hwæðer
þe gold þe hwæt? Ic wat þeah gold. Ac þeah hit nu god sie
and diore, ðeah bið hliseadigra and leofwendra se ðe hit selð
þonne se ðe hit gaderað and on oðrum reafað. Ge eac þa
welan bioð hliseadigran and leoftælran þonne þonne hi mon
selð þonne hi bion ðonne hi mon gadrað and hilt. Hwæt, sio
gitsung gedeð heore gitseras laðe ægþer ge Gode ge mon-
num, and þa cysta gedoð þa simle leoftæle and hliseadige
and weorðe ægþer ge Gode ge monnum ðe hie lufiað.

3 "Nu þæt feoh þonne ægþer ne mæg beon ge mid þam þe
hit selð ge mid þam þe hit mon selð, nu is forþam ælc feoh
betere and deorwyrðre geseald þonne gehealden. Gif nu eall
þises middaneardes wela come to anum men, hu ne wæren
þonne ealle oðre men wædlan buton him anum? Genoh
sweotol þæt is þætte god word and god hlisa ælces monnes
bið betra and diorra þonne ænig wela. Hwæt, þæt word ge-
fylð ælces þara earan þe hit geherð and ne bið þeah na þy
læsse mid þæm þe hit spricð. His heortan diegelnesse hit
geopenað and þæs oðres heortan belocena hit þurhfærð, and
on þam færelde þærbetwyx ne bið hit no gewanod. Ne mæg
hit mon mid sweorde ofslean ne mid rape gebindan ne hit
næfre ne acwylð.

4 "Ac þa eowre welan, þeah hie ealne weg mid eow sien, ne
þincð eow no þy hraðor hiora genoh; and ðeah ge hi þonne
oþrum monnum sellen, ne magon ge þon ma mid þæm hiora
wædle and heora gitsunge gefyllan. Þeah ðu hi swa smealice

"Tell me now whether your wealth is so precious thanks ₂ to you or because of its own nature. Yet I say to you that it is from its own nature not from yours. If then it is from its own nature not from yours, why then are you ever the better for its good? Tell me now what seems to you the most precious aspect of it, the gold or what? I know that it is gold however. But though it may be good and precious, one who gives it is more renowned and popular than one who gathers it and plunders it from others. And also riches are more renowned and pleasing when they are given than they are when they are gathered and kept. Indeed, avarice makes its coveters hateful to God and mortals, and generosity makes those who love it always popular and renowned and honored by both God and mortals.

"Now since wealth cannot be both with one who gives it ₃ and with one to whom it is given, all wealth is therefore better and more precious when it is given than when it is kept. If now all the wealth of this world came to one man, would not all other people then be poor except him alone? It is clear enough that the good word and good fame of everyone is better and more precious than any wealth. Indeed, the word fills the ears of everyone who hears it and yet is not in any way diminished with the one who speaks it. It opens the secrecy of his heart and penetrates the locks of the other one's heart and in the journey between the two is in no way diminished. No one can strike it down with a sword, bind it with a rope, or ever kill it.

"But *your* riches, even if they are always with *you,* never ₄ seem to *you* enough; and though *you* give them to others, *you* cannot satisfy their poverty and greed any the more with those. Although you (Mind) divide them up into bits as todæle swa dust ne meaht þu ðeah ealle men emnlice mid gehealdan; and þonne þu ealle gedælde hæfst þonne bist þu ðe self wædla. Sint þæt werelice welan þisses middangeardes þonne hi nan mon fullice habban ne mæg ne hi nænne mon gewelegian ne magon buton hie oþerne gedon to wædlan. Hwæðer nu gimma wlite eowre eagan to him getio hiora to wundriganne? Swa ic wat þæt hi doð. Hwæt, sio duguð þonne þæs wlites þe on þæm gimmum bið, bið heora næs eower.

5   "Þy ic eom swiðe ungemetlice ofwundrod hwi eow þince þære ungesceadwisan gesceafte godweb betere þonne eower agen god; hwi ge swa ungemetlice wundrigen þara gimma oþþe æniges þara deadlicena þinga þe gesceadwisnesse næfð, forðæm hi mid nanum ryhte ne magon gearnigan þæt ge hiora wundrien. Þeah hi Godes gesceafta sien, ne sint hi no wiþ eow to metanne, forðæm þe oþer twega, oððe hit nan god nis for eow selfe oððe þeah forlytel god wið eow to metane. To swiðe we herwað us selfe þonne we þæt ma lufiað þætte under us is on ussum anwalde þonne us selfe, oððe þone drihten þe us gesceop and us eall þa god forgeaf. Hwæþer þe nu licien fægeru lond?"

6   Ða andsworode þæt Mod þære Gesceadwisnesse and cwæð: "Hwi ne sceolde me lician fæger lond? Hu ne is þæt se fægeresta dæl Godes gesceafta? Ge ful oft we fageniað smyltre sæ and eac wundriað þæs wlites þære sunnan and þæs monan and ealra þara steorrena."

7   Ða andswarode se Wisdom and seo Gesceadwisnes þæm Mode and þus cwæð: "Hwæt belimpð þe to hiora fægernessa? Hwæðer þu dyrre gilpan þæt hiora fægernes þin sie? Nese nese. Hu ne wast þu þæt ðu hiora nan ne worhtest? Ac gif þu gilpan wille, gilp Godes. Hwæðer þu nu fægerra

finely as dust, you cannot support everyone equally with them; and when you have distributed them all then you are yourself poor. Wretched are the riches of this world when no one can have them fully and they cannot make anyone rich unless they make another poor. Now does the beauty of jewels attract *your* eyes, to wonder at them? I know that they do so. In fact, the excellence of the beauty that is in the jewels is theirs, not *yours*.

"Therefore I am greatly amazed why the fabric of that ir- 5
rational creature seems better to *you* than *your* own goodness; why *you* so greatly marvel at the jewels or at any mortal thing which lacks reason, because they cannot with any justice merit that *you* marvel at them. Though they may be God's creatures, they are not to be compared with *you*. Either their goodness is not goodness for *you* yourselves or it is nevertheless very little goodness in comparison to *you*. Too greatly we abase ourselves when we love that which is below us and under our control more than ourselves, or the Lord who created us and gave us all the good things. Do you (Mind) like beautiful lands now?"

Then the Mind answered Reason and said: "Why should 6
I not like beautiful land? Is it not the fairest part of God's creation? Very often we delight in smooth sea and also wonder at the beauty of the sun and moon and all the stars."

Then Wisdom and Reason answered the Mind and said 7
as follows. "What of their fairness belongs to you? Do you dare to boast that their fairness is yours? No, no. Do you not know that you made none of them? But if you want to boast, boast on behalf of God. Do you rejoice now in the

blostmæna fægnige on eastran swelce þu hie gescope? Hwæðer ðu nu swelces auht wyrcan mæge oððe geworhtes habbe? Nese nese. Ne do þu no swa. Hwæþer hit nu þines gewealdes se þæt se hærfest sie swa welig on wæstmum? Hu ne wat ic þæt hit nis no þines gewealdes?

8   "Hwi eart þu þonne onæled mid swa idele gefean, oððe hwi lufast þu ða fremdan god swa ungemetlice swelce hi sien ðin agnu? Wenst þu mæge seo wyrd þe gedon þæt ða þinc þin agnu sen þa ðe heora agnu gecynd þe gedydon fremde? Nese nese. Nis hit no þe gecynde þætte þu hi age, ne him nis gebyrde þæt hi ðe folgien. Ac þa hefoncundan þing ðe sendan gecynde, næs þæs eorðlican. Þas eorðlican wæstmas sint gesceapene nytenum to andlifene and þa woruldwelan sin gesceapene to biswice þam monnum þe bioð neatum gelice, þæt bioð unrihtwise and ungemetfæste. To þam hi eac becumað oftost.

9   "Gif þu þonne þæt gemet habban wille and þa nydþearfe witan wille, þonne is þæt mete and drync and claðas and tol to swelcum cræfte swelce þu cunne þæt þe is gecynde, and þæt þe is riht to habbenne. Hwilc fremu is þe þæt þæt þu wilnige þissa andweardena gesælþa ofer gemet, þonne hie nawðer ne magon ne þin gehelpan ne heora selfra? On swiðe lytlon hiera hæfð seo gecynd genog. On swa miclum hio hæfð genog swa we ær spræcon. Gif ðu heore mare secest oþer twega, oððe hit þe derað oððe hit ðe þeah unwynsum bið oððe ungetæse oððe frecenlic, eall þæt þu nu ofer gemet dest. Gif ðu nu ofer gemet itst oððe drincst, oððe claðe ma on hehst þonne þu þurfe, sio oferinc þe wyrð oððe to sare oððe to wlættan oþþe to ungerisenum oððe to plio.

10   "Gif þu nu wenst þætte wundorlice gegerela hwelc weorðmynd sie, þonne telle ic þa weorðmynde þæm wyrhtan þe hi

fair blossoms in spring as if you made them? Could you make such things now, or have you made them? No, no. You may not do so. Is it through your power that the harvest is so rich in fruits? Do I not know that it is not through your power?

"Why are you then aflame with such vain joy, or why do 8 you so immoderately love the alien goods as if they are your own? Do you think that fate can bring it about for you that those things may be yours which their own nature made alien to you? No, no. It is not natural to you that you should possess them, nor is it fitting that they should follow you. But the heavenly things are natural to you, not these earthly things. These earthly fruits are made as sustenance for animals, and the worldly goods are made to lead astray those humans who are like animals, that is, the unrighteous and immoderate. To those people they most often come, too.

"If then you want to have moderation and want to know 9 what is needful, then it is food and drink and clothes and tools for whatever craft you know which is natural to you and which is right for you to possess. What does it benefit you to desire these present felicities beyond measure, when they can help neither you nor themselves? Nature has enough with very little of them. It has enough with as much of them as we specified before. If you look for more of them, then all that you now do beyond measure either harms you or is unpleasant, troublesome or dangerous to you. If you now eat or drink beyond measure, or put more clothes on than you need, the excess causes you either pain or nausea or inconvenience or danger.

"If you now think that wonderful clothing is an honor, 10 then I ascribe the honor to the worker who made it, not to

worhte, nealles þe. Se wyrhta is good þæs cræft ic þær herige
on. Wenst þu þæt sio menigo ðinra monna þe mæge don
gesæligne? Nese nese. Ac gif hi yfele sint and lytige þonne
sint hi þe pliolicran and geswincfulran hæfd ðonne næfd,
forþæm yfele þegnas bioð simle heora hlafordes fiend. Gif hi
þonne gode bioð and hlafordholde and untwifealde, hu ne
beoð þæt þonne heora godes næs þines? Hu miht þu þonne
þe agnian heora god? Gif þu nu þæs gilpst, hu ne gilpst þu
þonne heora godes næs þines?

11   "Nu þe is genoh openlice gecyþed þætte nan þara goda
þin nis þe we ær ymb spræcon, and þu tiohhodes þæt hi ðine
bion sceolden. Gif ðonne þisse worulde wlites and wela to
wilnienne nis, hwæt murcnast þu þonne æfter þam þe þu
forlure, oððe to hwon fagnas þu þæs þe ðu þær hæfst? Gif
hit fæger is, þæt is of hiora agnum gecynde næs of þinum.
Hiora fæger hit is nas þin. Hwæt fægnast þu þonne heora
fægres? Hwæt belimpð his to þe? Ne þu hit ne gesceope, ne
hi þine agene ne sent. Gif hi nu gode sint and fægere, þonne
wæron hi swa gesceapene, and swælce hi woldon bion, þeah
þu hi næfre nahtest. Wenst þu þæt hi a ðy deorran sien þe hi
to þinre note gelænde wæran? Ac forþæm þe hira dysige men
wafiað and hi him þincað diore, forþam þu hi gaderast and
helst on þinum horde.

12   "Hwæt wilnast þu þonne þæt þu hæbbe æt swelcere
gesælignesse? Gelief me nu ic hit þe secge, næfst þu þær
nauht æt buton þæt þu tiolast wædle to flionne and forþy
gæderast mare þonne þu ðyrfe. Ac ic wat þeah swiðe geara
þætte eall þæt ic her sprece is wið þinum willan. Ac eowra
gesælða ne sint no þæt ge wenað þæt hi sien, forþam se þe
micel innierfe and mislic agan wile he beðearf eac miceles

you. The maker whose skill I praise in it is good. Do you think that the multitude of your supporters can make you happy? No, no. But if they are wicked and deceiving then they are more dangerous and troublesome to you possessed than not possessed, because wicked followers are always their master's enemies. If then they are good and loyal to their master and straightforward, is that not then their goodness not yours? How then can you possess their goodness for yourself? If you boast of that now, do you not boast of their goodness not yours?

"Now it is made known to you clearly enough that none 11 of the good things which we spoke about before, and which you thought were yours, are yours. If then the beauty and wealth of this world is not to be desired, why do you then grieve over what you lost, or why do you rejoice over what you have there? If it is fair, that is of their own nature, not of yours. It is their fairness not yours. Why then do you rejoice in their fairness? What has it to do with you? You did not make it, and they are not your own. If they are good now and fair, then they were created so, and would have been such even if you had never possessed them. Do you think that they would ever be the more precious because they were lent for your use? But it is because foolish people wonder at them and think them precious that you gather them and keep them in your hoard.

"What do you then wish to have from such felicity? Be- 12 lieve me when I tell you, you have nothing from it except striving to escape poverty and therefore gathering more than you need. But I know very well that all I say here is contrary to your intention. But *your* felicities are not what *you* think they are. The one who wishes to have great and

73

fultumes. Se ealda cwide is swiðe soð þe mon gefyrn cwæð, þætte þa micles beðurfon þe micel agan willað, and þa þurfon swiðe lytles þe maran ne wilniað þonne genoges, butan hi wilnien mid oferinge hiora gitsunga gefyllan, þæt hi næfre ne gedoð.

13   "Ac ic wat þæt ge wenað þæt ge nan gecyndelic god ne gesælþa oninnan eow selfum næbben, forðæm ge hi secað butan eow to fremdum gesceaftum. Swa hit is mishweorfed þæt þæm men þincð, þeah he se godcundlice gesceadwis, þæt he on him selfum næbbe sælþa genoge buton he mare gegaderige þara ungesceadwisene gesceafta þonne he beþurfe oððe him gemetlicre sie; and þa ungesceadwisan neat ne wilniað nanes oðres fios, ac þincð him genog on þam þe hi binnan heora ægenre hyde habbað toeacan þam fodre þe him gecyndelic bið.

14   "Hwæt, ge þonne þeah hwæthwega godcundlices on eowerre saule habbað, þæt is andgit and gemynd and se gesceadwislica willa þæt hine þara twega lyste. Se þe þonne þas ðreo hæfð, þonne hæfð he his sceoppendes onlicnesse, swa forð swa swa ænegu gesceaft fyrmest mæg hiere sceppendes onlicnesse habban. Ac ge secað þære hean gecynde gesælþa and heora weorðscipe to ðæm niðerlicum and to þam hreosendlicum þingum. Ac ge ne ongitað hu micelne teonan ge doð Gode eowrum scippende, forþam þe he wolde þætte ealle men wæran ealra oþerra gesceafta wealdendas, ac ge underþeodað eowre hehstan medemnesse under þa eallra nyðemestan gesceafta. Mid þam ge habbað gecyðed þætte æfter eowrum agnum dome ge doð eow selfe wyrsan þonne eowra agna æhta, nu ge wenað þæt eowre nohtwelan send eowre gesælþa and teohhiað þæt eall eowre woruldgod sien diorran þonne ge selfe. Swa hit eac wyrð þonne ge swa willað.

varied household wealth needs also much help. The old say-
ing that was said long ago is very true, that those who wish
to have much need much, and those who wish no more than
enough need very little, unless they desire to satisfy their
greed with superfluity, which they will never do.

"But I know that *you* think that *you* have no natural good   13
or felicity within yourselves. *You* look for them outside your-
selves in alien creations. Things are so inverted that it seems
to someone that, though he is divinely rational, he does not
have enough felicity in himself unless he gathers more of the
irrational creations than he needs or than is fitting to him;
and the irrational animals desire no other wealth, but think
they have enough within their own skins in addition to the
food that is natural to them.

"Indeed, *you* have something godlike in *your* soul, that is   14
understanding and memory and the rational will that takes
pleasure in those two things. He then who has these three
things, has his creator's likeness, as far as any creature can
possibly have their creator's likeness. But *you* look for the
felicity of that high nature and its honor from among lowly
and fleeting things. But *you* do not understand what great
injury *you* do to God *your* creator. He would want all human
beings to be rulers of all other creatures, but *you* make *your*
most lofty excellence subject to the lowest creatures of all.
With that *you* have testified that according to *your* own judg-
ment *you* count yourselves worse than *your* own possessions,
now that *you* think that *your* worthless possessions are *your*
felicity and consider that all *your* worldly goods are more
precious than yourselves. So it will be, too, since *you* so de-
sire it.

15   "Þæs menniscan lifes gecynd is þæt hi þy anan sien beforan eallum oðrum gesceaftum þy hi hie selfe ongiton hwæt hie sien and hwonan hi sien; and þi hi sint wyrsan þonne nytena þy hi nellað witan hwæt hi sint oððe hwonan hi sint. Þam neatum is gecynde þæt hi nyton hwæt hi sien, ac þæt is þara monna unðeaw þæt hi niton hwæt hie sen. Nu þe is swiþe sweotol þæt ge beoþ on gedwolan þonne ge wenað þæt ænig mæg beon mid fremdum welum geweorðod. Gif hwa nu bið mid hwelcum welum geweorðod and mid hwelcum deorwyrðum æhtum gearod, hu ne belimpð se weorðscipe þonne to þam þe hine geweorðað? Þæt is to herianne hwene rihtlicor. Ne þæt ne beoþ no ðy fægerre þæt mid elles hwam gerenod bið, þeah þa gerenu fægru sien þe hit mid gerenod bið; gif hit ær scandlic wæs, ne bið hit no ðy fægerre.

16   "Wite þu for soð þæt nan god ne dereð þæm þe hit ah. Hwæt, þu wast nu þæt ic þe ne leoge, and eac wast þæt þa welan oft deriað þam þe hi agon on manegum þingum, and on ðæm swiðost þætte men weorðað swa up ahæfene for ðæm welan þæt oft se ealra wyrresta and se ealra unweorðesta mon wenð þæt he sie ealles þæs welan wyrðe þe on þisse worulde is, gif he wisse hu he him to cuman meahte.

17   "Se ðe micelne welan hæfð he him ondræt monige fynd. Gif he nane æhta næfde, ne þorfte he him nænne ondrædan. Gif þu nu wære wegferend and hæfdest micel gold on ðe and þu þonne become on þiofscole, þonne ne wendes þu þe þines feores. Þonne gif þu þonne swelces nanwuht næfde, þonne ne ðorftes þu ðe nanwuht ondrædan, ac meahtes þe gan singende þone ealdan cwide þe mon gefyrn sang, þæt se nacoda wegferend him nanwuht ne ondrede. Þonne þu þonne orsorg wære and þa þeofas þe from gewiten wæron,

"The nature of human life is that human beings are above 15 all other creatures only in so far as they themselves know what they are and whence they are; and they are worse than animals in so far as they do not wish to know what they are or whence they are. For animals it is natural that they do not know what they are, but it is a vice for human beings that they do not know what they are. Now by that it is very clear that *you* are in error when *you* think that anyone can be honored by riches that are alien to him. If anyone now is dignified with some wealth or honored with precious possessions, does not the honor belong to that which honors him? That is to be praised somewhat more justly. A thing which is adorned with something else is not any the more beautiful for it, though the decorations with which it is adorned are fair; if it was disgusting before it will not be any the fairer.

"Know this for a truth, that no good thing harms the one 16 who possesses it. Truly, you know that I do not lie to you, and you also know that riches often harm those who possess them in many ways, and most of all in that people are so exalted because of that wealth that often the worst and most dishonorable man of all thinks that he is worthy of all the wealth that is in this world, if he knew how he might come to it.

"He who has much wealth dreads many enemies. If he 17 had no possessions, he would need to fear no one. If now you were traveling and had much gold on you and you then fell among a band of robbers, then you would have no hope of your life. If you had no such thing, then you need fear nothing, but could walk singing the old saying which was sung long ago, that the naked traveler fears nothing. When you were then carefree and the thieves had gone from you, then

þonne meahtes þu bismrian þæs andweardan welan and
mihtes cweþan: 'Eala þæt hit is god and wynsum þæt mon
micelne welan hæbbe, nu se næfre ne wyrð orsorg þe hine
underfehð.'"

Meter 8

Sona swa se Wisdom   þas word hæfde
swetole areahte,   he þa siððan ongan
singan soð-cwidas   and þus selfa cwæð:
"Hwæt, sio forme eld   fold-buendum
5   geond eorðan sceat   æghwam dohte,
þa þa anra gehwæm   on eorð-wæstmum
genoh ðuhte.   Nis hit nu ða swelc!
Næron þa geond weorulde   welige hamas
ne mislice   mettas ne drincas,
10   ne hi þara hrægla   huru ne gemdon
þe nu driht-guman   diorost lætað,
forðæm hiora nænig   næs þa gieta,
ne hi ne gesawon   sund-buende,
ne ymbutan hi   awer ne herdon.
15   "Hwæt, hi firen-lusta   frece ne wæron,
buton swa hi meahton   gemetlicost
ða gecynd began   þe him Crist gesceop,
and hi æne on dæge   æton symle
on æfen-tid   eorðan wæstmas,
20   wudes and wyrta,   nalles win druncon
scir of steape.   Næs þa scealca nan

you could mock these present riches and say: 'Oh it is good
and pleasant to have great wealth, now that he who receives
it will never be free of care.'"

Meter 8

As soon as Wisdom had clearly expounded
these words, he then began
to sing true verses and himself said as follows:
"The first age satisfied every
earth dweller across the regions of the earth,   5
when to each man there seemed enough
in the fruits of the earth. Now it is not the case.
In the world then there were not rich estates
nor varieties of food and drink,
nor did they care about those garments   10
which now men consider most precious,
for none of them existed then,
and people did not see
nor hear in any way about them.
    "They were not eager to follow sinful desires   15
but as moderately as they could they
followed the nature which Christ created for them,
and always ate once a day
the fruits of the earth in the evening,
from trees and plants, and did not drink bright   20
wine from the cup at all. There was no man then

þe mete oðþe drinc   mængan cuðe,
wæter wið hunige,   ne heora wæda þon ma
sioloce siowian,   ne hi siaro-cræftum
25   god-web giredon,   ne hi gim-reced
setton searolice,   ac hi simle him
eallum tidum   ute slepon
under beam-sceade,   druncon burnan wæter,
calde wyllan.   Nænig cepa ne seah
30   ofer ear-geblond   ellendne wearod,
ne huru ymbe scip-hergas   scealcas ne herdon,
ne furðum fira nan   ymb gefeoht sprecan.
Næs þeos eorðe besmiten   awer þa geta
beornes blode   þe hine bill rude,
35   ne furþum wundne wer   weoruld-buende
gesawan under sunnan.   Nænig siððan wæs
weorð on weorulde   gif mon his willan ongeat
yfelne mid eldum;   he wæs æghwæm lað.

    "Eala, þær hit wurde,   oðþe wolde God,
40   þæt on eorðan nu   ussa tida
geond þas widan weoruld   wæren æghwæs
swelce under sunnan.   Ac hit is sæmre nu
þæt þeos gitsunc hafað   gumena gehwelces
mod amerred   þæt he maran ne recð,
45   ac hit on witte   weallende byrnð.
Efne sio gitsung   þe nænne grund hafað
swearte swæleð   sumes onlice
efne þam munte   þe nu monna bearn
Etne hatað,   se on ig-londe
50   Sicilia   swefle byrneð.
Þæt mon helle fyr   hateð wide
forðæm hit symle bið   sinbyrnende,

who could mix food or liquid,
water with honey, nor moreover sew their
garments with silk, nor did they prepare fine cloth
with special devices, nor did they cunningly establish   25
jeweled halls, but they always
slept at all times outdoors
under the shade of trees, and drank water from the stream,
the cold spring. No merchant saw
a foreign shore over the surging sea,   30
nor indeed did men hear about hostile ships
nor even any man [hear] speak about battle.
This earth was not yet defiled in any way
with the blood of a man whom a sword had stained,
nor did earth dwellers under the sun even   35
see a wounded man. No one then was
worthy in the world if his will was perceived
by others to be evil; he was loathsome to everyone.
    "If only it might be, or God wished it,
that now on earth throughout this wide world   40
under the sun our times might
be like that. But it is worse now
in that this greed has corrupted the mind
of every man so that he does not care for greater things,
but seething in his mind it burns.   45
Indeed the greed which has no bottom
smolders darkly somewhat like
the mountain which the sons of men now
call Etna, which burns with sulfur
on the island of Sicily.   50
People far and wide call it hellfire
because it is always perpetually burning

and ymbutan hit   oðra stowa
blate forbærnð   biteran lege.

55   "Eala, hwæt se forma   feoh-gitsere
wære on worulde,   se þas wong-stedas
grof æfter golde   and æfter gim-cynnum?
Hwæt, he frecnu gestreon   funde mænegum
bewrigen on weorulde,   wætere oððe eorþan."

Prose 8

Þa se Wisdom ða þis leoð asungen hæfde þa ongan he eft
spellian and þus cwæþ: "Hwæt mæg ic nu mare secgan be
þæm weorðscipe and be þam anwealde þisse worulde? For
ðæm anwealde ge eow woldon ahebban up oð ðone heofen
gif ge meahten. Þæt is forðæm þe ge ne gemunon ne eac ne
ongitað þone heofoncundan anweald and þone weorðscipe;
se is eower agen and þonan ge comon. Hwæt, se eower wela
þonne and se eower anweald þe ge nu weorðscipe hatað, gif
he becymð to þam eallra wyrrestan men and to þam þe his
eallra unweorðost bið, swa he nu dyde to þis ilcan Þeodrice,
and iu ær to Nerone þæm casere and oft eac to mænegum
hiora gelicum, hu ne wile he ðonne don swæ swa hi dydon
and get doð, ealle ða ricu þe him under bioð oððe awer on
neaweste forslean and forheregian swæ swa fyres leg deð
drigne hæðfeld, oððe eft se birnenda swefel ðone munt
bærnð þe we hatað Etne, se is on Sicilia ðæm ealonde, swiðe
onlice ðæm miclan flode ðe giu on Noes dagum wæs?

2   "Ic wene ðæt þu mæge gemunan ðætte eowre eldran gio

and fiercely burns up other places
round it with consuming flame.
    "Who was the first avaricious person   55
in the world who dug these plains
for gold and different kinds of gems?
Indeed, he found treasures dangerous to many
hidden in the world, in water or earth."

Prose 8

When Wisdom had sung this song he began to speak again and said as follows: "What more can I say now about the honor and power that belongs to this world? On account of that power *you* mortals would like to raise yourselves up to heaven if *you* could. That is because *you* do not remember or understand the heavenly power and honor; that is *your* own and from that *you* came. Truly, that wealth of *yours* and that power of *yours* that *you* now call honor, if it comes to the worst of all people and to one who is the most unworthy of it, as it has recently done to this same Theoderic and long ago previously to the emperor Nero and also often to many people like them, will he not want to do then just as those did and still do, destroy and ravage all the kingdoms that are under them or anywhere near by as fire's flame does a dry heath or again as the burning sulphur burns the mountain which we call Etna, which is on the island of Sicily, just like the great flood which happened long ago in Noah's days?

    "I think that you (Boethius) can remember that *your*   2

Romana witan on Torcwines dagum þæs ofermodan cyn-
inges for his ofermettum þone cynelican naman of Romebiri
æresð adydon. Ond eft swæ ilce þa heretogan ðe hine ær ut
adrifen, hi wolden eft ut adrifan for hiora ofermettum, ac hi
ne meahton; forðæm þe se æftera anweald þara heretogena
þæm Romaniscum witum get wyrs licode þonne se ærra þara
cyninga.

3   "Gif hit þonne æfre gewirð swa hit swiðe seldon gewyrð
þæt se anweald and se weorðscipe becume to godum men
and to wisum, hwæt bið þær þonne licwyrðes buton his god
and his weorðscipe, þæs godan cyninges næs þæs anwaldes?
Forðæm þe se anwald næfre ne bið good buton se good sie
þe hine hæbbe. Ðy hit bið ðæs monnes good næs þæs an-
woldes gif se anwold god bið. Forðam hit bið þætte nan man
for his rice ne cymð to cræftum and to medemnesse, ac for
his cræftum and for his medemnesse he cymð to rice and to
anwealde. Þi ne bið nan man for his anwealde na ðe betera,
ac for his cræftum he bið good gif he good bið, and for his
cræftum he bið anwealdes weorðe gif he his wyrðe bið.

4   "Leorniað forðæm wisdom, and þonne ge hine geleornad
hæbben, ne forhycgað hine þonne. Ðonne secge ic eow bu-
ton ælcum tween ðæt ge magon þurh hine becuman to an-
walde ðeah ge no þæs anwaldes ne wilnigan. Ne þurfon ge no
hongian on þam anwealde, ne him æfter þringan gif ge wise
beoð and gode. He wile folgian eow ðeah ge his no ne wilni-
gen. Ac sege me nu hwæt eower deorwyrðesta wela and an-
wald sie þe ge swiðost girnað. Ic wat þeah þæt hit is þis
andwearde lif and ðes brosnienda wela ðe we ær ymbe spræ-
con.

5   "Eala hwæðer ge netenlican men ongiten hwilc se wela sie
and se anwald and ða woroldsælða? Þa sint eowere hlafordas

ancestors of old, the counselors of the Romans, first re-
moved the kingly name from Rome, in the days of Tarquin
the proud king, because of his arrogance. And afterward
similarly they wanted again to expel the consuls who had
driven him out, because of their arrogance, but they could
not; the subsequent domination of the consuls pleased the
Roman counselors still worse than the earlier domination of
the kings.

"If then it ever happens, as it very seldom does, that 3
power and honor come to a good and wise person, what is
then praiseworthy in that situation but his goodness and
honor—that of the good king not of the power? Power is
never good unless the person who has it is good. Therefore
it is the person's goodness not the power's if the power is
good. And so it is that no one achieves virtues and excel-
lence because of his authority, but because of his virtues and
excellence he achieves authority and power. And so no one
is the better for his power, but because of his virtues he is
good if he is good, and because of his virtues he is worthy of
power, if he is worthy of it.

"Learn wisdom therefore, and when *you* have learnt it do 4
not neglect it. Then I say to *you* without any doubt that
through it *you* can come to power though *you* do not desire
that power. *You* do not need to depend on power nor hasten
after it if *you* are wise and good. It will follow *you* though *you*
do not wish for it. But tell me now what *your* most precious
wealth and power are that *you* most eagerly yearn for. I know
however that it is this present life and this perishable wealth
that we spoke about before.

"*You* beastlike people, do you understand what wealth, 5
power, and worldly felicity are? They are *your* masters and

and eowere waldendas, næs ge heora. Gif ge nu gesawan hwelce mus þæt wære hlaford ofer oðre mys and sette him domas and nedde hie æfter gafole, hu wunderlic wolde eow ðæt þincan. Hwelce cehhettunge ge woldan þæs habban, and mid hwelce hleahtre ge woldon bion astered. Hu micle mare is ðonne þæs monnes lichoma to metenne wið þæt mod þonne sio mus wið ðone mon!

6   "Hwæt, ge þonne magon eaðe geþencan, gif ge hit georne ymbe smeagan willað and æfterspyrigan, ðætte nanre wuhte lichoma ne bið þonne tederra þonne þæs monnes. Þæm magon derian þa læstan fleogan, ge ða gnættas mid swyðe lytlum sticelum him deriað, and eac ða smalan wyrmas ðe ðone mon ægðer ge innan ge utan wyrdað, and hwilum fulneah deadne gedoð. Ge furðum þios lytle loppe hine deadne gedeð. Swilca wuhta him derigað ægðer ge innan ge utan. On hwæm mæg ænig mon oðrum derian buton on his lichoman, oððe eft on hiora welum þe ge hatað gesælða? Ne nan mon ne mæg ðæm gesceadwisan mode gederian, ne him gedon þæt hit sie ðæt ðæt hit ne bið.

7   "Ðæt is swiðe sweotol to ongitanne be sumum Romaniscum æðelinge se wæs haten Liberius, se wæs to manegum witum geworht forðæm þe he nolde meldian on his geferan þe mid him siredon ymb ðone cyning þe hie ær mid unrihte gewunnen hæfde. Þa he ða beforan ðone graman cyning gelæd wæs and he hine het secgan hwæt his geferan wæron ðe mid him ymbe hine syredon, þa forceaw he his agene tungan and wearp hine mid ðære tungan on þæt neb foran. Forðæm hit gewearð þæt þam wisan men com to lofe and to wyrðscipe þæt se unrihtwisa cyning him tiohhode to wite. Hwæt is þæt demma ðæt ænig mon mæge oðrum don þæt he ne mæge him don ðæt ilce? Gif he ne mæg, oðer mon mæg.

your rulers, not *you* theirs. If *you* saw now some mouse that
was a lord over other mice and set laws for them and com-
pelled them to pay tribute, how amazing that would seem
to *you*. What cackling *you* would have about that, and what
laughter *you* would be moved with. How much greater then
is the difference between the body of a human being and the
mind, than between the mouse and the human being.

"Indeed, *you* can easily think, if *you* are willing to consider   6
it carefully and inquire into it, that no creature's body is
weaker than a human being's. The smallest flies can injure
him, and the gnats with very small jabs hurt him, and also
the tiny worms which injure man inside and outside, and
sometimes almost kill him. And even the little spider kills
him. Such creatures injure him both inside and out. In what
can anyone harm another except in his body, or again in their
riches which *you* call felicity? No one can harm the rational
mind, nor make it be anything other than it is.

"That is very clearly to be seen in the case of a certain Ro-   7
man nobleman called Liberius, who was subjected to many
tortures because he would not betray his companions who
conspired with him against the king who had unjustly con-
quered them. When he was led before that cruel king and he
ordered him to say who his companions were who conspired
with him against him, then he bit out his own tongue and
struck him with the tongue in the face. And so it came about
that what the unjust king had intended as a torment to him
became a source of praise and honor for the wise man. What
injury is there which anyone can do to another such that he
cannot do the same to him? If he cannot, someone else can.

8   "We leornodon eac be ðæm wælreowan Bosiridem se wæs
on Egyptum. Ðæs leodhatan gewuna wæs þæt he wolde
ælcne cuman swiðe arlice underfoon and swiðe swæslice wið
gebæran ðonne he æresð him to com, ac eft ær he him from
cerde he sceolde bion ofslægen. Ond ða geberede hit ðæt
Erculus Iobes sunu com to him. Þa wolde he don ymbe hine
swa swa he ymbe manigne cuman ær dyde, wolde hine adren-
can on þære ea ðe Nilus hatte. Ða wearð he strengra and
adrencte hine, swiðe rihte be Godes dome, swa swa he man-
igne oðerne ær dyde.

9   "Hwæt eac Regulus se foremæra heretoga, þa he feaht
wið Affricanas, he hæfde fulneah unasecgendlicne sige ofer
þa Africanas. Þa he ða swiðost forslagen hæfde, ða het he hi
bindan and on balcan lecgan. Ða gebyrede hit swiðe hraðe
þæt he weard gebunden mid hira racentum. Hwæt wenst þu
þonne hwæt godes se anweald sie þonne he on nane wisan
his agenes cræftes ne mæg forbugan þæt he ðæt ilce yfel ne
geðafige oðrum monnum þæt he ær oðrum dyde? Hu ne is se
anwald þonne ðær nauht?

10   "Hwæt wenst ðu, gif se weorðscipe and se anwald his ag-
nes þonces god wære and his selfes anweald hæfde, hwæðer
he wolde ðam forcuðestum monnum folgian swa he nu
hwilum deð? Hu ne wast þu þæt hit nis nauht gecynde ne
nauht gewunlic ðæt ænig wiðerweard þing bion gemenged
wið oðrum wiðerweardum, oððe ænige geferrædenne wið
habban? Ac sio gecynd hit onscunað þæt hi ne magon weor-
ðan togædere gemenged, þon ma ðe þæt good and ðæt yfel
magon ætgædere bion.

11   "Nu þe is swiðe openlice gecyðed þæt þis andwearde rice
and þas weoruldgesælþa and þes anweald of hiora agnum
gecynde and heora agnes gewealdes nauht gode ne sint ne

"We have learnt also about the savage Busiris who was in   8
Egypt. It was that tyrant's custom to receive every visitor
very honorably and behave very pleasantly toward him when
he first came to him, but later, before he departed from him,
he was killed, it was said. And then it happened that Hercu-
les the son of Jove came to him. Then he planned to do with
him as he did before with many visitors, to drown him in the
river called the Nile. Then Hercules proved the stronger and
drowned him, very justly by the judgment of God, as Busiris
had done to many others before.

"And also Regulus the famous consul, when he fought   9
against the Africans he had an almost indescribable victory
over the Africans. When he had utterly destroyed them he
ordered them to be tied up and placed in yokes. Then it hap-
pened very soon afterward that he was bound with their
chains. What good do you think power has when it can in no
way by its own virtue prevent someone suffering the same
evil from others that he did to others before? Is not power
then worthless in such cases?

"What do you think, if honor and power were good by   10
their own will and had power in their own right, would they
follow the most wicked people as they sometimes do now?
Don't you know that it is not natural or customary for any
adverse thing to be mixed with other things opposite to it,
or to have any companionship with it? But nature resists it
so that they cannot be mixed together, any more than good
and evil can be together.

"Now it is very clearly revealed to you that this present   11
authority and worldly felicity and power are not good of
their own nature and by their own control and do not have

heora selfra nanne anwald nabbað, nu hi willað cliofian on
ðæm wyrrestan monnum and him geþafiað þæt hi bioð hiora
hlafordas. Nis ðæs nu nan tweo ðæt oft þa eallra forcuðestan
men cumað to ðæm anwealde and to þæm weorðscipe. Gif
se anweald ðonne of his agenre gecynde and his agnes
gewealdes god wære ne underfenge he næfre þa yfelan ac ða
godan. Þæs ilcan is to wenanne to eallum ðæm gesælþum þe
sio wyrd brengð þisses andweardan lifes, ge on cræftum ge
on æhtum, forþæm þe hi hwilum becumað to þam forcuðes-
tum.

12   "Hwæt we genog georne witon ðæt nanne mon þæs ne
tweoð þæt se sie strong on his mægene þe mon gesihð þæt
stronglice weorc wyrcð. Ne þon ma gif he hwæt bið ne tweoð
nænne mon þæt he hwæt ne sie. Swa mæg eac se dreamcræft
ðæt se mon bið dreamere and se læcecræft þæt he bið læce,
ond sio racu gedeð þæt he bið reccere. Swa deð eac se ge-
cynda cræft ælcum men ðæt þæt god ne mæg bion wið ðæt
yfel gemenged ne þæt yfel wið þæt god. Þeah hie buta on
anum men sien, þeah bið ægðer him onsundran. Þæt ge-
cynde nele næfre nanwuht wiðerweardes lætan gemengan,
forðam heora ægðer onscunað oðer and ægðer wile bion þæt
ðæt hit bið. Ne mæg se wela gedon þæt se gitsere ne sie
gitsere ne ða grundleasan gitsunga gefyllan, ne se anweald ne
mæg gedon his waldend wealdendne.

13   "Nu þonne nu ælc gesceaft onscunað ðæt ðæt hire wiðer-
weard bið and swiðe georne tiolað þæt hit him þæt from
ascufe, hwylce twa sint þonne wiðerweardran betwuhh him
þonne god and yfel? Ne weorþað hi næfre tosomne gefeged.
Be þæm þu meaht ongitan gif þa gesælþa ðises anweardan
lifes þurh hie selfe heora selfra geweald ahton and of heora
agnum gecynde gode wæron, þonne woldon hi simle on þam

power in their own right, since they are willing to cleave to the worst people and permit them to be their masters. There is now no doubt that often the wickedest people of all achieve power and honor. If power then was good of its own nature and by its own control it would never accept the wicked but rather the good. This same point is to be held about all the felicities of this present life that fate brings, in both skills and possessions; they sometimes come to the wickedest people.

"Indeed we know well enough that no one doubts that a 12 person who is seen performing strong actions is strong in his physical strength. Equally if he is quick no one doubts that he is quick. So also skill in music can cause someone to be a musician and medical skill a doctor, and exposition causes him to be an expositor. So also does the skill of nature make it the case for each person that good cannot be mixed with evil nor evil with good. Though both may be in one person, yet each is separate from the other. Nature will never allow opposites to mingle, because each of them shuns the other and each wishes to be what it is. Wealth cannot cause the acquisitive person not to be acquisitive nor can it satisfy the bottomless greed, nor can power make its possessor powerful.

"Now then, now that each creature shuns that which is 13 opposed to it and eagerly strives to push it away from itself, what two things are more mutually opposed than good and evil? They will never be joined together. From that you can see that if the felicities of this present life possessed power through themselves in their own right and were good of their own nature, then they would always cleave to one

cleofian þe him god mid worhte, nalles yfel. Ac þær ðær hi gode beoð þonne beoð hi þurh þæs godan monnes god gode þe him god mid wyrcð, and se bið þurh God god. Gif hine þonne yfel mon hæfð, þonne bið he yfel þurh þæs monnes yfel þe him yfel mid deð and þurh dioful.

14   "Hwæt godes is se wela ðonne, ðonne he ne mæg þa grundleasan gitsunga afyllan þæs gitseres, oððe se anweald ðonne he ne mæg his waldend waldendne gedon, ac hine ge- bindað þa won welnunga mid hiora unabindendlicum racen- tum? Ðeah mon nu yfelum men anwald selle, ne gedeð se anweald hine godne ne medomne gif he ær næs, ac geopenað his yfel gif he ær yfel wæs and gedeð hit ðonne sweotol gif hit ær næs, forðæm þeah he ær yfel wolde þonne nysste he hu he hit swa fullice gecyðde ær he fullne anweald hæfde.

15   "Þæt gewyrð for þam dysige þe ge fægniað þæt ge moton sceppan wone naman, hatan þæt sælþa þæt nane ne beoð and þæt medumnes þæt nan medomnes ne bið; forþam hi gecyðað on hiora endunge þonne hi endiað þæt hi nauðer ne bioð, forþæm nawðer ne se wela ne se anweald ne se weorð- scipe ne beoð to wenanne þæt hit seo soþe gesælð sie. Swa hit is nu hradost to secganne be eallum þam woruldsælðum þe sio wyrd brengð, þæt þær nanwuht on nis ðæs ðe to wilni- anne seo, forðæm ðe þær nawuht gecyndelices godes on nis þæs ðe of him cume. Þæt is on ðæm sweotol þæt hi hi symle to ðæm godum ne þeodað, ne ða yfelan gode ne gedoð þe hi hi oftosð to geþiodað." Ða se Wisdom ða þis spell ðus areaht hæfde, ða ongan he eft giddian and þus cwæð:

who did good with them, not evil. But where they are good, then they are good through the goodness of the good person who does good with them, and he is good through God. If then an evil person has it, then it is evil through the evil of the person who does evil with it, and through the devil.

"What good is wealth then, when it cannot fill the bottomless greed of the acquisitor, or power when it cannot make its possessor powerful, but evil desires bind him with their unbreakable chains? Though power may now be given to a wicked person, that power does not make him good or excellent if he was not before, but reveals his wickedness if he was wicked before and makes it visible then if it was not before. Though he intended wickedness before he did not know how to show it fully before he had full power. 14

"That is a result of the folly by which *you* mortals delight in being able to give the wrong names, calling those things felicity which are not such and that excellence which is no excellence. When they end, they reveal in their ending that they are neither: neither wealth nor power nor dignity is to be considered true felicity. In this way is it now to be said most briefly about all the worldly felicities which fate brings, that there is nothing in them that is to be desired; there is no natural goodness that comes from them. That is clear from the fact that they do not always join themselves to the good, nor do they make good the wicked people to whom they most often join themselves." When Wisdom had thus delivered this speech, he began to sing again and said as follows: 15

Meter 9

"Hwæt, we ealle witon   hwelce ærleste
ge neah ge feor   Neron worhte,
Rom-wara cyning,   þa his rice wæs
hehst under heofonum,   to hryre monegum,
5   wæl-hreowes gewed.   Wæs ful wide cuð
unriht-hæmed,   arleasta fela,
man and morðor,   misdæda worn,
unrihtwises   inwid-þoncas.
He het him to gamene   geara forbærnan
10   Romana burig,   sio his rices wæs
ealles eðel-stol.   He for unsnyttrum
wolde fandian   gif þæt fyr meahte
lixan swa leohte   and swa longe eac,
read rasettan,   swæ he Romane
15   secgan geherde   þæt on sume tide
Troia-burg   ofertogen hæfde
lega leohtost,   lengest burne
hama under hefonum.   Næs þæt herlic dæd,
þæt hine swelces gamenes   gilpan lyste,
20   þa he ne earnade   elles wuhte
buton þæt he wolde   ofer wer-ðiode
his anes huru   anwald cyðan.

    "Eac hit gesælde   æt sumum cierre
ðæt se ilca het   ealle acwellan
25   þa ricostan   Romana witan
and þa æþelestan   eorl-gebyrdum
þe he on þæm folce   gefrigen hæfde,

Meter 9

"We all know what foul deeds
Nero, king of the Romans, performed,
both near and far away, to the ruin of many,
when his kingdom was foremost under the heavens,
and the madness of that bloodthirsty man. His fornication   5
and many foul deeds were very widely known,
his wickedness and crime, a multitude of wrongful deeds,
the evil thoughts of that unrighteous man.
Once he commanded that for his own sport the city of
Rome, which was the seat of government of all his   10
kingdom, should be burnt. Out of folly
he wanted to try out whether the fire could
shine and rage red as brightly
and also as long as he had heard
the Romans say that at one time   15
the brightest of flames had covered
the city of Troy, [to see if it] would burn the longest time
of cities under the heavens. That was not a noble deed
that he should glory in such entertainment,
when he strove for nothing else at all   20
except that he wanted indeed to show the
power of himself alone above nations.
   "Also it happened on a certain occasion
that the same man commanded that all the most powerful
Roman counselors and the noblest ones   25
of high birth that he had discovered
among the people should be killed,

95

and onuppan   agene broðor
and his modor mid   meca ecgum,
30 billum ofbeatan.   He his bryde ofslog
self mid sweorde,   and he symle wæs
micle þe bliðra   on breost-cofan
þonne he swylces morðres   mæst gefremede.
Nalles sorgode   hwæðer siððan a
35 mihtig drihten   ametan wolde
wrece be gewyrhtum   woh-fremmendum,
ac he on ferðe fægn   facnes and searuwa
wæl-riow wunode.   Wiold emne swa þeah
ealles þisses mæran   middan-geardes,
40 swa swa lyft and lagu   land ymbclyppað,
garsecg embegyrt   gumena rice,
secgge sitlu, suð,   east and west
oð ða norðmestan   næssan on eorðan;
eall þæt Nerone   nede oððe lustum,
45 heaðo-rinca gehwilc,   heran sceolde.
He hæfde him to gamene,   þonne he on gylp astag,
hu he eorð-cyningas   yrmde and cwelmde.
     "Wenst ðu þæt se anwald   eaðe ne meahte
Godes ælmihtiges   þone gelpscaðan
50 rice berædan   and bereafian
his anwaldes   ðurh þa ecan meaht
oððe him his yfeles   elles gestioran?
Eala, gif he wolde,   ðæt he wel meahte,
þæt unriht him   eaðe forbiodan!
55 Eawla, þæt se hlaford   hefig gioc slepte
sware on þa swyran   sinra þegena,
ealra ðara hæleða   þe on his tidum
geond þas lænan worold   liban sceoldon.

96

and in addition that his own brother
and his mother should be slain with the edges
of blades, with swords. He himself killed his   30
wife with his sword, and he was ever
much the happier in his heart
when he carried out the worst of such slaughter.
He did not care at all whether afterward
mighty God would ever measure out   35
vengeance on wrongdoers according to their deeds
but, glad in his mind at treachery and deceitful tricks,
he continued bloodthirsty. Even so, however,
he controlled all this glorious world,
wherever air and sea embrace the land,   40
and the ocean encircles the kingdom of men,
the homes of men south, east and west
up to the northernmost headlands on earth;
all of it, every warrior, had to
obey Nero by necessity or by desire.   45
He considered as his sport, when he increased in renown,
how he ill-treated and destroyed earthly kings.
   "Do you think that the power of God almighty
could not easily deprive the boastful
enemy of his power and take away   50
his authority through eternal might
or otherwise restrain him from his evil?
He could easily have done that, forbidden him
that injustice, if he wanted to!
That lord slipped a heavy yoke   55
grievously on to the necks of his followers,
all those men who had to live
in his era in this transitory world.

He on unscyldgum   eorla blode
60   his sweord selede   swiðe gelome.
Þær wæs swiðe sweotol,   þæt we sædon oft,
þæt se anwald ne deð   awiht godes,
gif se wel nele   þe his geweald hafað."

Prose 9

Þa se Wisdom ða þis lioð asungen hæfde þa gesugode he, and þa andswarode þæt Mod and þus cwæð: "Eala Gesceadwisnes, hwæt þu wast þæt me næfre seo gitsung and seo gemægð þisses eorðlican anwealdes forwel ne licode, ne ic ealles forswiðe ne girnde þisses eorðlican rices, butan tola ic wilnode þeah and andweorces to þam weorce þe me beboden was to wyrcanne; þæt was þæt ic unfracoðlice and gerisenlice mihte stieran and reccan þone anwald þe me befæst wæs.

2   "Hwæt þu wast þæt nan mon ne mæg nænne cræft cyðan ne nænne anwald reccan ne stioran butan tolum and andweorce. Ðæt bið ælces cræftes andweorc þæt mon þone cræft butan wyrcan ne mæg. Þæt bið þonne cyninges andweorc and his tol mid to ricsianne þæt he hæbbe his lond fullmonnad. He sceal habban gebedmen and ferdmen and weorcmen. Hwæt þu wast þætte butan þissan tolan nan cyning his cræft ne mæg cyðan. Þæt is eac his ondweorc þæt he habban sceal to ðæm tolum þæm þrim geferscipum biwiste. Þæt is þonne heora biwist: land to bugianne and gifa and wæpnu and mete and ealu and claþas, and gehwæt þæs ðe þa

Very frequently he stained his sword
with the innocent blood of men.   60
What we have often said was very clear there:
that power does nothing good
if he who has power does not wish for good."

Prose 9

When Wisdom had sung this song he was silent, and the Mind answered and said as follows: "Reason, truly you know that avarice and the desire for this earthly power never attracted me very much, nor did I greatly yearn for this earthly authority, except that I sought tools and material for the work that I was commanded to carry out; that was so that I could safely and fittingly steer and direct the power that was entrusted to me.

"Truly you know that no one can show any skill, or exercise or control any power, without tools and material. The material for any skill is that without which one cannot exercise that skill. Then the material for a king and his tools for ruling are that he has his land fully manned. He must have prayer men and army men and workmen. You know that without these tools no king can show his skill. His material is also that he must have sustenance for these tools, for the three communities. This then is their sustenance: land to inhabit, and gifts, and weapons, and food, and ale, and clothes, and everything that the three communities need. He cannot þre geferscipas behofigen. Ne mæg he butan þisum þas tol gehealdan, ne buton þisum tolum nan þara þinga wyrcan þe him beboden is to wyrcenne.

3   "Forþy ic wilnode andweorces þone anwald mid to reccenne, þæt mine cræftas and anweald ne wurden forgitene and forholene, forþam ælc cræft and ælc anwald bið sona forealdod and forsugod, gif he bið buton wisdome; forðæm ne mæg nan mon nænne cræft bringan buton wisdome, forðæm þe swa hwæt swa þurh dysig gedon bið ne mæg hit mon næfre to cræfte gereccan. Þæt is nu hraðost to secganne þæt ic wilnode weorðfullice to libbanne þa hwile þe ic lifde, and æfter minum life þæm monnum to læfanne þe æfter me wæren min gemynd on godum weorcum."

4   Ða ðis þa gesprecen was, þa gesugode þæt Mod and seo Gesceadwisnes ongon sprecan and þus cwæð: "Eala Mod ea, an yfel is swiðe swiðe to anscunianne; þæt is þæt þætte swiðe singallice and swiðe hefiglice beswicð ealra þara monna mod þe beoð on heora gecynde gecorene and þeah ne beoð to þam hrofe þonne git cumen fulfremedra mægena; þæt is þonne wilnung leases gilpes and unryhtes anwealdes and ungemetlices hlisan godra weorca ofer eall folc. Forþon wilnigað monige woruldmen anwealdes þe hie woldon habban godne hlisan, þeah hi his unwyrðe sien; ge furðum se ealra forcuþesta wilnað þæs ilcan. Ac se þe wile wislice and geornlice æfter þam hlisan spyrian þonne ongit he swiðe hræðe hu lytel he bið and hu læne and hu tedre, and hu bedæled ælces godes.

5   "Gif þu nu geornlice smeagan wilt and witan wilt ymb ealræ þisse eorðan ymbhwyrft, from easteweardum þises middangeardes oð westeweardne and from suðeweardum oð norðeweardum, swa þu liornodest on þære bec þe Astralo-

keep these tools without these things, nor without these tools can he perform any of the things that he is commanded to perform.

"I desired material in order to exercise power, so that my skills and authority should not be forgotten and hidden, since every skill and power will be immediately overtaken by age and silenced if it is without wisdom; no one can bring forth any art without wisdom, since whatever is done through folly can never be accounted a skill. To put it very briefly now, I desired to live with honor as long as I lived, and after my life to leave to those people who were after me my memorial in good deeds." 3

When this was said, the Mind was silent and Reason began to speak and said as follows: "Mind, one evil is very greatly to be shunned; that is the one which most continually and grievously betrays the minds of all those people who are excellent in their nature and yet have not yet come to the summit of perfect virtues; that is the desire for vain glory and unjust power and immoderate fame for good deeds above all people. Many worldly people look for power because they would like to have good fame, though they are undeserving of it; indeed even the wickedest person of all looks for that same thing. But he who is willing to consider wisely and carefully about fame will then perceive very quickly how small it is and how fleeting and fragile, and how devoid of all value. 4

"If you will now carefully consider and wish to know about the extent of all this earth, from the east of this world to the west and from the south to the north, as you learnt in the book which is called Astrologium, then you can 5

gium hatte, ðonne meaht þu ongetan þæt he is eal wið þone heofon to metanne swilce an lytlu price on bradum brede oðþe rondbeag on scelde, æfter wisra monna dome. Hu ne wast þu þæt ðu leornodest on Ptolomeus bocum, se towrat ealles þises middangeardes gemet on anre bec? Þær þu miht on geseon þæt eall moncynn and ealle netenu ne notiað furðum nawer neah feorðan dæles þisse eorðan ðæs þe men geferan magan, forþæm þe hy hit ne magon eall gebugian, sum for hæto, sum for cile, and þone mæstan dæl his hæfð sæ oferseten.

6   "Do nu of ðam feorðan dæle on þinum mode eall þæt sie sæ his ofseten hæfð, and eal þa sceard þe hio him on genumen hæfð, and eal þæt his fennas and moras genumen habbað, and eall þæt on eallum þiodum westes ligeð, þonne meaht þu ongitan þætte þæs ealles nis monnum þon mare læfed to bugianne buton swelce on lytel cauertun. Is þæt þonne fordyslic geswinc þæt ge winnað eowre woruld to ðon þæt ge wilniað eowerne hlisan ungemetlice to brædanne ofer swelcne cauertun. Swelce þæt is ðætte men bugiað þisse worulde fulneah swilce an price for þæt oðer. Ac hwæt rumedlices oððe micellices oððe weorðfullices hæfð se eower gilp þe ge þær bogiað on þam fiftan dæle healfum londes and unlondes, mid sæ, mid fænne, mid ealle swa hit is generwed? To hwon wilnige ge þonne to ungemetlice þæt ge eowerne naman tobrædan ofer þone teoðan dæl, nu his mare nis mid sæ, mid fænne, mid ealle?

7   "Geðencað eac þætte on þisum lytlan pearroce þe we ær ymb spræcon bugiað swiðe manega þioda and swiðe mislica and swiðe ungelica, ægþer ge on spræce ge on þeawum ge on eallum sidum, ealra þara þioda þe ge nu wilniað swiðe ungemetlice þæt ge scylon eowerne naman ofer tobrædan. Þæt

perceive that in comparison with heaven it is all like a little point on a wide board or a shield boss on a shield, according to the estimate of the wise. Do you not know what you learnt in the books of Ptolemy, who described the extent of all this earth in one book? There you can see that all human-kind and animals use nowhere near a quarter of this earth as far as human beings can encompass it, since they cannot in-habit all of it, some because of heat, some because of cold, and the sea has covered the biggest part of it.

"Now in your mind take from that quarter all that the sea   6 has covered, and all the portions that it has taken into itself, and all of it that marshes and moors have taken, and all that lies waste in all nations, then you can see that no more is left of it all for people to inhabit than as it were a little court-yard. That is then a very foolish labor, that *you* toil through *your* lives because *you* want to spread *your* fame immoder-ately over such a courtyard. The part of this world that men inhabit is almost just a point in comparison with the rest. But what extent or magnitude or honor does that fame of *yours* which you boast of have in the tenth part of land and wasteland, so narrowed as it is with sea, with marsh and all? To what end do *you* strive too excessively to spread *your* name over the tenth part, now that it is no more than that, with sea and marsh and all?

"Consider also that in this little park which we spoke   7 about before live very many nations of various kinds and very unlike each other, both in speech and in habits and in all the customs of all those nations which *you* now strive so excessively to spread *your* name over. That *you* can never do, ge næfre gedon ne magon, forðon hiora spræc is todæled on twa and hundseofontig and ælc þara spræca is todæled on manega þioda, and þa sint tolegena and todælda mid sæ and mid wudum and mid muntum and fennum and mid manegum and mislicum westenum and ungeferum londum þæt hit furðum cepemen ne gefarað. Ac hu mag ðær þonne synderlice anes rices monnes nama cuman þonne þær mon furðum þære burge naman ne geherð, ne þære þeode þe he on hamfæst bið. Þy ic nat hwelce dysige ge girnað þæt ge woldon eowerne naman tobrædan geond ealle eorþan. Þæt ge næfre gedon ne magon ne furðum nawer neah.

8 "Hwæt þu wast hu micel Romana rice wæs on Marcuses dagum þæs heretogan, se wæs oðre noman haten Tullius and þriddan Cicero. Hwæt he cyðde on sumre his boca ðætte þa get Romana nama ne come ofer þa muntas þa we hata ð Caucaseas, ne ða Sciððeas þe on oðre healfe þara munta bugiað furðum þære burge naman ne þæs folces ne geherdon, ac þa he com ærest to Parðum and wæs swiðe niwe. Ac he wæs þeah þærymbutan manegum folce swiðe egeful. Hu ne ongite ge nu hu nearo se eower hlisa bion wile þe ge þær ymb swincað and unrihtlice tioliað to gebrædanne?

9 "Hwæt, wenstu hu micelne hlisan and hu micelne weorðscipe an Romanisc man mæge habban on þam lande þær mon furðum þære burge naman ne geherde ne ealles ðæs folces hlisa ne com? Þeah nu hwilc mon ungemetlice and ungedafenlice wilnige þæt he scyle his hlisan tobrædan ofer ealle eorþan, he ne mæg þæt forðbringan, forþam þe þara ðeoda þeawas sint swiðe ungelice and hiora gesetenessa swiðe mislica, swa ðætte on oðrum lande betst licode þætte þæt bið hwilum on ðæm oðrum tælwyrðlicosð and eac micles wites wyrðe. Forðæm ne mæg nan mon habban gelic lof

since their speech is divided into seventy-two and each of those languages is divided among many nations, and they are separated and divided by the sea, woods, mountains, marshes and many and varied wastelands and inaccessible lands so that even merchants do not get to them. But how can the name of a single great man on his own come there then, when people there do not even hear the name of the city, nor of the nation that he comes from. And so I do not know for what folly *you* yearn to spread *your* name over all the earth. *You* can never do that, nor even get near it.

"Indeed, you (Boethius) know how large the empire of 8 the Romans was in the days of Marcus the consul, whose second name was Tullius and third Cicero. He testified in one of his books that the name of the Romans had not yet come over the mountains which we call Caucasus, nor had the Scythians who live on the other side of the mountains heard of even the name of the city or of the people, but then it came first to Parthia and was very new. But it was very fearsome however to many people thereabouts. Do *you* not see how narrow will be *your* fame, which *you* labor and unjustly strive to extend?

"How much fame and honor do you (Boethius) think a 9 single Roman can have in that land where not even the name of the city has been heard and where the fame of all that nation has not come? Even though now someone should strive excessively and unfittingly to spread his fame over all the earth, he cannot achieve that, since the customs of nations are very variable and their laws very varied, so that what pleased best in one country is sometimes most disapproved of in the others and also deserving of great punishment. No

on ælcum londe, forþon ðe on ælcum londe ne licað þæt on
oðrum licað.

10 "Forðy sceolde ælc mon bion on ðæm wel gehealden þæt
he on his agnum earde licode. Þeah he nu maran wilnige, he
ne mæg furðum þæt forðbringan, forþæm þe seldhwonne
bið þætte auht manegum monnum anes hwæt licige. Forþy
wyrð oft godes monnes lof alegen inne on þære ilcan þeode
þe he on hamfæst bið, and eac forþam þe hit oft swiðe sar-
lice gebyrede þurh þa heardsælþa þara writera þæt hi for
hiora slæwðe and for gimeleste and eac for recceleste forle-
ton unwriten þara monna ðeawas and hiora dæda þe on hiora
dagum formæroste and weorðgeornuste wæron; and þeah
hie nu eall hiora lif and hira dæda awriten hæfdon, swa swa
hi sceolden gif hi dohton, hu ne forealdedon þa gewritu þeah
and losoden þonecan þe hit wære, swa some swa þa writeras
dydon and eac þa ðe hi ymb writon? And eow þincð þeah
þæt ge hæbben ece are gif ge mægen on ealre eowerre wo-
rulde geearnigan þæt ge hæbben godne hlisan æfter eowrum
dagum.

11 "Gif þu nu getelest þa hwila þisses andweardan lifes and
þisses hwilendlican wið þæs ungeendodan lifes hwila, hwæt
bið hit þonne? Tele nu þa lengu þære hwile þe þu þin eage on
beprewan mæge wið ten ðusend wintra. Þonne habbað þa
hwila hwæthwugu onlices þeah hit lytel sie; þæt is þonne
þæt heora ægþær hæfð ende. Tele nu þonne þæt ten þusend
geara, ge þeah þu ma wille, wið þæt ece and þæt ungeendode
lif, þonne ne finst þu þær nauht anlices, forðam ðæt ten
ðusend geara þeah hit lang ðince ascortaþ and þæs oðres
næfre ne cymð nan ende. Forþæm hit nis no to metanne, þæt
geendodlice wið ðæt ungeendodlice. Þeah þu nu telle from
þises middangeardes fruman oð ðone ende, and mete þonne

one can have similar praise in every country, since in each country they don't like what they like in others.

"Therefore every person ought to be content to be liked 10 in his own land. Though he should look for more, he cannot achieve even that, since it is seldom that one thing pleases many people. For that reason a good person's fame is often brought low at home among the very people that he lives among, and also because it has often very grievously happened through the misfortunes of writers that, because of their sloth and carelessness and also because of lack of attention, they left unwritten the customs and deeds of those people who in their day were most famous and worthy of honor; and even though they now had written all their life and deeds, as they ought to have done if they were worthy, would not the writings have grown old and perished whenever it was, as the writers did and also those that they wrote about? And *you* think however that *you* would have eternal honor if *you* could through all your life earn it that *you* have good fame after *your* days.

"If you (Boethius) now compare the period of this pres- 11 ent fleeting life with the period of the unended life, what will it then be? Count now the length of the time that you can blink your eye against ten thousand years. Then those times have something in common though it is little; that is that each of them has an end. Compare now the ten thousand years, or indeed more if you like, with the eternal and unended life, then you will not find anything in common, for ten thousand years, though it seems long, will run out and of the other there will never come an end. They are not to be compared, the finite with the infinite. Though you should now reckon from the beginning of this world to the end, and þa gear wið þæt ðe nænne ende næfð, þonne ne bið þær nauht anlices. Swa bið eac se hlisa þara formæra monna; þeah he hwilum lang sie and fela geara þurhwunige, he bið þeah swiðe scort to metanne wið ðone þe næfre ne geendað.

12 "And ge ne reccað ðeah hweðer ge auht to gode don wið ænegum oþrum þingum buton wið þam lytlan lofe þæs folces and wið þæm scortan hlisan þe we ær ymb spræcon; earniað þæs and forsioð þa cræftas eoweres ingeðonces and eowres andgietes and eowre gesceadwisnesse, and woldon habban eowerra godena weorca mede æt fremdra monna cwiddunge; wilniað þærto þære mede þe ge to Gode sceolden.

13 "Hwæt þu gehyrdest þætte giodagum gelomp þæt an swiðe wis mon and swiðe rice ongan fandian anes uðwitan and hine bismrode forþam he hine swa orgellice up ahof, and bode þæs þæt he uðwita wære. Ne cyðde he hit mid nænum cræftum ac mid leasum and ofermodlicum gelpe. Þa wolde se wisa mon his fandian hwæðer he swa wis wære swa he self wende þæt he wære. Ongon hine þa hyspan and hearmcwidian. Þa geherde se uðwita swiðe geþyldelice þæs wisan monnes word sume hwile, ac siððan he his hispinge gehered hæfde þa scylde he ongean swiðe ungeþyldelice þeah he ær licette þæt he uðwita wære. Ahsode hine þa eft hwæðer him þuhte þæt he uþwita wære þe nære. Ða andswarode se wisa mon him and cwæð: 'Ic wolde cweðan þæt þu uðwita wære gif þu geðyldig wære and gesugian meahte.'

14 "Hu langsum wæs him se hlisa þa, þe he ær mid leasungum wilnode? Hu ne forbærst he þa þærrihte for ðæm anum

compare then those years with that which has no end, then there is nothing in common. So will also be the fame of people who are greatly celebrated; though it may be long sometimes and last many years, yet it is very short compared with that which will never end.

"And yet *you* mortals do not care whether *you* do any good   12
for any other purposes than for the little praise of the people and for the short-lived fame that we spoke about before; *you* yearn for that and despise the skills of *your* inner mind, understanding and reason, and would like to have the reward for *your* good works from the speeches of strangers; and *you* want from them the reward that *you* ought to want from God.

"Now you (Boethius) have heard that in olden days it hap-   13
pened that a very wise and very high-ranking man began to test a philosopher and mocked him because he exalted himself so arrogantly and boasted that he was a philosopher. He did not show it by any skills but with false and arrogant boasting. Then the wise man wanted to test him to see whether he was as wise as he himself thought that he was. He began then to mock and speak ill of him. Then the philosopher heard the wise man's words very patiently for some time, but after he had heard his insults he defended himself against him very impatiently though he had previously pretended that he was a philosopher. He asked him then whether he seemed to him to be a philosopher or not. Then the wise man answered and said: 'I would have said that you were a philosopher if you had been patient and could keep silent.'

"How long-lasting was the fame which he previously   14
sought with lies? Did it not collapse immediately because of

andwyrde? Hwæt forstod þonne þæm betstum monnum þe
ær us wæron ðæt hi swa swiðe wilnodon þæs idelan gelpes
and þæs hlisan æfter heora deaðe? Oððe hwæt forstent hit
þæm þe nu sindon? Þy wære ælcum men mare þearf þæt he
wilnode godra cræfta þonne leases hlisan. Hwæt hæfð he æt
þæm hlisan æfter þæs lichoman gedale and þære sawle? Hu
ne witon we þæt ealle men lichomlice sweltað and þeah sio
sawl bið libbende? Ac sio sawl færð swiðe friolice to hefo-
num siððan hio ontiged bið and of þæm carcerne þæs licho-
man onlesed bið. Hio forsihð þonne eall ðas eorðlican þing
and fægnað ðæs þæt hio mot brucan þæs heofonlican siððan
hio bið abrogden from ðæm eorðlican. Þonne þæt mod him
selfum gewita bið godes willan." Ða se Wisdom þa þis spel
areaht hæfde, ða ongan he gyddian and ðus singende cwæð:

Meter 10

"Gif nu hæleða hwone   hlisan lyste,
unnytne gelp   agan wille,
þonne ic hine wolde   wordum biddan
þæt he hine æghwonon   utan ymbeþohte,
5   sweotole ymbsawe   suð, east, and west
hu widgil sint   wolcnum ymbutan
heofones hwealfe.   Hige-snotrum mæg
eaðe ðincan   þæt þeos eorðe sie
eall for ðæt oðer   unigmet lytel;
10   þeah hio unwisum   widgel þince,
on stede stronglic   steorleasum men,

that one answer? What did it benefit then the best people who were before us that they so greatly sought vain glory and fame after their death? Or what does it benefit those who live now? And so there would be greater need for everyone to desire good skills than false fame. What does one have from fame after the separation of the body and the soul? Do we not know that all people die bodily and yet the soul will be living? But the soul passes very freely to heaven after it is untied and released from the prison of the body. It then despises all these earthly things and rejoices that it may share in the heavenly things after it is removed from the earthly ones. Then the mind will be witness for itself of its good will." When Wisdom had delivered this speech, he began to sing and singing said as follows:

Meter 10

"If any man now wishes to have
fame, useless renown,
then I would urge him with my words
to reflect upon his surroundings on all sides,
clearly to look around south, east, and west   5
to see how spacious the vaults of heaven are,
with clouds round about. Anyone wise in mind can
easily see that this whole earth is
exceedingly small in comparison to that other;
though to the unwise and misguided person   10
it may seem spacious and firm in its place,

þeah mæg þone wisan on gewit-locan
þære gitsunge gelpes scamian,
ðonne hine þæs hlisan heardost lysteð,
15 and he þeah ne mæg þone tobredan
ofer ðas nearowan nænige ðinga
eorðan sceatas; is ðæt unnet gelp!
  "Eala, ofer-modan, hwi eow a lyste
mid eowrum swiran selfra willum
20 þæt swære gioc symle underlutan?
Hwy ge ymb ðæt unnet ealnig swincen,
þæt ge þone hlisan habban tiliað
ofer ðioda ma þonne eow þearf sie?
Þeah eow nu gesæle þæt eow suð oððe norð
25 þa ytmestan eorð-buende
on monig ðiodisc miclum herien,
ðeah hwa æðele sie eorl-gebyrdum,
welum geweorðad, and on wlencum ðio,
duguðum diore, deað þæs ne scrifeð,
30 þonne him rum forlæt rodora waldend,
ac he þone welegan wædlum gelice
efn-mærne gedeð ælces þinges.
  "Hwær sint nu þæs wisan Welandes ban,
þæs gold-smiðes, þe wæs geo mærost?
35 Forðy ic cwæð þæs wisan Welandes ban,
forþy ængum ne mæg eorð-buendra
se cræft losian þe him Crist onlænð.
Ne mæg mon æfre þy eð ænne wræccan
his cræftes beniman, þe mon oncerran mæg
40 sunnan onswifan and þisne swiftan rodor
of his riht-ryne rinca ænig.
Hwa wat nu þæs wisan Welandes ban

yet the wise one can be ashamed
in his mind of the ambition for renown
when he desires fame very fervently
and yet cannot in any way   15
extend it over these narrow
regions of the earth. What useless renown that is!
   "You proud men, why does it ever please *you*
of *your* own volition to bow your necks
continually under that grievous yoke?   20
Why do *you* always toil for something useless,
in that *you* strive to have fame
across more nations than *you* need?
Though it may now turn out for *you* that the most distant
earth dwellers south or north   25
praise *you* greatly in many languages,
though someone may be noble through high birth,
honored by wealth and may flourish in prosperity,
favored for his advantages, death does not care about that
when the ruler of the heavens allows him scope,   30
but he makes the wealthy and the poor
equally glorious in everything.
   "Where now are the bones of the wise Weland,
the goldsmith, who was previously very famous?
I said the bones of wise Weland   35
because the skill which Christ grants to
any earth dweller cannot be lost by him.
Nor can anyone ever deprive a wretch
of his skill more easily than any man can divert
and turn aside the sun and this swift firmament   40
from its correct course.
Who now knows in which mound the bones

on hwelcum hlæwa   hrusan þeccen?

Hwær is nu se rica   Romana wita

45 and se aroda,   þe we ymb sprecað,

hiora here-toga,   se gehaten wæs

mid þæm burg-warum   Brutus nemned?

Hwær is eac se wisa   and se weorð-georna

and se fæst-ræda   folces hyrde,

50 se wæs uðwita   ælces ðinges,

cene and cræftig,   þæm wæs Caton nama?

Hi wæron gefyrn   forðgewitene;

nat nænig mon   hwær hi nu sindon.

Hwæt is hiora her   buton se hlisa an?

55 Se is eac to lytel   swelcra lariowa,

forðæm þa mago-rincas   maran wyrðe

wæron on worulde.

                    "Ac hit is wyrse nu,

þæt geond þas eorðan   æghwær sindon

hiora gelican   hwon ymbspræce,

60 sume openlice   ealle forgitene,

þæt hi se hlisa   hiw-cuðe ne mæg

fore-mære weras   forð gebrengan.

Þeah ge nu wenen   and wilnigen

þæt ge lange tid   libban moten,

65 hwæt iow æfre þy bet   bio oððe þince?

Forðæm þe nane forlet,   þeah hit lang ðince,

deað æfter dogor-rime,   þonne he hæfð drihtnes leafe.

Hwæt þonne hæbbe   hæleþa ænig,

guma æt þæm gilpe,   gif hine gegripan mot

70 se eca deað   æfter þissum?"

of wise Weland cover the earthen floor?
Where is now the powerful and resolute
Roman counselor whom we talk about,   45
their consul, who among the citizens
was called by the name of Brutus?
Where too is the wise, ambitious,
and steadfast guardian of the people,
who was in every respect a philosopher,   50
bold and skillful, whose name was Cato?
They passed away a long time ago;
no one knows where they are now.
What exists of them here apart from mere fame?
That is moreover too slight for such teachers   55
because those valiant men were worthy of
more in the world.
                    "But it is worse now,
in that everywhere throughout this earth
those like them are little spoken of,
some evidently are completely forgotten,   60
in that fame cannot bring them,
the illustrious men, forward as familiar.
Though *you* men now expect and desire
that *you* may live for a long time,
what will ever be or seem better for *you* because of that?   65
For death, when it has the Lord's permission, leaves behind
no one after his allotted span of days, though that may seem
a long time. What then may any man have
from that fame, if eternal death
is permitted to seize him after this?"   70

Prose 10

Þa se Wisdom þa þis leoð asungen hæfde, þa ongan he spillian and ðus cwæð: "Ne wen ðu no þæt ic to anwellice winne wið ða wyrd, forðæm ic hit no self nauht ne ondræde, forþam hit oft gebyreð þæt sio lease wyrd nauþer ne mæg þæm men don ne fultum ne eac nænne dem. Forþam hio nis nanes lofes wyrðe, forþam hio hire self gecyð þæt hio nanwuht ne bið, ac hio onwrihð hire æwelm þonne hio geopenað hiore þeawas.

2   "Ic wene ðeah þæt ðu ne forstande nu get hwæt ic ðe to cweðe, forðam hit is wundorlic þæt ic seggan wille and ic hit mæg uneaðe mid wordum areccan swa swa ic wolde. Þæt is ðæt ic wat ðætte sio wiðerwearde wyrd bið ælcum men nytwyrðre þonne sio orsorge, forðæm seo orsorge simle lihð and licet þæt mon scyle wenan þæt hio is sio soðe gesælð, ac sio wiðerwearde is sio soðe gesælð, þeah hwæm swa ne þynce, forðam hio is fæstræd and gehæt simle þætte soð bið. Sio oðru is leas and beswicð ealle hire geferan, forðæm hio hit gecyð self mid hire hwurfulnesse þæt hio bið swiðe wancol, ac sio wiðerwearde gebet and gelæreð ælcne þara þe hio hi to geþiet. Sio oðru gebinð ælc ðara moda ðe hire brycð mid ðære hiwunga þe hio licet þæt hio sie god. Sio wiðerwearde þonne onbinð and gefreoð ælc þara þe hio to geþiet mid ðæm þe hio him geopenað hu tedra þæs andweardan gesælða sint. Ac seo orsorhnes gæð scyrmælum swaþær windes pyf. Sio wiðerweardnes þonne bið simle untælu and wæru, ascerped mid þære styringe hire agenre frecennesse. Ac sio lease gesælð hio tihð on last neadinga þa þe hiere to geðeodað from ðæm soðan gesælðum mid þære oliccunga.

Prose 10

When Wisdom had sung this song, he began to speak and said as follows: "Do not think that I fight single-mindedly against fate. I do not fear it myself, since it often happens that deceiving fate can cause a man neither help nor harm. It deserves no praise, since fate itself testifies that it is nothing, but reveals its source when it shows its habits.

"I think however that you do not yet understand what I am saying to you. What I want to say to you is marvellous and I can scarcely express it in words as I would wish. It is that I know that adverse fate is for everyone more beneficial than favorable fate. The favorable always lies and flatters to make one think that it is the true felicity, but the adverse is the true felicity, though it may not seem so to someone, since it is stable and always promises what is true. The other is false and deceives all its companions. With its fickleness it shows itself to be very changeable, but the adverse improves and teaches everyone that it associates itself with. The other binds every mind that enjoys it with the appearance which it simulates that it is good. The adverse then unbinds and frees all those that it joins itself to when it reveals to them how fragile these present felicities are. But prosperity comes in gusts like the puffing of wind. Adversity then is always without reproach and prudent, sharpened by the stirring of its own hardship. But false felicity draws into its train by necessity those who join themselves to it, away from the true

Sio wiðerwerdnes þonne ful oft ealle ða ðe hiere under-
þeodde bioð neadinga getyhð to ðam soðum gesælðum, swa
swa mid angle fisc gefangen bið.

3   "Ðincð ðe nu þæt lytel gestreon and lytel eaca þinra
gesælða þætte ðeos reðe and þios egeslice wiðerweardnes þe
bringð, þæt is þæt hio ðe swiðe hraðe ða mod geopenað
þinra getreowra freonda and eac þinra fionda þæt þu hi miht
swiðe sweotole tocnawan? Ac þas leasan gesælða þonne hi ðe
from gewitað, þonne nimað hi hiora men mid him and lætað
þine feawan getreowan mid ðe. Hu woldes ðu nu gebycggan
þa þu gesælegost wære and þe þuhte þæt seo wyrd swiðost
on þinne willan wode? Mid hu micle feo woldest þu þa hab-
ban geboht þæt ðu swutole mihtest tocnawan þine frend
and ðine fiend? Ic wat ðeah þæt ðu hit woldest habban mid
micle fio geboht þæt ðu hi cuðest wel toscadan. Þeah þe nu
þince þæt ðu deorwyrðe fioh forloren habbe, þu hæfst þeah
micle diorwyrðre mid geboht, þæt sint getreowe friend. Þa
ðu miht nu tocnawan and wast hwæt þu hiora hæfst. Hwæt
þæt is þæt eallra deorweorðoste fioh." Ða se Wisdom þa ðis
spel asæd hæfde, þa ongan he giddian and þus singende
cwæð:

Meter 11

"An sceppend is   butan ælcum tweon.
Se is eac wealdend   woruld-gesceafta,
heofones and eorðan   and heah-sæ

felicities by means of flattery. Adversity then very often draws all those who are subjected to it by necessity to the true felicities, as a fish is caught by a hook.

"Does it seem to you now a small treasure and a slight increase in your felicities that this harsh and fearful adversity brings you, that is, that it very soon opens to you the minds of your true friends and also of your enemies so that you can very clearly distinguish them? But these false felicities, when they leave you, then they take their followers with them and leave your few faithful ones with you. Would you have paid for that when you had most felicity, and thought that fate went wholly with your desires? With how much treasure would you then have paid that you might distinguish your friends and enemies? I know however that you would have bought it with much treasure, that you could distinguish them well. Though you now think that you have lost precious treasure, you have bought something much more precious with it, that is, your loyal friends. Now you can distinguish them and know what friends you have. Truly, that is the most precious treasure of all." When Wisdom had spoken this speech, then he began to sing and singing said as follows:

Meter 11

"There is one creator without any doubt.
He is also the ruler of worldly creatures,
of heaven and earth and the deep sea

and ealra þara   þe ðær in wuniað,

5 ungesæwenlicra   and eac swa same
ðara ðe we eagum   on lociað,
ealra gesceafta.   Se is ælmihtig,
þæm oleccað   ealle gesceafte
þe þæs ambehtes   awuht cunnon

10 ge eac swa same   þa ðæs auht nyton
þæt hi þæs ðeodnes   þeowas sindon.
Se us gesette   sido and þeawas,
eallum gesceaftum   unawendende,
singallice   sibbe gecynde,

15 þa þa he wolde,   þæt þæt he wolde,
swa lange swa he wolde   þæt hit wesan sceolde.
Swa hit eac to worulde   sceal wunian forð,
forþæm æfre ne magon   þa unstillan
woruld-gesceafta   weorðan gestilde,

20 of ðæm ryne onwend   ðe him rodera weard
ende-byrdes   eallum gesette.

"Hæfð se al-wealda   ealle gesceafta
gebæt mid his bridle;   hafað butu gedon,
ealle gemanode   and eac getogen,

25 þæt hi ne moten   ofer metodes est
æfre gestillan,   ne eft eallunga
swiðor stirian,   þonne him sigora weard
his geweald-leðer   wille onlæten.
He hafað þe bridle   butu befangen

30 heofon and eorðan   and eall holma begong.
Swa hæfð geheaðærod   hefon-rices weard
mid his anwealde   ealle gesceafta,
þæt hiora æghwilc   wið oðer winð,
and ðeah winnende   wreðiað fæste,

and of all those things which live in them,
of all creatures invisible   5
and also likewise those which we look on
with our eyes. He is almighty,
whom all creatures try to please,
those who know anything about that service
and also likewise those who do not know at all   10
that they are servants of that prince.
He established for us a code of conduct and customs,
unchanging for all creatures,
a natural enduring peace,
whenever he wanted, whatever he wanted,   15
for as long as he wanted it to last.
Thus it must also remain from now on in the world,
for the moving worldly creatures
cannot ever be made still,
nor turned from the course which the guardian of heaven   20
established for all things in orderly fashion.
    "The almighty has curbed all creatures
with his bridle; he has done both things,
restraining and also moving all things
so that they can neither become still   25
without the creator's permission, nor again move
further away at all than the guardian of victories
wishes to relax his reins.
He has encompassed with the bridle both
heaven and earth, and all the expanse of seas.   30
Thus the guardian of the heavenly kingdom has restrained
all created things with his power
so that each of them struggles against the other,
and yet in struggling they firmly support the other,

35   æghwilc oðer   utan ymbclyppeð,
þy læs hi toswifen.   Forðæm hi symle sculon
ðone ilcan ryne   eft gecyrran
þe æt frymðe   fæder getiode,
and swa edniwe   eft gewiorðan.

40   "Swa hit nu fagað,   frean eald-geweorc,
þætte winnende   wiðerweard gesceaft
fæste sibbe   forð anhealdað.
Swa nu fyr and wæter,   folde and lagu-stream,
manugu oðru gesceaft   efn-swiðe him
45   giond þas widan worulde   winnað betweox him,
and swa þeah magon   hiora þegnunga
and geferscipe   fæste gehealdan.
Nis hit no þæt an   þæt swa eaðe mæg
wiðerweard gesceaft   wesan ætgædere
50   symbel geferan,   ac hit is sellicre
þæt hiora ænig ne mæg   butan oþrum bion.
Ac sceal wuhta gehwilc   wiðerweardes hwæthwugu
habban under heofonum,   þæt his hige durre
gemetgian,   ær hit to micel weorðe.

55   "Hæfð se ælmihtiga   eallum gesceaftum
ðæt gewrixle geset   þe nu wunian sceal;
lencten deð growan   leaf grenian,
þæt on hærfest eft   hrest and wealuwað.
Winter bringeð   weder ungemet cald,
60   swifte windas.   Sumor æfter cymeð,
wearm gewideru.   Hwæt, þa wonnan niht
mona onlihteð,   oððæt monnum dæg
sunne bringeð   giond þas sidan gesceaft.
Hæfð se ilca God   eorðan and wætere
65   mearce gesette.   Mere-stream ne dear

each embracing the other round about   35
to prevent them moving apart. They must always
turn on the same course again
which the father appointed in the beginning,
and thus be renewed again.
      "Thus it now varies, the father's ancient work,   40
so that conflicting and opposing creatures
keep firm peace forever.
Thus now fire and water, earth and sea,
and many other created things just as much as them,
struggle among themselves throughout this wide world   45
and yet can keep firm
their service and cooperation.
It is not only that opposing parts of creation
can so easily stay together
while moving constantly, but it is more wondrous   50
that none of them can be without its opposite.
But each thing under the heavens must have
some opposite which presumes to temper
its disposition before it becomes overwhelming.
      "The almighty has established for all creatures   55
the mutability which must now continue,
spring makes the leaf grow and become green
that will decay and shrivel in autumn.
Winter brings excessively cold weather
and swift winds. Summer, warm weather,   60
comes afterward. Indeed, the moon lights up
the dark night until the sun brings
day to men throughout this broad creation.
The same God has established boundaries
for land and water. The sea does not dare   65

ofer eorðan sceat   eard gebrædan
fisca cynne   butan frean leafe,
ne hio æfre ne mot   eorðan þyrscwold
up ofersteppan,   ne ða ebban þon ma
70   flodes mearce   oferfaran moton.
Þa gesetnessa   sigora wealdend,
lifes leoht-fruma,   læt þenden he wile
geond þas mæran gesceaft   mearce healden.
   "Ac þonne se eca   and se ælmihtiga
75   þa geweald-leðeru   wile onlætan
efne þara bridla   þe he gebætte mid
his agen weorc   eall æt frymðe
—þæt is wiðerweardnes   wuhte gehwelcre
þe we mid þæm bridle   becnan tiliað—
80   gif se ðioden læt   þa toslupan,
sona hi forlætað   lufan and sibbe,
ðæs geferscipes   freond-rædenne.
Tilaþ anra gehwilc   agnes willan,
woruld-gesceafta   winnað betweox him,
85   oððæt þios eorðe   eall forweorðeð,
and eac swa same   oðra gesceafta
weorðað him selfe   siððan to nauhte.
Ac se ilca God,   se þæt eall metgað
se gefehð fela   folca tosomne
90   and mid freondscipe   fæste gegadrað,
gesamnað sinscipas,   sibbe gemengeð
clænlice lufe.   Swa se cræftga eac
geferscipas   fæste gesamnað
þæt hi hiora freondscipe   forð on symbel

to spread its home for the species of fish
over the earth's surface without the Lord's permission,
nor may it ever step up over
the earth's threshold, nor moreover may the
tides cross the water's boundary.   70
The ruler of victories, author of light and of life,
allows those decrees for as long as he wishes to maintain
the boundaries throughout this glorious creation.
   "But when the eternal and almighty one
wishes to relax the reins   75
of that very bridle with which he curbed
all his own work at the beginning
—it is the contrariness of every created thing
which we aim to signify with the bridle—
if the Lord lets those slacken,   80
they will immediately give up love and peace,
the harmony of their fellowship.
Each one will strive for its own will,
worldly creatures will struggle among themselves
until this earth will all perish,   85
and also likewise other created things
will afterward themselves become nothing.
But the same God who regulates everything
joins together many people
and links them firmly in friendship,   90
links marriages, and combines peace
and pure love. Thus the Craftsman also
firmly unites communities
so that they keep forever their

95 untweofealde   treowa gehealdað,
sibbe samrade.

                    "Eala, sigora God,
    wære þis mon-cyn   miclum gesælig,
    gif hiora mod-sefa   meahte weorðan
    staðolfæst gereaht   þurh þa strongan meaht,
100 and geende-byrd,   swa swa oðra sint
    woruld-gesceafta.   Wære hit, la, þonne
    murge mid monnum,   gif hit meahte swa."

HER ENDAÐ NU SEO ÆFTERRE FROFRBOC
BOETIES AND ONGINÐ SIO ÞRIDDE. SE
BOETIUS WÆS OÐRE NAMAN HATEN
SEUERINUS; SE WÆS HERETOGA ROMANA.

friendship, undoubting faith, 95
harmonious peace.
                    "God of victories,
this human race would be greatly blessed
if their minds could be securely
controlled and organized through that strong
power just as other worldly 100
creatures are. How pleasant it would be
then among human beings if it could be so."

HERE NOW ENDS THE SECOND BOOK OF
CONSOLATION OF BOETHIUS, AND THE
THIRD BEGINS. THIS BOETHIUS WAS ALSO
CALLED SEVERINUS. HE WAS A CONSUL OF
THE ROMANS.

BOOK 3

Prose 11

Þa se Wisdom þa ðis lioð asungen hæfde, þa hæfde he me gebundenne mid þære wynsumnesse his sanges þæt ic his wæs swiðe wafiende and swiðe lustbære to geheranne mid innewearde mode. And þa ful hræðe ðæs ic cleopode to him and þus cwæð: "Eala Wisdom þu ðe eart sio hehste frofr ealra werigra moda, hu ðu me hæfst afrefredne ægþer ge mid þinre smealican spræce ge mid þinre wynsumnesse þines sanges. To þæm þu me hæfst nu aretne and ofercumene mid þinre gesceadwisnesse þæt me nu ðincð ðætte no þæt an þæt ic ðas unwyrd aræfnan mæg ðe me on becumen is, ac þeah me giet mare frecenes on becume, ne cwiðe ic næfre ma þæt hit butan gewyrhtum sie, forðæm ic wat þæt ic maran and hefigran wyrðe wære. Ac ic wolde ymbe þone læcedom þara þinra lara hwene mare geheran. Þeah þu nu hwene ær sæde þæt þu wende þæt hi wolden me swiðe bitere þincan, ne ondræde ic hi me nu nauht. Ac ic heora eom swiðe gifre ægðer ge to geheranne ge eac to gehealdenne and þe swiðe georne bidde þæt þu hi me gelæste swa swa ðu me nu lytle ær gehete."

2   Þa cwæð se Wisdom: "Ic ongeat sona, þa ðu swa wel geswugodes and swa lustlice geherdest mina lara, þæt þu woldest mid innewearde mode hi ongiton and smeagean. Forðæm ic geanbidode swiðe wel oþ ic wisse hwæt þu woldest and hu þu hit understandan woldest, and eac þy furður ic tiolode swiðe geornfullice þæt þu hit forstandan meahte. Ac

Prose 11

When Wisdom had sung this lay, he had captivated me with the pleasure of his singing so that I was greatly amazed at it and very willing to listen with inner mind. And then very quickly after that I addressed him and said as follows: "Wisdom, you who are the highest comfort of all weary minds, how you have consoled me both with your penetrating speech and with the sweetness of your song. You have now so comforted me and overcome me with your reasoning that I now think not only that I can endure this ill fate that has fallen on me, but that if still more hardship fell on me I would never say any more that it is unmerited, since I know that I would be worthy of greater and heavier hardship. But I would like to hear a little more about the medicine of your teachings. Though you said a little while ago that you thought that they would seem very bitter to me, I am not afraid of them at all now. But I am very eager both to hear and to observe them and urge you very strongly to give them to me as you promised just before."

Then Wisdom said: "I understood immediately, when you 2 kept silent so well and so eagerly listened to my teaching, that you wanted to understand and ponder it with your inner mind. I waited very willingly until I knew what you wanted and how you would understand it, and furthermore I strove very keenly so that you could understand it. But I

ic þe nu wille secgan hwilc se læcecræft is minre lare þe þu
me nu bitst. He is swiðe biter on muðe and he ðe tirð on ða
þrotan þonne ðu his ærast fandast; ac he ðe weredað siððan
he innan bið and swiðe liðe on ðæm innoðe and swiðe swiðe
swete to bealcetenne.

3   "Ac þær þu ongeate hwider ic ðe tiohige to lædanne, ic
wat þæt þu woldest swiðe georne þider fundian and swiðe
swiðlice beon onæled mid þære gitsunge, forðam ic geherde
þæt þu ær sædest þæt ðu swiðe geornful wære hit to gehe-
ranne." Ða cwæð þæt Mod: "Hwider wilt ðu me lædan?" Ða
andwyrde sio Gesceadwisnes and cwæð: "To þæm soðum
gesælðum ic tiohige ðæt ic þe læde þær þin mod oft ymb
hræswæð and eac mæt. Ac þu ne meahtes gyt ful rihtne weg
aredian to ðæm soðum gesælðum, forðon þin mod wæs abis-
god mid ðære ansene þissa leasena gesælða."

4   Ða cwæð þæt Mod: "Ic þe healsige þæt þu me oðewe bu-
tan ælcum tweon hwæt sio soðe gesælð sie." Ða cwæð sio
Gesceadwisnes: "Ic wille forlustlice for ðinum lufum. Ac ic
sceal be sumre bysene sume anlicnesse þære wisan getæcan
oð ðe þæt þing cuðre sie, to ðæm þæt þu þa bisne sweotole
gesceawige. And þonne be þære anlicnesse þara soðena
gesælþa ðu mæge ongitan þa soðan gesælða and forlætan
þætte him wiðerweard bið, þæt sint þa leasan gesælða, and
þonne mid ealles modes geornfullan ingeðonce higige þæt
þu mæge becuman to þam gesælðum þe ece þurhwuniað."
Ða se Wisdom ða ðis spell asæd hæfde, þa ongan he eft gid-
dian and ðus cwæð:

want now to tell you what sort of thing the medicine of my teaching is, which you now ask me for. It is very bitter in the mouth and irritates you in the throat when you first taste it; but it becomes sweet after it enters and is very gentle in the stomach and very sweet to belch.

"But if you understood where I intend to take you, I know 3 that you would very eagerly set off there and be greatly inflamed with desire for it. I heard you saying before that you were very eager to hear it." Then the Mind said: "Where do you want to take me?" Then Reason answered and said: "I intend to lead you to the true felicities which your mind often conjectures about and also dreams about. But you could not yet find the most direct way to the true felicities because your mind was occupied with the appearance of these false felicities."

Then the Mind said: "I beg you to show me, beyond any 4 doubt, what the true felicity is." Then Reason said: "I will very willingly, for your sake. But I must show some similitude of the way by an analogy, until the thing is more familiar to you, so that you may clearly comprehend the analogy. And then by the similitude of the true felicities you will be able to understand the true felicities and abandon what is opposed to them, that is the false felicities, and then you may strive with the eager inner thought of your whole mind to be able to come to the felicities which last eternally." When Wisdom had spoken this speech, then he began to sing again, and said as follows:

Meter 12

"Se ðe wille wyrcan   wæstmbære lond,
atio of ðæm æcere   ærest sona
fearn and þornas   and fyrsas swa same,
wiod þa þe willað   welhwær derian
5   clænum hwæte,   þy læs he ciða leas
licge on ðæm lande.   Is leoda gehwæm
ðios oðru bysen   efn-behefu,
þæt is ðætte ðynceð   þegna gehwelcum
huniges bi-bread   healfe þy swetre,
10   gif he hwene ær   huniges teare
bitres onbyrgeð.   Bið eac swa same
monna æghwilc   micle þy fægenra
liðes weðres,   gif hine lytle ær
stormas gestondað   and se stearca wind
15   norðan and eastan.   Nænegum þuhte
dæg on þonce,   gif sio dimme niht
ær ofer eldum   egesan ne brohte.

    "Swa þincð anra gehwæm   eorð-buendra
sio soðe gesælð   symle ðe betere
20   and þy wynsumre,   þe he wita ma,
heardra henða,   her adreogeð.
Þu meaht eac mycle þy eð   on mod-sefan
soða gesælða   sweotolor gecnawan
and to heora cyððe   becuman siððan
25   gif þu up atyhsð   ærest sona
and ðu awyrtwalast   of gewit-locan
leasa gesælða,   swa swa londes ceorl
of his æcere lycð   yfel weod monig.

Meter 12

"He who wishes to work fertile land,
let him first remove at once from that field
the fern, thorns, and also gorse bushes,
weeds which will everywhere harm
the pure wheat, to prevent it lying devoid   5
of shoots on the land. This other example
is equally useful for all people,
which is that the honeycomb of the honey seems
sweeter by half to every man
if he has tasted something bitter a little before   10
the drop of honey. Similarly,
everyone is much more delighted
with pleasant weather if storms and the fierce
wind from the north and east have
recently assailed them. The day would not seem   15
a pleasure to anyone if the dark night
had not previously brought fear among men.
   "Thus, true happiness always seems
better and sweeter to every
earth dweller the more torments   20
and cruel afflictions he has suffered here.
You can also much more easily recognize
true joys more clearly in your mind
and come then to their homeland
if you first straightaway pull up   25
and root out false joys
from your mind, just as a farmer plucks
out many harmful weeds from his field.

Siððan ic ðe secge   þæt þu sweotole meaht
30   soða gesælða   sona oncnawan,
and þu æfre ne recst   æniges ðinges
ofer þa ane   gif þu hi ealles ongitst."

Prose 12

Þa he þa þis leoð asungen hæfde, þa forlet he þone sang and geswugode ane hwile and ongann smealice þencan on his modes ingeþance and ða cwæð: "Ælc deaðlic man swencð hine selfne mid mislicum and mænigfealdum ymbhogum, and þeah wilniað ealle ðurh mislice paðas cuman to anum ende. Þæt is þæt hi wilniað þurh ungelice earninga cuman to anre eadignesse. Þæt is þonne God, se is fruma and ende ælces goodes, and he is sio hehste gesælð." Ða cwæð ðæt Mod: "Ðæt me ðincð sie þæt hehste good þætte mon ne ðurfe nanes oðres godes ne eac ne recce ofer þæt, siððan he þæt hæbbe. Þæt is hrof eallra oðerra gooda, forþam hit eall oðru good utan befehð and eall oninnan him hæfð. Nære hit no þæt hehste good gif him ænig butan wære, forþæm hit þonne hæfde to wilnianne sumes goodes þe hit self næfde."

2   Þa andswarode sio Gesceadwisnes and cwæð: "Ðæt is swiðe sweotol þæt ðæt is sio hehste gesælð, forðæm hit is ægðer ge hrof ge flor ealles goodes. Hwæt is ðæt ðonne buton sio seleste gesælð, þe ða oðra gesælða ealla oninnan him gegaderað and hi utan ymbfehð and oninnan him gehelt, and him nanes ne bið wana, ne he nanes nedþearfe næfð, ac hi

I say to you then that you can immediately
recognize true joys clearly,   30
and you will never care for anything
more than those if you understand them fully."

Prose 12

When he had sung this lay he gave up singing and was silent
for a while and began deeply to think in his mind's inner
thought, and said then: "Each mortal afflicts himself with
various complicated anxieties and yet all desire through dif-
ferent paths to come to a single end. That is that they desire
through varied striving to come to one bliss. That, then, is
God, who is the beginning and end of every good thing, and
he is the highest felicity." Then the Mind said: "It seems to
me that the highest good is such that man does not need any
other good nor cares for any beyond that after he has it.
That is the summit of all other goods, because it compre-
hends all other goods from without and has them all within
itself. It would not be the highest good if any outside it ex-
isted, since it would then have some good to desire that it
did not itself have."

Then Reason answered and said: "It is very clear that that   2
is the highest felicity. It is both the summit and the ground
of all good. What is that but the greatest felicity, which gath-
ers all the other felicities within itself and embraces them
from without and holds them within itself, and for which
there is no lack and no need of anything, but they all come

cumað eall of him and eft eall to him, swa swa eall wætru cumað of ðære sæ and eft cumað ealle to ðære sæ? Nis nan to ðæs lytel æwylm þæt he þa sæ ne gesece, and eft of ðære sæ he gelent in on þa eorðan, and swa he bið smugende geond þa eorðan oð he eft cymð to ðæm ilcan æwelme þe he ær ut fleow and swa eft to þære sæ.

3   "Ðis is nu bysen þara soþena gesælða þara wilniað ealle deaðlice men to begittanne, þeah hi ðurh mislice wegas ðencan to cumanne. Forþam æghwelc man hæfð gecyndelic good on him selfum, forþam ælc mod wilnað soðes godes to begitanne; ac hit bið amerred mid þam lænum goodum, forðæm hit bið ofdælre ðærto. Forðam sume menn wenað þæt ðæt sie sio seleste gesælð þæt mon sie swa welig þæt he nanes ðinges maran ne þurfe, and winnað hiora weoruld æfter ðam. Sume men wenað þæt ðæt sie þæt hehste good þæt he sie his geferum weorðust, and eallon mægene ðæs tiolað. Sume wenað þæt ðæt hehste good sie on þam hehstan anwalde; þa wilniað oðer twega, oððe him selfe ricsian oððe hi to ðæra ricena freondscipe geþiodan. Sume þonne tiohiað þæt ðæt betst sie þæt mon sie foremære and widmære and hæbbe godne hlisan; tiliað þonne þæs ægðer ge on sibbe ge on gewinne.

4   "Manege tellað þæt to mæstum goode and to mæstere gesælðe þæt mon sie simle bliðe on þis andweardan life and fulga eallum his lustum. Sume þonne þa þe ðas welan wilniað, hi his wilniað forþam þæt he wolde ðy maran anweald habban, þæt he meahte þy orsorglicor ðissa woruldlusta brucan and eac þas welan. Manegæ sint þara þe forþi wilniað anwaldes þe hie woldon ormæte fioh gegaderian, oððe eft þone hlisan heora naman hi wilniað þæt hi gebrædan.

from it and all return to it, as all waters come from the sea and all go back to the sea? There is no spring so small that it does not make for the sea, and from the sea it alights on the earth again and so it creeps through the earth until it comes again to the same spring that it previously flowed from and so again to the sea.

"This is now an analogy for the true felicities which all 3 mortals desire to obtain, though they think to come to them by different routes. Everyone has natural good in himself, since each mind desires to obtain the true good; but it is hampered by transitory goods, since it is more inclined to them. Some people think that the greatest felicity is that someone should be so rich that he needs more of nothing, and they toil after that all their lives. Some people think that the highest good is for someone to be highly honored among his companions, and one strives for that with all his might. Some think that the highest good is in the highest power; those strive for one of two things, either to reign themselves or to attach themselves to the friendship of rulers. Some then consider that it is best for someone to be renowned and widely celebrated and have good fame; they strive then for that both in peace and in war.

"Many account it as the greatest good and the greatest fe- 4 licity for someone to be always joyful in this present life and to satisfy all his appetites. Then some who strive for wealth desire it because such a person would like to have greater power from it, so that he could the more freely indulge in these worldly pleasures and also in the wealth. There are many who desire power because they would like to amass immense treasure, or again they want to extend the fame of their name.

5   "On swilcum and on oðrum swelcum lænum and hreosen-
dum weorðscipum ælces mennisces modes ingeþanc bið
geswenced mid ðære geornfulnesse and mid ðære tiluncga.
Wenð þonne þæt hit hæbbe sum healic good gestryned
þonne hit hæfð genumen þæs folces olecunga. And me þincð
þæt hit hæbbe geboht sume swiðe leaslice mærðe. Sume til-
iað mid micelre geornfulnesse wifa, forðæm þæt he þurh
ðæt mæge mæst bearna begitan and eac wynsumlice libban.
Ða getriewan friend þonne ic secgge sie ðæt deorwyrðeste
ðing ealra þissa weoruldgesælða. Þa ne sint furðum to wo-
ruldgodum to tellanne ac to godcundum, forþam seo lease
wyrd hi na forð ne bringð, ac se God þe hi gecyndelice ge-
sceop to gemagum. Forþam ðe ælces oðres þinges on þisse
worulde mon wilnað oððe forþam þe he mæg þurh þæt to
anwealde cuman oððe to sumum woruldluste, butan þæs ge-
treowan freondes. Þone mon lufað hwilum for lufum and for
triowum, þeah he him nanra oðerra leana ne wene. Þæt ge-
cynd gefægð and gelimð þa friend togadre mid swiðe un-
todeledlicre lufe; ac mid þissum woruldgesælðum and mid
þis andweardan welan mon wyrcð oftor fiond ðonne freond.

6   "Be ðis and be mænegum þillicum mæg beon eallum mon-
num cuð ðætte ealle þa licumlican good bioð forcuðran
ðonne ðære sawle cræftas. Hwæt we wenað ðæt mon bio ðy
strencra þe he bið micel on his lichoman. Seo fægernes
ðonne and sio hwætnes þæs lichoman geblissað ðone mon
and aret, and sio hælo hine gedeð lusðbærne.

7   "On eallum ðissum licumlicum gesælinessum men secað
anfealde eadignesse ðæs ðe him ðincð, forþam þe æghwelc
man swa hwæt swa he ofer ealle oðre þing swiðost lufað þæt
he tiohhað þæt him sie betst, and þæt bið his hehste good.
Þonne he þæt ðonne begiten hæfð, þonne tiohhað he þæt

"In such things, and in other fleeting and transitory hon- 5
ors, each human mind's inner thought is oppressed with de-
sire and striving. It thinks then that it has achieved some
great good when it has gained the people's flattery. It seems
to me that it has bought some very unreal glory. Some strive
for wives with great effort, in order that they may beget
most children and also live in comfort. Loyal friends, I say,
are the most precious thing of all these worldly felicities.
Those are not just to be accounted as worldly goods but as
divine ones, since false fate does not produce them but God
who created them as friends by nature. Every other thing in
this world is sought either because one can come to power
through it or to some worldly pleasure, apart from the true
friend. He is loved sometimes for love and loyalty, though
no other rewards may be expected from him. Nature joins
and unites friends together with strong inseparable love; but
with these worldly felicities and this present wealth one
more often makes an enemy than a friend.

"From this and from many such things it can be clear to 6
all people that all bodily goods are more to be despised than
powers of the soul. Now we know that the bigger someone
is in body, the stronger he is. So, beauty and activeness of
body make someone happier and comfort him, and health
makes him cheerful.

"In all these bodily felicities people search for a single 7
bliss as they see it. Everyone considers whatever he most
loves above all other things to be the best for him, and that
is his highest good. When he has got that, then he considers

he mæge beon swiðe gesælig. Ne onsæce ic nauht þæt ða gesælða and sio eadignes sie þæt hehste good þises andweardan lifes, forþam þy æghwilc mon tiohhað þæt þæt ðing betst sie þæt he swiðust ofer oðre þing lufað, and þonne he tiohhað þæt he sie swiðe gesælig gif he þæt begitan mæg ðæt he þonne swiþust willnað.

8 "Hu ne is þæt nu genoh openlice geeowad þæra leasena gesælða anlicnes, þæt is þonne æhta and weorðscipe and anwald and gielp and woruldlust? Be þam woruldluste Epeccurus se uðwita sæde, ða he ymb ealle þas oðra gesælða smeade þe we ær nemdon. Þa sæde he þæt se lust wære þæt hehste good, forðæm ealle þa oðru good þe we ær nemdon oleccað þam mode and hit retað. Se lust ðonne ana olecð ðæm lichoman anum swiðost.

9 "Ac we willað nu giet sprecan ymbe manna gecynd and ymbe heora tilunga. Þa nu, þeah heora mod and heora gecynd sie adimmad and hi sien on þæt ofdæle asigen to yfele and þider healde, þeah hi wilniað þæs ðe hi cunnon and magon þæs hehstan goodes. Swa swa oferdruncen man wat þæt he sceolde to his huse and to his ræste and ne mæg þeah ðider aredian, swa bið eac þam mode þonne hit bið ahefigad mid ðæm ymhogum þisse worulde. Hit bið mid þam hwilum oferdrenced and gedweald to ðon þæt hit ne mæg full rihte aredian to Gode. Ne þincð þeah ðæm monnum þæt hi auht mearrigen þe þæs wilniað to begitanne, þæt hi maran ne ðurfen tilian; ac wenað þæt hi mægen eall þas good gegadrian togadre þætte nan butan þære gesomnunga ne sie. Niton þonne nan herre good þonne eallra þara deorwyrðestena ðinga gegadrunga to hiora anwealde ðæt he nanes ðinges buton þæm ne þyrfe. Ac ðæt nis nan man þætte sumes eacan ne

that he can be very happy. I do not deny that felicity and success are the highest good of this present life. Everyone considers that that thing is best which he most loves above other things, and then he thinks that he is very happy if he can get what he then most desires.

"Has the likeness of the false felicities not been clearly 8 enough shown now, that is possessions, honor, power, fame, and worldly pleasure? Concerning worldly pleasure Epicurus the philosopher spoke, when he considered all these other felicities that we named before. He said that pleasure was the highest good because all the other goods that we named before please and comfort the mind. Only pleasure pleases just the body most.

"But we will now speak further about the nature of hu- 9 man beings and about their strivings. Though their minds and their nature are dimmed and they are bent downward to evil and inclined in that direction, yet they strive for the highest good, in so far as they know how to and can. As an excessively drunk person knows that he ought to go to his home and his bed and yet cannot find his way there, so is it for the mind when it is burdened with the cares of this world. It is sometimes excessively drunk with those and led astray so that it cannot find the direct way to God. However it does not seem to those people that they go wrong at all, those who desire to attain such that they do not need to labor for more; but they think that they can gather all these goods together so that there is nothing outside that gathering. They then know no higher good than the accumulation of all the most precious things into their power so that they need nothing but that. But there is no one who does ðyrfe buton Gode anum. He hæfð on his agenum genog, ne ðearf he nanes þinges buton ðæs þe he on him selfum hæfð.

10 "Wenst þu nu þæt ða dysegian þe wenað þætte þæt ðing sie ælces weorðscipes betst wyrðe þætte hi medemast ongiton magon? Nese nese. Ic wat þæt hit nis no to forseone. Hu mæg þæt yfel beon þætte ælces monnes ingeþanc wenð þætte good sie and æfter higað and wilnað to begitanne? Nese, nis hit na yfel; þæt is þæt hehste good. Hwi nis nu anweald to tellanne to sumum þara hehstena goda þisses andweardan lifes? Hwæðer þæt nu sie to talianne waclic and unnyt ðætte nytwyrðost is eallra þissa woruldþinga, þæt is anweald? Hwæðer nu good hlisa and foremærnes sie for nauht to tellenne? Nese nese, nis hit cyn þæt mon ðæt for nauht telle, forðæm ðe ælc mon wenð þæt þæt betst sie þæt he swiðost lufað. Hu ne witon we þæt nan nearones ne nan earfoðu ne nan unrotnes ne nan sar ne nan hefignes nis nan gesælð? Hwæt þurfon we nu ma ymbe þa gesælða sprecan? Hu ne wat ælc mon hwæt ða bioð and eac wat þæt hi bioð þæt hehste good?

11 "And þeah secð ælc mon on swiðe litlum þingum ða selestan gesælða, forþæm he wenð þæt he hi þonne ealle hæbbe gif he hæfð þæt þæt he þonne swiðost wilnað to begitanne. Þæt is þonne þæt hi swiðost wilniað to begitanne: wela and weorðscipe and rice and þisse worulde wuldor and gilp and woruldlust. Ðisses ealles hi wilniað, forþam þe hi wenað þæt hie þurh þa þing scylon begitan þæt him ne sie nanes willan wana, nauðer ne weorðscipes ne anwealdes ne foremærnesse ne blisse. Ðæs ealles hi wilniað and wel doð þæt hi þæs wilniað, þeah hi mislice his wilnigen. Be þam þingum mon mæg sweotole ongitan þæt ælc mon þæs wilnað

not need something else except God alone. He has enough in his own possessions, he does not need anything but that which he has in himself.

"Do you think that those people are foolish who think that the thing that they can perceive as most excellent is most worthy of honor? No, no. I know that it is not to be despised. How can that be evil which everyone's inner thought believes to be good and strives after and desires to attain? No, it is not evil; it is the highest good. Is not power now to be accounted as one of the highest goods of this present life? Is that to be accounted slight and useless that is the most useful of all these worldly things, that is power? Are now good fame and renown to be accounted worthless? No, no, it is not a fitting thing that that be considered worthless. Everyone thinks that that is best which he most loves. Do we not know that privation, hardship, misery, pain and heaviness are not felicity? What more need we say now about those felicities? Does not everyone know what those are and also know that they are the highest good?

"And yet everyone looks for the greatest felicities in very little things, since he thinks that he then has them all if he has that which he most greatly desires then to acquire. That is what they most greatly desire then to acquire: wealth, honor, rule, the glory and fame of this world, and worldly pleasure. They desire all this, because they think that through those things they must achieve a state such that they have no lack of what they desire, neither honor nor power nor renown nor happiness. They desire all that and do well to desire it, though they desire it in various ways. From those things it can be clearly understood that everyone desires to be able to attain the highest good if they could

þæt he mæge þæt hehste god begitan þær hi hit gecnawan
meahtan oððe on riht secan cuðen. Ac hi hit ne secað on
þone rihtestan weg; hit nis on þisse worulde." Ða se Wisdom
þa ðis spel asæd hæfde, þa ongan he eft singan and þus
cwæð:

Meter 13

"Ic wille mid giddum   get gecyðan
hu se ælmihtga   ealla gesceafta
bryrð mid his bridlum,   begð ðider he wile
mid his anwalde,   ge ende-byrd
5   wundorlice   wel gemetgað.
Hafað swa geheaðorad   heofona wealdend
utan befangen   ealla gesceafta
geræped mid his racentan,   þæt hi aredian ne magon
þæt hi hi æfre him   of aslepen;
10   and þeah wuhta gehwilc   wrigað toheald
sidra gesceafta,   swiðe onhelded
wið þæs gecyndes   þe him cyning engla,
fæder æt frymðe,   fæste getiode.
Swa nu þinga gehwilc   ðiderweard fundað
15   sidra gesceafta   buton sumum englum
and mon-cynne,   þara micles to feola
worold-wuniendra   winð wið gecynde.
   "Þeah þu on londe   leon gemete,
wynsume wiht   wel atemede,

recognize it or knew how to look for it properly. But they do not look for it by the most direct path; it does not exist in this world." When Wisdom had spoken this speech he began again to sing and said as follows:

Meter 13

"I wish with songs to make known again
how the almighty guides all creatures
with his bridle, bends them to where he wishes
with his power, and regulates
the arrangement wonderfully well.   5
The ruler of heaven has so restrained
and bound all created things on the outside,
fixed them with his chain, that they cannot devise
a way ever to slip it off;
and yet each created thing from the spacious creation   10
presses forward, very inclined
toward the nature which the king of angels,
father in the beginning, firmly appointed for it.
So now each thing from the spacious creation
hastens in that direction, except for certain angels   15
and humankind, of whom far too many
world dwellers fight against their nature.
    "Though you were now to come across a lion in some
country, a pleasant and well tamed creature,

20 þe hire magister   miclum lufige
    and eac ondræde   dogora gehwelce,
    gif hit æfre gesælð   þæt hio æniges
    blodes onbyrgeð,   ne ðearf beorna nan
    wenan þære wyrde   þæt hio wel siððan
25 hire taman healde,   ac ic tiohhie
    þæt hio ðæs niwan taman   nauht ne gehicgge,
    ac ðone wildan gewunan   wille geþencan
    hire eldrena;   onginð eorneste
    racentan slitan,   ryn, grymetigan,
30 and ærest abit   hire agenes
    huses hirde   and hraðe siððan
    hæleða gehwilcne   þe hio gehentan mæg.
    Nele hio forlætan   libbendes wuht
    neata ne monna,   nimð eall þæt hio fint.
35   "Swa doð wudu-fuglas;   þeah hi wel sien
    tela atemede,   gif hi on treowum weorðað
    holte tomiddes,   hræðe bioð forsewene
    heora lareowas   þe hi lange ær
    tydon and temedon.   Hi on treowum wilde
40 eald-gecynde   a forð siððan
    willum wuniað,   þeah him wolde hwilc
    heora lareowa   listum beodan
    þone ilcan mete   þe he hi æror mid
    tame getede.   Him þa twigu þincað
45 emne swa merge   þæt hi þæs metes ne recð.
    Ðincð him to ðon wynsum   þæt him se weald oncwyð;
    þonne hi geherað   hleoðrum brægdan
    oðre fugelas,   hi heora agne
    stefne styriað.   Stunað eal geador

which may love its master greatly   20
and yet every day fear him also,
if it ever happens that it tastes
any blood, no man need
expect the outcome to be that it will keep
its tameness afterward, but I suppose   25
that it will remember nothing of that recent tameness
but will think of the wild practice
of its ancestors; it will begin in earnest
to tear at the chains, to growl and to roar,
and will bite first of all the protector of its   30
own home and soon afterward
each man whom it can catch.
It will not spare any creature living,
beast or man, will take everything it finds.
   "So do the birds of the wood; though they may be well   35
and properly trained, if they come to the trees
in the middle of the wood, their teachers
are soon scorned who trained and tamed
them previously for a long time. They happily live
wild in the trees ever afterward   40
according to their original nature, even if each
of their teachers were cunningly to offer them
the same food with which they previously
made them tame. Those branches seem to them
so delightful that they do not care for the food.   45
It seems to them very pleasant that the forest echoes their
sounds; when they hear other birds
piping their songs, they exercise
their own voices. The very pleasing sound

50   wel-wynsum sanc,   wudu eallum oncwyð.
       "Swa bið eallum treowum   þe him on æðele bið
     þæt hit on holte   hyhst geweaxe;
     þeah þu hwilcne boh   byge wið eorðan,
     he bið upweardes   swa ðu anforlætst
55   widu on willan,   went on gecynde.
       Swa deð eac sio sunne;   þonne hio on sige weorðeð
     ofer midne dæg,   mere-condel scyfð
     on ofdæle,   uncuðne weg
     nihtes geneðeð   norð eft and east,
60   eldum oteweð,   brencð eorðwarum
     morgen mere-torhtne.   Hio ofer mon-cyn stihð
     a upweardes   oð hio eft cymeð
     þær hire yfemesð bið   eard gecynde.
       "Swa swa ælc gesceaft   ealle mægene
65   geond ðas widan woruld   wrigað and higað,
     ealle mægene   eft symle onlyt
     wið his gecyndes,   cymð to, ðonne hit mæg.
     Nis nu ofer eorðan   ænegu gesceaft
     þe ne wilnie   þæt hio wolde cuman
70   to þam earde   þe hio of becom,
     þæt is orsorgnes   and ecu rest
     —þæt is openlice   ælmihti God.
     Nis nu ofer eorðan   ænegu gesceaft
     þe ne hwearfige   swa swa hweol deð
75   on hire selfre,   forðon hio swa hwearfað
     þæt hio eft cume   þær hio æror wæs,
     þonne hio ærest sie   utan behwerfed.
     Þonne hio ealles wyrð   utan becerred,
     hio sceal eft don   þæt hio ær dyde
80   and eac wesan   þæt hio æror wæs."

resounds together and the wood echoes with them all.   50
   "So it is with every tree, in whose true nature it is
that it should grow highest in the forest;
though you may bend each bough to the earth,
it goes upward as soon as you leave
the wood alone to its will, returning to its natural state.   55
So the sun does too; when it sets off on its downward
course after midday, the glorious candle presses
on in its descent, ventures again by night
on an unknown path north and east,
and appears to humankind, brings to earth dwellers   60
a wonderfully bright morning. It climbs above humankind
ever upward until it comes back
to the highest position that is natural for it.
   "Thus each creature strives and hurries
with all its might through this wide world,   65
with all its strength always inclines again
toward its natural state, comes to it whenever it can.
There is now no creature on earth
which does not wish to come
to the homeland from which it came,   70
that is tranquillity and eternal rest
—that is clearly almighty God.
There is now no creature on earth
that does not turn on itself
as a wheel does, for, when it is first   75
turned round about, it turns
so that it may come again to where it was before.
When it becomes turned round about wholly,
it must do again what it did before
and also be what it was before."   80

Prose 13

Ða se Wisdom ða ðis leoð asuncgen hæfde, þa ongan he eft spellian and þus cwæð: "Eala hwæt ge eorðlican men, ðeah ge eow selfe nu don neatum gelice for eowre dysige, hwæt ge þeah magon hwæthwugu ongitan swelce eow mæte be eowrum frumsceafte, þæt is God. Ðone soðan fruman and þone soðan ende ælcre gesælðe ge ongitað þeah ge hine fullice ne oncnawen, and swa ðeah sio gecynd eow tihð to ðæm andgite, ac eow tihð swiðe manigfeald gedwola of þam angite. Geðencað nu hwæðer men mægen cuman to þam soþum gesælðum þurh þas andweardan gesælða, forþam ðe fullneah ealle men cweðað þæt se sie se gesælgosta se þe þas eorðlican gesælða ealla hæfð. Hweðer nu micel feoh oððe weorðscipe oððe eall þes andwearda wela mæge ænigne mon don swa gesæligne þæt he nanes þinges maran ne þyrfe? Nese nese, ic wat þæt þæt hi ne magon.

2   "Hwy nis hit þonne on þy swiðe sweotol þæt þas andweardan good ne sint no þa soðan good? Forðæm þe hi ne magon sellan þæt hi gehatað, ac licettað þæt hi gelæstan ne magon þonne hi gehatað þæm þe hi lufian willað ða soðan gesælða, and aleogað him ðeah ma ðonne hi him gelæsten, forðæm ðe hi heora nabbað ma þonne hi heora hæbben? Geþenc nu be ðe selfum la Boetius, hwæðer þu æfre auht unrot wære þa þa þu gesælegost wære, oððe hwæðer þe æfre æniges willan wana wære þa ðu mæstne welan hæfdest, oððe hwæðer þin woruld þa eall wære æfter þinum willan?"

3   Þa andsworode Boetius and cwæð: "Nese la nese, næs ic næfre git nane hwile swa emnes modes, þæs þe ic gemunan

Prose 13

When Wisdom had sung this song, he began to speak again and said as follows: "Truly *you* earthly people, though *you* now make yourselves like animals because of *your* folly, yet *you* can perceive something, as if *you* dream, about *your* origin, that is God. Y*ou* perceive the true beginning and true end of all felicity, though *you* do not fully recognize it. Nature draws *you* to that perception, but all sorts of errors pull *you* away from that understanding. Consider now whether people can come to the true felicities through these present felicities, since nearly everyone says that he who has all these earthly felicities is the happiest. Can great wealth or honor or all this temporal prosperity make anyone so felicitous that he needs nothing more? No, no, I know that they cannot.

"Is it not then very clear from this that these temporal 2 goods are not the true goods? They cannot give what they promise, but feign what they cannot provide when they promise the true felicities to those who are willing to love them, and yet let them down more than they keep their promise to them, since they (the temporal goods) have no more of those true felicities than they (their pursuers) have of them. Think now about your self, Boethius, whether you were ever at all free of grief when you were most successful, or whether you ever lacked anything you wanted when you had enormous wealth, or whether your world was entirely according to your will then?"

Then Boethius answered and said: "No, no, I was never 3 yet at any time so equable in mind, as far as I can remember,

mæge, þæt ic eallunga wære orsorg, þæt ic swa orsorg wære
þæt ic nane gedrefednesse næfde. Ne me næfre git ne licode
eall þæt ic wisse, ne me næfre næs ealles swa ic wolde, þeah
ic his miðe." Ða andswarode se Wisdom and cwæð: "Hwi
nære ðu ðonne genog earm and genog unhyðig, þeah þe
ðuhte þæt ðu welig wære, þonne ðu oðer twega, oððe hæfd-
est þæt ðu noldes oððe næfdest þæt ðu woldest?" Ða and-
swarode Boetius and cwæð: "Eall me wæs swa swa ðu sædes."
Ða cwæð se Wisdom: "Hu ne bið ælc mon genog earm þæs
ðe he næfð, þonne hit hine lyst habban?" "Þæt is soð," cwæð
Boetius.

4   Þa cwæð se Wisdom: "Gif he þonne earm bið, ne he
þonne ne bið eadig; forþi he eac wilnað þæt he habbe þæt he
næfð, þy he wolde genog habban." Þa cwæð Boetius: "Þæt is
eall soð þæt ðu segst." Ða cwæð se Wisdom: "Hu ne hæfdes
þu þonne þa yrmðe ða ða ðu welgost wære?" Ða andswarode
ic and cwæð: "Ic wat þæt ðu soð segst þæt ic hi hæfde." Ða
cwæð se Wisdom: "Hu ne þincð me ðonne nu þæt ealle þa
welan þisses middangeardes ne mægon gedon ænne mon
weligne, swa weligne þæt he genog hæbbe and no maran ne
þyrfe, and swa ðeah hi hit gehatað ælcum ðara þe hi hæfð?"
Ða cwæð ic: "Nis nan þing soðre þonne þæt ðu segst."

5   Ða cwæð se Wisdom: "Ac hwi ne eart þu þonne his geðafa?
Hu ne miht þu geseon ælce dæg þæt ða strengran nimað þa
welan on þam unstrengum? Hwi bið elles ælce dæg swelc
seofung and swelce geflitu and gemot and domas, buton þæt
ælc bit þæs reaflaces þe him on genumen bið oððe eft oðres
gitsað?" Þa andwyrde ic and cwæð: "Genog ryhte þu spyrast;
swa hit is swa þu segst." Þa cwæð he: "For ðisum þingum
beðearf ælc mon fultumes toeacan him selfum þæt he mæge

that I was wholly free of care, so that I was so carefree that I had no anxiety. Nor did all that I knew ever yet satisfy me, nor was everything ever as I wanted it, though I concealed it." Then Wisdom answered and said: "Were you not then poor and disadvantaged enough, though you thought that you were well off, when either you had what you did not want or did not have what you wanted?" Then Boethius answered and said: "Everything was as you said with me." Then Wisdom said: "Is not every man needy enough in what he lacks, when he wants to have it?" "That is true," said Boethius.

Then Wisdom said: "If he is needy, then he is not well off; the reason why he wants also to have what he does not have is that he would like to have enough." Then Boethius said: "What you say is all true." Then Wisdom said: "Did you then not have poverty when you were richest?" Then I answered and said: "I know that you tell the truth, that I did have it." Then Wisdom said: "Does it not then seem to me now that all the riches of this earth cannot make one man wealthy, so wealthy that he has enough and does not need any more, and yet they promise it to everyone who has them?" Then I said: "Nothing is truer than what you say."

Then Wisdom said: "But why do you not admit it? Can you not see every day that the stronger take riches from the weak? Why else is there such sighing every day, and such conflicts and courts and judgments, except because everyone asks for the plunder that has been taken from him or again covets another's?" Then I answered and said: "You ask rightly enough; it is as you say." Then he said: "Because of these things everyone needs help over and above himself so that he will be able to keep his riches." Then I said: "Who

gehealdan his welan." Ða cwæð ic: "Hwa oðsæcð þæs?" Ða
cwæð he: "Gif he nauht næfde þæs ðe he ondrede þæt he
forleosan þorfte, þonne ne ðorfte he no maran fultomes
þonne his selfes." Ða cwæð ic: "Soð þu segst."

6   Ða onsac se Wisdom sarlice and cwæð: "Eala þæt me
þyncð wiðerweard þing ælces monnes gewunan and ælces
monnes willan, þe ic nu secgan wille. Þæt is þætte þonan þe
hi tiohhiað þæt hi scylan eadigran weorðan, þæt hi weorðað
þonan earmran and eargran. Forðæm gif hi lytles hwæt hab-
bað, þonne beþurfon hi þæt hi oleccen þæm æfter friðe þe
ænigre wuhte mare habbað; sam hi þyrfen, sam hi ne þurfon,
hi willað þeah. Hwær is þonne seo gemetgung, oððe hwa
hæfð hi oððe hwonne cymð heo, þæt heo mæge adrifan þa
yrmða from ðæm welegum eallunga? Swa he mare hæfð, swa
he ma monna oleccan sceal. Hwæðer þa welegan nu næfre
ne hingre ne ne þyrste ne ne kale?

7   "Ic wene þeah þæt þu wille nu cweðan þæt ða welgan hab-
ben mid hwam hi mægen þæt eall gebetan. Ac þeah ðu nu
swa cwæde, hit ne magon ða welan eallunga gebetan, þeah hi
sume hwile mægen. Forðæm þe hi sculon ælce dæg ycan þæt
mon ælce dæg wanað. Forþam þe sio mennisce wædl ðe
næfre gefylled ne bið wilnað ælce dæg hwæshwugu þysses
woruldwelan, ægðer ge hrægles ge metes ge drynces ge mo-
negra þinga toeacan þam. Forðæm nis nan mon swa welig
þæt he maran ne þyrfe. Ac sio gitsung ne con gemet ne næfre
ne bið gehealden on ðære nedðearfe ac wilnað symle maran
þonne he þyrfe. Ic nat hwi ge fultruwiað ðæm hreosendan
welan, nu hy ne magon eowre wædle eow from adon, ac ge
ecað eowre wædle mid ðæm ðe hi eow to cumað." Ða se Wis-
dom ða þis spel asæd hæfde, þa ongan he eft giddigan and
þus singende cwæð:

denies that?" Then he said: "If he had nothing which he feared that he might need to lose, then he would not need any more help than himself." Then I said: "You say the truth."

Then Wisdom protested sorrowfully and said: "There 6 seems to me a perversity in the habits and desires of everyone, which I will now speak of. That is, that they become poorer and more wretched through the means by which they think to become richer. If they have a little then they need to flatter those who have anything more, for the sake of protection; whether they need to, or whether they do not need to, they wish to nevertheless. Where then is the ordering power, or who has it or where does it come from, so that it can drive out poverty entirely from the rich? The more someone has, the more people he must flatter. Do the rich never feel hunger now, or thirst or cold?

"I think though that you now want to say that the rich 7 have the means to be able to amend all that. But though you say that now, riches cannot wholly amend it, though they can for a time. They must every day supplement what is every day reduced. Human need, which is never satisfied, desires daily something of these worldly goods, clothing and food and drink and many other things as well. And so no one is so rich that he does not need more. But greed knows no measure and is never content with what is needful, but always desires more than it needs. I do not know why *you* mortals put all *your* trust in fleeting riches, since they cannot take *your* neediness from you, but *you* increase your misery when they come to *you*." When Wisdom had spoken this speech, he began to sing and said, singing as follows:

Meter 14

"Hwæt biþ ðæm welegan   woruld-gitsere
on his mode ðe bet,   þeah he micel age
goldes and gimma   and gooda gehwæs,
æhta unrim,   and him mon erigen scyle
5   æghwelce dæg   æcera ðusend,
ðeah ðes middan-geard   and þis manna cyn
sy under sunnan   suð, west and east
his anwalde   eall underðieded?
Ne mot he þara hyrsta   hionane lædan
10   of ðisse worulde   wuhte þon mare,
hord-gestreona,   ðonne he hiðer brohte."

Prose 14

Ða se Wisdom ða ðis lioð asungen hæfde, ða ongan he eft
spellian and cwæð: "Tu þing mæg se weorðscipe and se an-
wald gedon gif he becymð to þæm dysgan. He mæg hine ge-
don weorðne and andrysne oðrum dysegum; ac þonecan þe
he ðone anwald forlæt oððe se anweald hine, þonne ne bið
he nauðer þam dysegan ne weorð ne andrysne. Hwæðer nu
se anwald hæbbe þone þeaw ðæt he astificige unðeawas and
awyrtwalige of ricra monna mode and plantige ðær cræftas
on? Ic wat ðeah þæt se eorðlica anweald næfre ne sæwð þa
cræftas ac lisð and gadrað unðeawas; and þonne hi gegadrad

Meter 14

"How is it any the better in his mind for the
wealthy miser even though he may have a lot of
gold and jewels and every good thing
and a countless number of possessions, and though a
thousand acres may be plowed for him every day,   5
and though this world and this race of men
under the sun, south, west and east, may be
wholly subjected to his power?
He cannot take any more of those
trappings, those hoarded treasures,   10
from this world than he brought here."

Prose 14

When Wisdom had sung this song, he began to speak again
and said: "Honor and power can bring about two things if
they come to the fool. They can make him important and
venerable to other fools; but as soon as he relinquishes
power or power him, then he is neither important nor ven-
erable to the fool. Does power now have the habit of up-
rooting and plucking out vices from the minds of men
in high position and planting virtues there? I know how-
ever that earthly power never sows virtues but gathers and
amasses vices; and when it has gathered them then it shows

hæfð þonne eowað he hi nallas ne hilð. Forþam þara ricra monna unðeawas manige men geseoð, forþam ðe hi manige cunnon and manege him mid beoð. Forðæm we symle seofiað ymbe ðone anwald and hine eac forseoð þonne we geseoð þæt he cymð to þam wyrrestum and to þam þe us unweorþoste bioð.

2 "For ðæm þingum wæs gio þæt se wisa Catulus hine gebealg and swa ungefræglice forcwæð Nonium þone rican, forðæm he hine gemette sittan on gerenedum scridwæne. Forðæm hit wæs ða swiðe micel sido mid Romwarum þæt þær nane oðre an ne sæton buton þa weorðestan. Ða forseah se Catulus hine forðy he þæran sittan sceolde, forðæm he hine wiste swiðe ungesceadwisne and swiðe ungemetfæstne. Þa ongan se Catulus him spigettan on; se Catulus wæs heretoga on Rome, swiðe gesceadwis mon. Ne forsawe he no þone oðerne swa swiðe gif he nan rice ne nænne anwald næfde.

3 "Hwæþer þu nu mæge ongitan hu micelne unweorðscipe se anwald brengð ðam unmedeman gif he hine underfehð? Forðæm ælces monnes yfel bið þy openre gif he anwald hæfð. Ac gesege me nu, ic ascige ðe, þu Boetius, hwy þu swa manigfeald yfel hæfde and swa micele uneðnesse on ðam rice þa hwile þe ðu hit hæfdest, oððe forhwy þu hit eft þinum unwillum forlete? Hu ne wasð þu þæt hit næs for nanum oðrum ðingum buton forðæm þe þu noldes on eallum ðingum bion geþwære þæs unrihtwisan cyninges willan Þiodrices, forðæm ðe ðu hine ongeate on eallum þingum unwyrðne þæs anwealdes, swiðe sceamleasne and ungeþwærne, buton ælcum goodum þeawe?

4 "Forþam we ne magon nauht eaðe secgan þæt þa yfelan sien goode, þeah hi anweald habban. Ne wurde þu ðeah na

them, not at all concealing them. Many people see the vices
of men in high position, since many know them and many
are in their presence. We continually lament about power
and also despise it when we see that it comes to the worst
people and to those who are to us most dishonorable.

"It was for those reasons that long ago the wise Catulus   2
became angry and insulted Nonius the man of high position
in such an unheard-of manner, because he met him sitting
on a decorated chariot. It was a very great custom among
the Romans that no others sat on it except the most hon-
ored. Then Catulus scorned him because he sat there, be-
cause he knew him to be very unintelligent and immodest.
Then Catulus spat on him; this Catulus was a consul in
Rome, a very intelligent man. He would not have scorned
the other one so much if he had not had authority and
power.

"Can you now see what great dishonor power brings to   3
the unworthy if he receives it? Everyone's wickedness is the
more visible if he has power. But tell me now, I ask you
Boethius, why you experienced such great wickedness and
so much hardship in office while you held it, or why you re-
linquished it afterward against your will? Do you not know
that it was for no other reasons but because you were un-
willing to consent in all matters to the will of the unjust king
Theoderic, because you understood him to be in all things
unworthy of that power, very shameless and divisive, with-
out any good quality?

"And so we cannot easily say that the wicked are good,   4
even if they have power. You would not have been expelled

adrifen from Ðeodrice, ne he ðe na ne forsawe, gif þe licode
his dysig and his unrihtwisnes swa wel swa his dysegum deor-
lingum dyde. Gif þu nu gesawe sumne swiðe wisne man þe
hæfde swiðe gooda oferhyda and wære þeah swiðe earm and
swiðe ungesælig, hwæðer ðu wolde cweðan þæt he wære un-
wyrðe anwealdes and weorðscipes?" Ða andswarode Boetius
and cwæð: "Nese la nese, gif ic hine swilcne mette ne cwæðe
ic næfre ðæt he sie unweorðe anwaldes and weorðscipes, ac
ælces me ðincð þæt he sie wyrðe þe on þisse worulde is."

5   Ða cwæð se Wisdom: "Ælc cræft hæfð his sundorgife, and
þa gife and þone weorðscipe þe he hæfð he forgifð swiðe
hræðe þæm þe hine lufað. Swa swa wisdom is se hehsta cræft
and he hæfð on him feower oðre cræftas; þara is an wær-
scipe, oðer gemetgung, ðridde is ellen, feorðe rihtwisnes. Se
wisdom gedeð his lufiendas wise and wære and gemetfæste
and geþyldige and rihtwise, and ælces goodes þeawes he ge-
fyllð þone þe hine lufað. Þæt ne magon don þa ðe þone an-
weald habbað þisse worulde; ne magon hi nanne cræft forgi-
fan þam ðe hi lufiað of hiora welan gif hi hine on heora
gecynde nabbað. Be þæm is swiðe sweotol þæt ða rican on
þæm woruldwelan nabbað nænne sundorcræft, ac him bið
se wela utane cumen, and he ne mæg utane nauht agnes hab-
ban.

6   "Geðenc nu hwæðer ænig mon bio a ðe unweorðra þe
hine manige men forsioð. Gif þonne ænig mon a þe unweor-
ðra bið, þonne bið ælc dysig mon þy unweorðra þe he mare
rice hæfð ælcum wisum men. Be þæm is genoh sweotol þæt
se anwald and se wela ne mæg his wealdend gedon no ðy
weorðran, ac he hine gedeð ðy unweorðran þe he him to
cymð, gif he ær ne dohte. Swa bið eac se wela and se anwald

by Theoderic, nor would he have spurned you, if you liked his folly and his injustice as much as his foolish favorites did. If you now saw a very wise man who had excellent nobility of mind and yet was very poor and ill-fortuned, would you say that he was unworthy of power and honor?" Then Boethius answered: "No, no, if I met such a person I would never say that he was unworthy of power and honor, but I think that he would be worthy of all the power and honor that exists in this world."

Then Wisdom said: "Each virtue has its special gift, and it 5 gives the gift and honor that it has very promptly to one who loves it. So wisdom is the highest virtue and it has within it four other virtues; one of those is prudence, the second temperance, the third fortitude, the fourth justice. Wisdom makes its lovers wise, prudent, temperate, patient and just, and fills the person who loves it with every good quality. Those who have power in this world cannot do that; they cannot give any virtue to those who love them by drawing on their wealth, if they do not have it in their nature. From that it is very clear that people of high position do not have any special virtue in that worldly prosperity, but prosperity comes to them from outside, and no one can have anything of his own from outside.

"Consider now whether anyone is ever the more deprived 6 of honor because many people scorn him. If then anyone is ever the more deprived of honor, then is every fool more deprived of honor, in the eyes of every wise person, the more authority he has. From that it is clear enough that power and prosperity cannot make their possessor any the more honored, but they make him the less honored for coming to him, if he was not good before. So too are prosperity and

þi wyrsa gif se ne deah þe hine ah; ægðer hiora bið þy forcuðra gif hi hi gemetað.

7   "Ac ic þe mæg eaþe gereccan be sumere bisne, þæt ðu miht genog sweotole ongiton þæt ðis andwearde lif is swiðe anlic sceade, forþæm on ðam nan mon ne mæg begitan þa soðan gesælða. Hu wenst ðu nu, gif hwelc swiðe rice mon wyrð adrifen of his earde oððe on his hlafordes ærende færð, cymð þonne on ælðeodig folc þær þær hine nan man ne can, ne he nænne mon ne furðum þæt geðeode ne can, wenstu mæge his wela and his rice hine þær on londe wyrðne gedon? Ac ic wat þæt he ne mæg. Gif þonne se weorðscipe þæm welan gecynde wære and he his agen wære, oððe eft se wela þæs welegan agen wære, þonne ne meahte he hine no forlætan. Wære se mon on swelcum lande swelce he wære þe hi ahte, ðonne wære his wela and his weorðscipe mid him. Ac forþæm þe se wela and se anwald his agene ne bioð, forðy hi hine forlætað; and forþy þe hi nan gecyndelic good on him selfum nabbað, forðy hi losiað swa swa sceadu oððe smec.

8   "Þeah se leasa wena and sio rædelse þara dysigena monna tiohhige þæt se anwald and se wela sie þæt hehste good, ac hit bið eall oðer. Þonne þa rican beoð oðer twega, oððe on ellende oððe on hiora agenre cyððe mid gesceadwisum monnum, þonne bið ægðer ge þam wisan ge þam ælðeodegan his wela for nauht, siððan hi ongitað þæt hi næron for nanum cræfte gecorene buton for dysges folces heringe. Ac þær hi ænige wuht agnes oððe gecyndelices goodes on heora anwealde hæfdon, þonne hæfden hi þæt mid him þeah hi þæt rice forleten. Ne forleton hi no þæt gecyndelice good, ac simle him wolde þæt fylgean and hi symle weorðe gedon, wæron hi on swelcum lande swylce hi wæron.

power the more unworthy if he who possesses them is not good; both of them (the possessor and the possession) are the worse for it if they come together.

"But I can easily explain this to you by an analogy, so that 7 you can clearly enough understand that this present life is very like a shadow, since no one in it can attain the true felicities. What do you think, if some person of very high position is expelled from his land or travels on his lord's errand, and comes then to a foreign people where no one knows him, and he does not know anyone or even the language, do you think that his prosperity and authority can make him honored there in that land? But I know that it cannot. If then the honor was natural to the wealth and it was its own, or again the wealth was the rich man's own, then it could not abandon him. In whatever land the man who possessed it was, then would his wealth and honor be with him. But because wealth and power are not his own, they leave him; and because they have no natural good in themselves, they disappear like a shadow or smoke.

"Though the false expectation and imagination of fool- 8 ish people conceive that power and prosperity are the highest good, it is entirely otherwise. When the people of high position are either in a foreign land or in their own country among intelligent people, then their success counts for nothing with both the wise and the foreigners, after they perceive that they were chosen for no virtue but for the foolish people's praise. But if they had anything good of their own or natural to them in their power, then they would have that with them though they relinquished the authority. They would not have relinquished that natural good, but it would always follow them and always make them honored, whatever land they were in.

9   "Nu ðu meaht ongitan þæt se wela and se anwald nænne
mon ne magon on ellende weorðne gedon. Ic nat þeah ðu
wene þæt hi on hiora agenre cyððe ealne weg mægen, ac
ðeah þu his wene, ic wat þæt hi ne magon. Hit wæs gio giond
ealle Romana mearce þæt heretogan and domeras, and þa
maðmhirdas (þe þæt fioh hioldon þe mon þam ferdmonnum
on geare sellan sceolde) and þa wisestan witan hæfdon
mæstne weorðscipe. Nu þonne oðer twega, oððe þara nan
nis oððe hi nænne weorþscipe nabbað gif hiora ænig is. Swa
hit bið be ælcum þara ðinga ðe agen good and gecyndelic
nabbað on him selfum: oðre hwile hit bið to tælenne, oðre
hwile hit bið to heriganne. Ac hwæt þincð þe þonne on þam
welan and on ðæm anwealde wynsumes oððe nytwyrþes, nu
hi nanes ðinges genoh nabbað, ne hi nauht agnes goodes
nabbað, ne nauht þurhwunigendes hiora wealdendum sellan
ne magon?" Ða se Wisdom þa ðis spell asæd hæfde, ða ongan
he eft gieddian and þus cwæð:

Meter 15

"Ðeah hine nu se yfela   unrihtwisa
Neron cynincg   niwan gescerpte
wlitegum wædum   wundorlice,
golde geglengde   and gim-cynnum,
5   þeah he wæs on worulde   witena gehwelcum
on his lif-dagum   lað and unweorð,
fieren-lustes full.   Hwæt, se feond swa ðeah

"Now you can understand that prosperity and power can- 9
not make a person honored in a foreign country. I do not
know whether you think that they always can in their own
country, but though you might think it, I know that they
cannot. It was long ago that, through the whole territory of
the Romans, generals and judges and the treasurers (who
were in charge of the money to be paid each year to the sol-
diers) and the wisest counselors had the most honor. Now
then one of two things is the case, either none of those of-
fices exists or they have no honor if any of them exists. So
it is for each of the things that do not have their own and
natural good in themselves: sometimes it is to be criticized,
other times it is to be praised. But what seems to you pleas-
ant or useful in prosperity and power, now that they have
enough of nothing, and have nothing good of their own, and
cannot give anything lasting to their possessors?" When
Wisdom had spoken this speech, he began to sing again and
said as follows:

Meter 15

"Though now the evil and unjust
king Nero newly dressed himself
wonderfully with beautiful clothes,
adorned with gold and different kinds of jewels,
yet in his lifetime he was hateful, unworthy,   5
and full of sinful desire in the view of all wise people
in the world. Indeed that evil one nevertheless

his diorlingas   duguðum stepte.

Ne mæg ic þeah gehycgan   hwy him on hige þorfte

10   a ðy sæl wesan;   þeah hi sume hwile

gecure butan cræftum   cyninga dysegast,

næron hy ðy weorðran   witena ænegum.

Ðeah hine se dysega   do to cyninge,

hu mæg þæt gesceadwis   scealc gereccan

15   þæt he him ðy selra   sie oððe þince?"

Prose 15

Þa se Wisdom þa þis leoð asungen hæfde, þa ongan he eft spellian and þus cwæð: "Hweðer þu nu wene þæt þæs cyninges geferræden and se wela and se anweald þe he gifð his deorlingum mæge ænigne mon gedon weligne oððe wealdendne?" Ða andswarede ic and cwæð: "Forhwi ne magon hi? Hwæt is on ðis andweardan life wynsumre and betere þonne þæs cyninges folgað and his neawest and siððan wela and anweald?"

2   Ða andswarode se Wisdom and cwæð: "Sege me nu hwæðer þu æfre gehyrdest þæt he ængum ðara þe ær us wære eallunga þurhwunode. Oððe wenstu hwæðer hine ænig þara ealne weg habban mæge þe hine nu hæfð? Hu ne wasð ðu þætte ealle bec sind fulla þara biesena þara monna þe ær us wæren? And ælc mon wat þara þe nu leofað ðætte manegum cyninge onhwearf se anweald and se wela oððæt he eft wearð wædla. Eala ea is þæt ðonne forweorðfullic wela þæt nauþer ne mæg ne hine selfne gehealdan ne his hlaford

exalted his favorites with riches.
I cannot imagine why they should be the better
in their hearts for that; though the most foolish king   10
should pick out those without skills for a while,
they would not appear more worthy to any wise man.
If a sensible man is made a king by a fool,
how can he claim
that he may be or seem any the better for it?"   15

Prose 15

When Wisdom had sung this song, he began to speak again
and said as follows: "Do you now think that the king's fel-
lowship and the wealth and power that he gives his favorites
can make anyone wealthy and powerful?" Then I answered
and said: "Why could they not? What is pleasanter and bet-
ter in this present life than serving the king and being close
to him and after that, wealth and power?"

Then Wisdom answered and said: "Tell me now whether   2
you have ever heard that it continued in full for any of those
who were before us. Or do you think that any of those who
have it now can have it always? Do you not know that all
books are full of examples of those people who were be-
fore us? And everyone who now lives knows that power
and wealth forsook many a king so that he became a beggar.
That is then a most glorious kind of well-being, which can
preserve neither itself nor its owner so that he does not need

to þon þæt he ne þyrfe maran fultumes, oððe hi bioð begen forhealden. Hu ne is þæt þeah sio eowru hehste gesælð þara cyninga anweald? And þeah gif þam cyninge æniges willan wana bið, þonne lytlað ðæt his anweald and ecð his ermða; forðy bioð simle þa eowra gesælða on sumum þingum unsælða.

3   "Hwæt þa cyningas, þeah hi mænigra þioda wealden, ne wealdað hi þeah ealra þara þe hi wealdan woldan, ac bioð forðæm swiðe earme on hiora mode forðy hi nabbað sume þara þe hi habban wolden. Forðæm ic wat þæt se cyning þe gitsere bið þæt he hæfð maron ermðe þonne anwald. Forðam cwæð gio sum cyning þe unrihtlice fencg to rice: 'Eala hwæt ðæt bið gesælig mon þe him ealne weg ne hangað nacod sweord ofer ðæm heafde be smale þræde, swa me git symle dyde.'

4   "Hu þincð þe nu hu þe se wela and se anwald licige, nu hy næfre ne bioð buton ege and earfoðum and sorgum? Hwæt þu wæst þæt ælc cyninc wolde bion butan þisum and habban þeah anwald gif he meahte. Ac ic wat þæt he ne mæg. Þy ic wundrige forhwy hi gilpen swelces anwaldes. Hwæðer þe nu þince þæt se mon micelne anwald hæbbe and sie swiðe gesælig þe simle willnað þæs þe he begitan ne mæg? Oððe wenstu þæt se sie swiðe gesælig þe symle mid micle werede færð, oððe eft se ðe ægðer ondræd ge þone þe hine ondræt ge þone þe hine no ne ondræt? Hwæðer þe nu þince þæt se mon micelne anwald hæbbe þe him selfum ðincð þæt he nænne næbbe, swa swa nu manegum men ðincð þæt he nænne næbbe buton he hæbbe mænigne man þe him here? Hwæt wille we ma nu sprecan be ðæm cininge and be his folgerum butan þæt ælc gesceadwis man mæg witan þæt hi bioð full earme and ful unmihtige? Hu magon þa cyningas

more help, or else they will both be ruined. Is not the power of kings the highest felicity for *you* mortals? And yet if there is anything lacking of what the king desires, then that reduces his power and increases his poverty; and so *your* felicities are always in some things infelicities.

"The kings, though they have power over many nations, 3 do not rule all those whom they would wish to rule, but are therefore very poor in their own view because they do not have some of those things which they wish to have. And so I know that the king who is acquisitive has more poverty than power. Long ago a certain king who had unjustly come to power said: 'Oh truly, he is a happy man who does not always have a naked sword hanging over his head by a thin thread, as has always been so for me.'

"What do you think now about whether wealth and 4 power please, now that they never exist without fear, hardship and grief? Truly, you know that every king would like to be free of these and to have power even so if he could. But I know that he cannot. And so I wonder why they boast of such power. Do you now think that one who continually desires what he cannot get has great power and is very fortunate? Or do you think that he who always travels with a big army is very fortunate, or again he who fears both one who fears him and one who does not fear him? Do you now think that someone who himself thinks he has no power does have great power, as now many a person thinks that he has no power unless he has many people who obey him? What more do we wish to say now about the king and his followers but that every intelligent person can perceive that they are very poor and weak? How can kings deny or conceal their lack oðsacan oððe forhelan heora unmeahte þonne hi ne magon nænne weorðscipe forðbrengan buton hiora þegna fultume?

5 "Hwæt wille we elles secggean be ðæm þegnum buton þæt þæt ðær oft gebyreð þæt hi weorðað bereafode ælcre are ge furðum þæs feores from hiora leasan cyninge? Hwæt we witon þæt se unrihtwisa cyning Neron wolde hatan his agenne magister and his fostorfæder acwellan, þæs nama wæs Seneca; se wæs uðwita. Þa he þa onfunde þæt he dead bion sceolde, þa bead he ealla his æhta wið his feore. Þa nolde se cyning þæs onfon ne him his feores geunnan. Ða he þa þæt ongeat, þa geceas he þone deað ðæt hine mon oflete blodes on ðæm earme, and ða dyde mon swa. Hwæt we eac geherdon þæt Papinianus wæs Antoniose ðæm casere ealra his dyrlinga besorgost and ealles his folces mæstne anwald hæfde, ac he hine het gebindan and siððan ofslean.

6 "Hwæt ealle men witan þæt se Seneca wæs Nerone and Papinianus Antonie þa weorðestan and þa leofostan and mæstne anwald hæfdon ge on hiora hirede ge buton, and þeah buton ælcre scylde wurdon fordone. Hwæt hi wilnedon begen eallon mægene þæt ða hlafordas naman swa hwæt swa hi hæfden and leten hy libban. Ac hi ne meahten þæt begitan forðæm þara cyninga wælhreownes wæs to ðæm hearde þæt hiora eaðmetto ne meahton nauht forstandan, ne huru heora ofermetto dydon; swa hwæðer swa hi dydon ne dohte him ða nawðer, þeah hi scoldon þæt feorh ælætan. Forðæm se ðe his ær tide ne tiolað, þonne bið his on tid untilad.

7 "Hu licað þe nu se anwald and se wela, nu ðu gehered hæfst þæt hine mon nawðer ne butan ege habban ne mæg ne forlætan ne mot þeah he wille? Oððe hwæt forstod seo

of power when they cannot achieve any honor without the help of their followers?

"What else do we want to say about those followers but 5 that it often happens that they are robbed of all property and even their lives by their false king? We know that the unjust king Nero sought to order the death of his own teacher and foster father, whose name was Seneca; he was a philosopher. When he discovered that he was to die, he offered all his possessions in exchange for his life. Then the king would not accept that nor grant him his life. When he understood that, he chose to die by having blood let from his arm, and then it was done in that way. We also heard that Papinianus was to Antoninus the emperor the most beloved of all his favorites and had the greatest power over all his people, but he ordered him to be made prisoner and afterward killed.

"Indeed all men know that Seneca was to Nero and Pa- 6 pinianus to Antoninus the most honored and loved and they had the most power, both in their household and outside it, and yet they were destroyed without any guilt. Indeed, they both sought with all their might that the lords should take whatever they had and let them live. But they could not achieve that, because the cruelty of those kings was so fierce that their humility could not be of use, nor indeed their pride; whatever they did, neither quality did them any good, even though they were to lose their lives. He who does not take care of himself before time is uncared for when the time comes.

"How do you like power and wealth now, now you have 7 heard that one can neither have them without fear nor relinquish them when one wishes? Or what good did the

menigu þara freonda þam diorlingum þara cyninga? Oððe
hwæt forstent hio ænegum men? Forðon þa frend cumað
mid þæm welum and eft mid ðæm welan gewitað buton
swiðe feawa. Ac ða frend þe hine ær for ðæm welan lufiað þa
gewitað eft mid þæm welan and weorðað þonne to feondum,
buton þa feawan ðe hine ær for lufum and for treowum lufe-
don. Þa hine woldon þeah lufian ðeah he earm wære; þa him
wuniað. Hwylc is wirsa wol oððe ænegum men mare daru
þonne he hæbbe on his geferrædenne and on his neaweste
feond on freondes anlicnesse?" Ða se Wisdom ða ðis spell
areaht hæfde þa ongan he eft singan and þus cwæð:

Meter 16

"Se þe wille anwald agon   ðonne sceal he ærest tilian
þæt he his selfes   on sefan age
anwald innan,   þy læs he æfre sie
his unþeawum   eall underðyded.
5 Ado of his mode   mislicra fela
þara ymbhogona   þe him unnet sie,
læte sume hwile   þa siofunga
ermða sinra.   Þeah him eall sie
þes middan-geard,   swa swa mere-streamas
10 utan belicgað,   on æht gifen,
efne swa wide   swa swa westmest nu
an ig-lond ligð   ut on garsecg,
þær nængu bið   niht on sumera

172

multitude of friends do for the favorites of those kings? Or what good does it do anyone? Friends come with prosperity and depart again with prosperity, apart from a very few. But the friends who loved him for the prosperity will depart again with the prosperity and become enemies then, apart from the few who previously loved him out of love and loyalty. Those would love him though he were poor; those remain with him. What worse plague is there or what greater harm to anyone than to have in his fellowship and in his vicinity an enemy in the likeness of a friend?" When Wisdom had spoken this speech he began to sing again and said as follows:

Meter 16

"He who wishes to have power must first strive
to control his own
mind within, lest it ever be
wholly subjected to his vices.
Let him put from his mind the many and various   5
anxieties which are pointless for him,
let him leave off for a while the sighings
over his miseries. Though all this
world, as the oceans encompass it
round about, may be given into his possession,   10
even as far as the westernmost region
where now an island lies out in the ocean
which is called Thule, where there is no

ne wuhte þon ma   on wintra dæg
15   toteled tidum,   þæt is Tile haten,
þeah nu anra hwa   ealles wealde
þæs ig-landes   and eac þonan
oð Indeas   eastewearde,
þeah he nu þæt eall   agan mote,
20   hwy bið his anwald   auhte ðy mara,
gif he siððan nah   his selfes geweald
in-geðances   and hine eorneste
wel ne bewarenað   wordum and dædum
wið ða unþeawas   þe we ymb sprecað?"

Prose 16

Ða se Wisdom þa þas fitte asungen hæfde, þa ongon he eft
seggan spell and cwæð: "Is þæt ungerisenlic wuldor þisse
worulde and swiðe leas. Be ðæm wæs gio singende sum sceop
þa he forseah þis andwearde lif. Ða cwæð he: 'Eala wuldur
þisse weorulde, ea, forhwy þe haten dysige men mid leasre
stemne wuldor, nu ðu nan neart?' Forðæm ðe ma manna
hæfð micelne gielp and micel wuldor and micelne weorð-
scipe for dysiges folces wenan þonne hæbbe for his gewyrh-
tum.

2   "Ac sege me nu hwæt ungerisenlicre sie ðonne þæt, oððe
forhwy hi ne mægen hiora ma scamian þonne fægnian,
þonne hi geherað þæt him man on lihð? Þeah mon nu hwone
goodra mid rihte herige, þæt is soð an segge, ne sceal he no
þy hræþor to ungemetlice fægnian ðæs folces worda, ac þæs

night in the summer, nor moreover
in the winter is the day divided into hours,   15
though someone now ruled all
that island and also from there
eastward to India,
though he was now permitted to own it all,
in what way is his power any the greater   20
if afterward he does not have control of his own
inner mind and does not guard himself
thoroughly in word and deed
against the vices which we speak of?"

Prose 16

When Wisdom had sung this verse, he began to speak again
and said: "The glory of this world is without honor and very
deceptive. A poet sang about that long ago, when he scorned
this present life. He said: 'Why, glory of this world, do fool-
ish people with their false language call you glory, since you
are not that?' More people have great fame, glory, and honor
because of the opinions of the foolish than have them for
their merits.

"But tell me now what is more dishonorable than this, or   2
why could people not feel more ashamed of these things
than pleased, when they hear what is falsely said about them?
Though someone good may be rightly praised, with people
saying the truth about him, he ought nevertheless not to
rejoice too greatly over the people's words, but ought to re-

175

he sceal fægnian ðæt hi him soð an seggað. Þeah he nu þæs fægnige þæt hi his naman bræden, ne bið he no þy hræðor swa brad swa hi tihhað, forðæm hi hine ne magon tobrædan geond ealle eorðan þeah hi on sumum lande mægen. Forðæm þeah he sie anum gehered, þonne bið he oðrum unhered; þeah he on þam lande sie mære, þonne bið he on oðrum unmære. Forðæm is þæs folces hlisa ælcum men for nauht to habbanne, forðæm he to ælcum ne cymð be his gewyrhtum, ne huru nanum ealne weg ne wunað.

3   "Geþenc nu ærest be þæm gebyrdum. Gif hwa þæs gilpð, hu idel and hu unnet se gylp bið, forðam þe ælc mon wat þæt ealle men of anum fæder comon and of anre meder. Oððe eft be þæs folces hlisan and be hiora heringe: ic nat hwæs we þær fægniað. Þeah ða nu foremære sien þe folcisce men heriað, þeah bioð þa foremærran and rihtlicran to herianne þa þe bioð mid cræftum geweorðode. Forðæm þe nan mon ne bið mid rihte for oðres gode ne for his cræftum no þy mærra ne no þy heredra gif he hine self næfð. Hwæðer þu nu beo a þy fægerra for oðres mannes fægere? Bið men ful lytle þy bet þeah he godne fæder hæbbe gif he self to nauhte ne mæg.

4   "Forþam ic lære þæt ðu fægenige oðerra monna goodes and heora æðelo to þon swiðe þæt þu ne tilige þe selfum agnes, forðæm þe ælces monnes good and his æþelo bioð ma on þam mode þonne on þæm flæsce. Þæt an ic wat þeah goodes on þa æþelo þæt mænigne mon sceamaþ þæt he wiorðe wyrsa þonne his eldran wæron, and forðæm higað ealle mægne ðæt he wolde þara betstena sumes þeawas and his cræftas gefon." Þa se Wisdom ða þis spell areaht hæfde, þa ongan he singan ymb þæt illce and cwæð:

joice because they say the truth about him. Though he may now rejoice because they spread his name, it is nevertheless not as widespread as people think. They cannot spread it over all the earth though they may in one land. Though he be praised in one, he will then be dispraised in another. Though he may be famous in that land, then he will not be famous in another. And so popular fame is worthless for anyone to have, for it does not come to any man because of his merits, nor indeed does it remain with anyone for ever.

"Think now first about ancestry. If anyone boasts of that, 3 how empty and useless that boast is, since everyone knows that all people came from one father and one mother. Or again with popular fame and the praise of the people: I do not know what we rejoice over there. Though those whom ordinary people praise may now be celebrated, those who are honored with virtues are more celebrated and more appropriate to praise. No one is justly the more celebrated or praised for someone else's goodness or his virtues if he does not have the quality himself. Are you now any the fairer for another person's beauty? A person is very little the better for having a good father if he himself is worthless.

"Therefore I urge you that you rejoice over other people's 4 goodness and their noble birth to the extent that you do not claim it for your own. Everyone's goodness and nobility are more in the mind than in the flesh. The one good thing I know however in nobility of birth is that many a person is ashamed to become worse than his ancestors were, and therefore he strives with all his might to take on the habits and skills of one of the best of them." When Wisdom had spoken this speech, he began to sing about the same thing and said:

177

Meter 17

"Hwæt, eorð-waran   ealle hæfden,
fold-buende,   fruman gelicne.
Hi of anum twæm   ealle comon,
were and wife,   on woruld innan,
and hi eac nu get   ealle gelice
on woruld cumað,   wlance and heane.
Nis þæt nan wundor,   forðæm witan ealle
þæt an God is   ealra gesceafta,
frea mon-cynnes,   fæder and scippend.
Se ðære sunnan leoht   seleð of heofonum,
monan and þyssum mærum steorrum.   Se gesceop men
                                                            on eorðan
and gesamnade   sawle to lice,
æt fruman ærest   folc under wolcnum
emn-æðele gesceop   æghwilcne mon.
    "Hwy ge þonne æfre   ofer oðre men
ofer-modigen   buton andweorce,
nu ge unæðelne   ænigne ne metað?
Hwy ge eow for æþelum   up ahebben,
nu on þæm mode bið   monna gehwilcum
þa riht-æþelo   þe ic ðe recce ymb,
nales on ðæm flæsce   fold-buendra?
Ac nu æghwilc mon   þe mid ealle bið
his unþeawum   underðieded,
he forlæt ærest   lifes frum-sceaft
and his agene   æþelo swa selfe
and eac þone fæder   þe hine æt fruman gesceop.

5

10

15

20

25

178

Meter 17

"Indeed, all earth dwellers, the world's
inhabitants, had the same origin.
They all came into the world
from one pair, a man and a woman,
and all of them, the proud and the wretched,   5
also now come alike into the world.
That is no wonder because everyone knows
that there is one God of all creatures,
Lord of humankind, father and creator.
He gives light from heaven to the sun,   10
moon, and these glorious stars. He created men on earth
and joined the soul to the body,
first created people in the beginning, each
person equally noble under the clouds.
     "Why then do *you* ever exalt yourselves   15
above other people without reason,
since *you* do not come across anyone who is ignoble?
Why do *you* elevate yourselves because of noble birth,
since in the mind of everyone lies
the true nobility which I am telling you about,   20
not in the flesh of earth dwellers?
But now everyone who is entirely
subject to his vices
first forsakes life's original creation,
and likewise his own nobility,   25
and also the father who created him in the beginning.

Forðæm hine anæþelað   ælmihtig God,
þæt he unæþele   a forð þanan
wyrð on weorulde,   to wuldre ne cymð."

Prose 17

Þa se Wisdom þa þis lioð asungen hæfde, þa ongan he eft
seggan spell and þus cwæð: "Hwæt goodes magon we seggan
on þa flæsclican unþeawas? Forþam swa hwa swa hi forlætan
wile, he sceal geþolian micle nearanesse and manige gear-
foðu, forþam seo oferfyll simle fet unþeawas, and þa unþea-
was habbað oferðearfe hreowsunga, and seo hreowsung ne
beoð na butan sorge and butan nearonesse.

2   "Eala eaw hu manega adla and hu micel sar and hu micla
wæccan and hu micle unrotnesse se hæfð þe ðone won wil-
lan hæfð on þisse worulde! And hu micle ma wenst ðu þæt hi
scylon habban æfter þisse worulde edlean hiora earnunga,
swa swa bearneacen wif ðrowað micel earfoðu æfter þam þe
hio ær micelne lust þurhteah. Forþy ic nat hwæt þa woruld-
lustas myrges bringað hiora lufigendum. Gif nu hwa cwið
þæt se sie gesælig se þe his woruldlustum eallum fulgæð, hwi
nele he cweðan eac þæt ða netenu sien gesælegu forðæm
hiora willa to nanum oðrum ðingum nis aþenod buton to
gifernesse and to wrænnesse?

3   "Swiðe gewunsum hit bið þæt mon wif hæbbe and bearn.
Ac ðeah manige bearn bioð gestrined to hiora eldrena for-
wirde, forðæm þe manig wif forswilt for hire bearne ær
heo hit brengan mæge. And we leornodon eac þæt hwilum

Therefore the almighty God debases him,
so that forever henceforth in the world he becomes
ignoble and does not achieve glory."

Prose 17

When Wisdom had sung this song, then he began to speak again and said as follows: "What good can we say about fleshly vices? Whoever wants to leave them must endure great privation and many hardships, because superfluity always feeds vices, and vices have great need of repentance, and there is no repentance without sorrow and privation.

"How many diseases and how much pain and what great 2 sleeplessness and how much grief does one have who has wicked desire in this world! And how much more do you think they are destined to have after this world as reward for their actions, just as a pregnant woman suffers much hardship after she has previously experienced much pleasure. So I do not know what joy worldly pleasures bring to those who love them. If now anyone says that he who satisfies all his worldly appetites has felicity, why will he not say also that beasts have felicity, since their desire is directed toward nothing other than gluttony and lechery.

"It is very pleasant for a man to have a wife and children. 3 But yet many children are produced to the destruction of their parents, since many a wife dies for her child before she can bring it forth. And we have learned also that there

geberede swiðe ungewunelic and ungecyndelic yfel, þæt ða
bearn getreowedon betwuh him and sieredon ymbe þone
fæder. Ge furðum þæt wyrse wæs, we herdon geo geara on
ealdum spellum þæt sum sunu ofsloge his fæder; ic nat hu-
meta buton we witon þæt hit unmennisclicu dæd wæs.
Hwæt ælc mon mæg witan hu hefig sorg men beoð seo ge-
men his bearna. Ne þearf ic þe þeah þæt secgan forðæm þu
hit hæfst afandad be þe selfum. Be þære hefegan gemenne
bearna cwæð min mægister Eurupides þæt hwilum gebyrede
þam heardsælgan þæt him wære betere þæt he bearn næfde
þonne he hæfde." Þa se Wisdom ða þis spel areht hæfde, þa
ongan he eft giddian and þus singende cwæð:

Meter 18

"Eala ðæt se yfla   unrihta gedeð
wraða willa   woh-hæmetes,
þæt he mid ealle gedræfð   anra gehwylces
monna cynnes   mod ful-neah ðon.
5   Hwæt, sio wilde beo,   þeah wis sie,
anunga sceal   eall forweorðan
gif hio yrringa   awuht stingeð.
Swa sceal sawla gehwilc   siððan losian
gif se lic-homa   forlegen weorðeð
10   unriht-hæmede,   bute him ær cume
hreow to heortan   ær he hionan wende."

sometimes happened a very strange and unnatural wickedness, that the children conspired among themselves and plotted against the father. And indeed what was worse, we heard from long ago in old stories that a son killed his father; I do not know how but we know that it was an inhuman act. Truly, everyone can see how heavy a sorrow for a man is the responsibility for his children. I do not need to tell you that, since you have experienced it for yourself. About that burdensome responsibility for children my teacher Euripides said that sometimes it happened to an unfortunate person that it was better for him not to have children than to have them." When Wisdom had spoken this speech, then he began to sing again and singing said as follows:

Meter 18

"Alas that the evil unrighteous wicked
desire for illicit coupling means
that it completely takes over the mind
of very nearly every human being.
Indeed the wild bee, though it may be wise,   5
must necessarily perish utterly
if it angrily stings anything.
So must each soul afterward be lost
if the body becomes defiled
by wrongful coupling, unless repentance should   10
come to his heart before he departs from here."

Prose 18

Ða se Wisdom þa þis leoð asungen hæfde, þa ongan he eft spellian and þus cwæð: "Forðæm nis nan tweo þæt þes andwearda wela myrð and let þa men þe bioð atehte to þam soðum gesælðum, and he nænne ne mæg gebringan þær he him gehet, þæt is æt þæm hehstan goode. Ac ic þe mæg mid feaum wordum gesecgan hu manegra yfela þa welan sint gefylde. Hwæt þu þonne mæne mid þære gidsunga þæs feos nu þu hit nahu elles begitan ne miht buton þu hit forstele oððe gereafige oððe abeðecige, and þær hit þe wexð þonne wanað hit oþrum? Ðu woldest nu bion foremære on weorðscipe, ac gif þu þæt habban wilt, þonne scealt ðu oleccan swiðe earmlice and eadmodlice þæm ðe to þæm gefulteman mæge. Gif þu þe wilt don manegra beteran and weorðran, þonne scealt þu þe lætan anes wyrsan.

2   "Hu ne is þæt þonne sum dæl yrmða þæt mon swa werelice scyle culpian to þæm þe him gifan scyle? Anwaldes ðu wilnast? Ac þu hine næfre orsorgne ne begitst for ælðeodegum and git ma for ðinum agnum monnum and mægum. Gilpes þu girnst? Ac þu hine ne meaht habban orsorgne forþam ðu scealt habban simle hwæthwugu wiðerweardes and ungetæses. Þu woldest nu brucan ungemetlicre wrænnesse? Ac ðe willað þonne forsion goode Godes þeowas forðæm þe þin werie flæsc hæfð þin anwald, nales þu his.

3   "Hu mæg mon earmlicor gebæron þonne mon hine underðiede his weregan flæsce and nelle his gesceadwisan sawle? Hwæþer ge nu sien maran on eowrum lichoman

Prose 18

When Wisdom had sung this song, he began to speak again and said as follows: "And so there is no doubt that this present prosperity mars and hampers those people who are drawn toward the true felicity, and it cannot bring anyone to where it promised him, that is, to the highest good. But I can tell you in a few words with how many evils those forms of prosperity are filled. What do you then intend with that greed for wealth now that you cannot get it in any other way but by stealing it or robbing or by begging, and where it increases with you then it declines for others? You would like now to be preeminent in honor, but if you wish to have that, then you must flatter very meanly and humbly someone who can help you to that. If you wish to make yourself better and more honored than many, then you will have to allow yourself to be worse in one thing.

"Is it not a wretched thing that a man must so abjectly humble himself to the one who is to give it to him? Is it power that you want? But you will never get it without anxiety, because of foreigners and still more because of your own followers and kindred. Is it fame that you want? But you cannot have it without anxiety because you must always have something adverse and troublesome. Do you want to enjoy excessive lechery? But then the good servants of God will want to reject you because your accursed flesh has control of you, not you of it.

"How can someone behave more abjectly than to subject himself to his accursed flesh and to be unwilling to subject himself to his rational soul? Are *you* now bigger in *your*

þonne elpend, oððe strengran þonne leo oððe fear, oððe
swiftran þonne tigris? Þeah ðu nu wære mara þonne elpend
and strengra þonne leo oððe fear and swiftra ðonne tigris
þæt deor, and þeah þu wære eallra manna fægrost on wlite,
and þonne woldest geornlice æfter wisdome spyrian oððæt
þu fullice riht ongeate, þonne meahtes ðu sweotole ongiton
ðæt ealle þa mægno and þa cræftas þe we ær ymb spræcon
ne sint to metanne wið þære sawle cræfta ænne. Hwæt nu
wisdom is an anlepe cræft þære sawle, and þeah we witon
ealle þæt he is betera ðonne ealle þa oðre cræftæs þe we ær
ymbe spræcon.

4   "Behealdað nu þa widgelnesse and þa fæstnesse and þa
hrædfernesse þisses heofenes. Ðonne magon ge ongitan þæt
he is ealles nauht wið his sceppend to metanne and wið his
wealdend. Ac hwi ne læte ge eow þonne aþreotan þæt ge ne
wundrigen and ne herigen þætte unnyttre is, þæt is þes
eorðlica wela? Swa swa se heofon is betera and healicra and
fægerra þonne eall his innung sie buton monnum anum, swa
is þæs monnes lichoma betera and deorwyrðra þonne ealle
his æhta. Ac hu micele þincð þe þonne sio sawl betere and
deorwyrðre þonne se lichoma? Ælc gesceaft is to arianne be
hire andefne and symle sio hehste swiðost. Forðæm is se
godcunda anwald to arianne and to wyndrianne and to weor-
ðianne ofer ealla oðra gesceafta.

5   "Se wlite þæs lichoman is swiðe flionde and swiðe tedre
and swiðe anlic eorðan blostmum. Ðeah nu hwa sie swa
fæger swa swa Alcibiadis se æþelincg wæs, gif hwa bið swa
scearpsiene þæt he mæge hine þurhsion (swa swa Aristote-
lis se uðwita sæde þæt an dior wære ðe meahte ælc wuht
þurhsion; þæt dior we hatað lox), gif þonne hwa wære swa

body than the elephant, or stronger than the lion or bull, or swifter than the tiger? If you were now bigger than the elephant and stronger than the lion or bull and swifter than that wild animal the tiger, and if you were fairest of all people in appearance, and then were willing to search earnestly for wisdom until you understood entirely what is right, then you would be able to understand clearly that all the powers and qualities that we mentioned before are not to be compared with one of the qualities of the soul. Truly now wisdom is a single quality of the soul, and yet we all know that it is better than all the other qualities that we spoke about before.

"Behold now the breadth, firmness and swiftness of this 4 heaven. Then *you* can perceive that it is absolutely nothing in comparison with its creator and ruler. But why then do *you* not let yourselves grow tired of wondering at and praising what is more useless, that is, this earthly prosperity? Just as heaven is better, greater, and fairer than all that it contains except humankind alone, so a person's body is better and more precious than all his possessions. But how much better then and more precious does the soul seem to you than the body? Each creature is to be honored according to its measure, and always the highest most. So the divine power is to be honored, wondered at and esteemed above all other creatures.

"The beauty of the body is very fleeting and frail, and very 5 like the flowers of the earth. Though now someone may be as fair as Alcibiades the nobleman was, if anyone is so sharp-sighted that he could see through him (as Aristotle the philosopher said that there was an animal that could see through everything; we call that animal lynx), if then anyone were so

scearpsiene þæt he mihte þone cniht þurhsion þe we ær
ymbe spræcon, þonne ne ðuhte he him no innan swa fæger
swa he utan þuhte. Þeah þu hwæm fæger ðince, ne bið hit no
þy hræðor swa, ac sio ungesceadwisnes hiora eagena hi myrð
þæt hi ne magon ongiton þæt hi ðe sceawiað utan næs in-
nan.

6   "Ac geþencað nu swiðe geornlice and gesceadwislice
smeageað hwelc þæs flæslican good sien and þa gesælða þe
ge nu ungemetlice wilniað. Þonne magan ge sweotole on-
geotan þæt þæs lichoman fæger and his strengo mæg bion
afyrred mid ðreora daga fefre. Forðæm ic þe recce eall þæt ic
ðe ær reahte forðæm ic ðe wolde openlice gereccan on ðæm
ende þisses capitulan þætte eall þas andweardan good ne
magon gelæstan hiora lufiendum þæt hi him gehatað, þæt is
þæt hehste good þæt hi him gehatað. Þeah hi nu gegaderien
ealle þas andweardan good, nabbað hi no ðy hraþor ful-
fremed good on ðæm, ne hi ne magon gedon hiora lufiendas
swa welige swa swa hi woldon." Ða se Wisdom ða þis spell
areaht hæfde, þa ongon he eft gieddigan and þus singinde
cwæð:

Meter 19

"Wala, þæt is hefig dysig   —hygeð ymbe se ðe wile—
and frecenlic   fira gehwilcum
þæt ða earman men   mid ealle gedwæleð,
of ðæm rihtan wege   recene alæded.

sharp-sighted that he could see through that young man that we spoke about before, then he would not seem to him inwardly as fair as he seemed outwardly. Though you may now seem fair to some people, it is nevertheless not so, but the irrationality of their eyes hinders them from being able to understand that they see you outwardly not inwardly.

"But think now very carefully, and consider rationally 6 what these fleshly goods are and the felicities which *you* now excessively yearn for. Then *you* can clearly understand that the body's beauty and strength can be removed by a fever of three days. The reason why I explain to you (Boethius) all that I explained before is that I wanted to explain to you explicitly at the end of this chapter that all these temporal goods cannot bestow upon their lovers what they promise them, that is, the highest good which they promise them. Though they were now to gather all these temporal goods, they will none the sooner have perfect good in that, nor can they make those who love them as well off as they would like." When Wisdom had spoken this speech, he began to sing again, and singing said as follows:

Meter 19

"That is a grievous folly and dangerous
for everyone—let him consider it who will—
that completely deludes wretched people,
leads them away quickly from the right path.

5   Hwæðer ge willen   on wuda secan
    gold ðæt reade   on grenum triowum?
    Ic wat swa ðeah   þæt hit witena nan
    þider ne seceð   forðæm hit þær ne wexð,
    ne on win-geardum   wlitige gimmas.

10   Hwy ge nu ne settan   on sume dune
    fisc-net eowru   þonne eow fon lysteð
    leax oððe cyperan?   Me gelicost ðincð
    þætte ealle witen   eorð-buende
    þoncol-mode   ðæt hi þær ne sint.

15   Hwæþer ge nu willen   wæþan mid hundum
    on sealtne sæ   þonne eow secan lyst
    heorotas and hinda?   Þu gehicgan meaht
    þæt ge willað ða   on wuda secan
    oftor micle   þonne ut on sæ.

20   Is ðæt wundorlic   —þæt we witan ealle—
    þæt mon secan sceal   be sæ-waroðe
    and be ea ofrum   æþele gimmas,
    hwite and reade   and hiwa gehwæs.
    Hwæt, hi eac witon   hwær hi ea-fiscas

25   secan þurfan   and swylcra fela
    weoruld-welena;   hi þæt wel doð,
    geornfulle men,   geara gehwilce.
    "Ac ðæt is earmlicost   ealra þinga
    þæt þa dysegan sint   on gedwolan wordene

30   efne swa blinde   þæt hi on breostum ne magon
    eaðe gecnawan   hwær þa ecan good,
    soða gesælða,   sindon gehydda.
    Forþæm hi æfre ne lyst   æfterspyrian,
    secan þa gesælða.   Wenað samwise

35   þæt hi on ðis lænan mægen   life findan

Do *you* wish to look for red gold   5
in the green trees in the forest?
Yet I know that no wise person looks for
it there because it does not grow there,
nor do beautiful jewels grow in vineyards.
Why do *you* not set *your* fishing nets   10
on a hill when *you* wish to catch
salmon? It seems very likely to me
that all thoughtful earth dwellers
know that they are not there.
Do *you* now want to hunt with dogs   15
in the salt sea when *you* wish to find
hart and hind? You might think
that *you* want to look for them much more
often in the forest than out in the sea.
It is wonderful—we all know it—   20
that people are accustomed to looking for precious jewels,
white and red and in every hue,
by the seashore and on the riverbanks.
Indeed they also know where they need
to look for river fish and many such   25
worldly treasures; they do that well,
zealous people, year by year.
   "But it is the most wretched of all things
that the foolish have become so very
blind in their error that they cannot easily   30
recognize in their hearts where the eternal goods,
true joys, are hidden.
They never want to track them down,
to look for those joys. The foolish ones think
that they can find true felicity   35

soða gesælða — þæt is selfa God.
Ic nat hu ic mæge   nænige ðinga
ealles swa swiðe   on sefan minum
hiora dysig tælan   swa hit me don lysteð,
40   ne ic þe swa sweotole   gesecgan ne mæg,
forðæm hi sint earmran   and eac dysegran,
ungesæligran,   þonne ic þe secgan mæge.
Hi wilniað   welan and æhta
and weorðscipes   to gewinnanne;
45   þonne hi habbað   þæt hiora hige seceð,
wenað þonne   swa gewitlease
ðæt hi þa soðan   gesælða hæbben."

Prose 19

Þa se Wisdom þa þis leoð asungen hæfde, þa ongan he eft
spellian and þus cwæð: "Genog ic þe hæbbe nu gereaht ymb
ða anlicnessa and emb ða sceaduwa þære soðan gesælðe. Ac
gif þu nu sweotole gecnawan meaht þa anlicnesse þære
soðan gesælðe, þonne is siððan ðearf þæt ic þe hi selfe
getæce." Þa andwyrde ic and cwæð: "Nu ic ongite genog
openlice ðætte ælces goodes genog nis on ðissum woruldwe-
lum, ne æltæwe anwald nis on nanum weoruldrice, ne se
soða weorðscipe nis on þisse weorulde, ne þa mæstan mærða
ne sint on ðysse woruldgylpe, ne sio hehste blis nis on þam
flæsclicum lustum." Ða andsworede se Wisdom and cwæð:
"Hwæþer þu nu fullice ongite forhwy hit þonne swa sie?" Ða

—that is God himself—in this transitory life.
I do not know how I can in any way
criticize their folly so very severely
in my mind as I wish to do,
nor can I say it to you so clearly,   40
because they are more wretched and also more foolish,
more unblessed, than I can say to you.
They desire to obtain
prosperity, possessions, and honor;
when they have what their minds yearn for,   45
then they think in their stupidity
that they have true felicity."

Prose 19

When Wisdom had sung this song, he began to speak again
and said as follows: "I have now said enough to you about
the likenesses and shadows of the true felicity. But if you can
now clearly recognize the likenesses of the true felicity, then
it is necessary next for me to show you the thing itself."
Then I answered and said: "Now I perceive clearly enough
that there is not sufficiency of every good in these worldly
riches, nor is there perfect power in any worldly dominion,
nor is there true honor in this world, nor are the greatest
kinds of glory in this worldly fame, nor is the highest joy in
the physical pleasures." Then Wisdom answered and said:
"Do you now fully understand why then it is so?" Then I an-
swered and said: "Though I now understand something of

andswarede ic and cwæð: "Þeah ic his nu hwæthwugu ongite, ic wolde hit þeah fullicor and openlicor of ðe ongitan."

2 Ða andsworode se Wisdom and cwæð: "Genog sweotol hit is þætte God is anfeald and untodælendlic, þeah hine dysige men on mænig todælen þonne hi dwoliende secað þæt hehste god on ða sæmran gesceafta. Hwæþer þu nu wene þæt se nauhtes maran ne þyrfe se þe mæstne anwald hæfð þisse worulde?" Þa andsworede ic eft and cwæð: "Ne secge ic no þæt he nauhtes maran ne ðyrfe, forðæm ic wat þæt nan nis þæs welig þæt he sumes eacan ne þyrfe." Ða andswarode se Wisdom and cwæð: "Genog rihte þu sægst. Þeah hwa anwald hæbbe, gif oðer hæfð maran, þonne beþearf se unstrengra þæs strengran fultumes." Ða cwæð ic: "Eall hit is swa þu sægst."

3 Ða cwæð se Wisdom: "Þeah mon nu anweald and genyht to twæm þingum nemne, þeah hit is an." Þa cwæð ic: "Swa me þincð." Ða he cwæð: "Wenstu nu þæt se anwald and þæt geniht sie to forseonne, oððe eft swiðor to weorðianne þonne oðru good?" Þa cwæð ic: "Ne mæg nænne mon þæs twiogan þætte anwald and genyht is to weorðianne." Ða cwæð he: "Uton nu, gif ðe swa þince, ecan þone anwald and þæt geniht, don ðær weorðscipe to, and gereccan þonne þa þrio to anum." Ða andsworode ic and cwæð: "Uton þæs, forðæm hit is soð."

4 Ða cwæð he: "Hwæþer þe þonne þince unweorð and unmærlic sio gegaderunc þara ðriora þinga þonne þa þrio bioð to anum gedon, oððe hwæðer hit þe eft þince eallra þinga weorðlicosð and mærlicost? Gif þu nu ænigne mon cuðe þara þe hæfde ælces þinces anwald and ælcne weorðscipe hæfde swa forð þæt he na maran ne ðorfte, geþenc nu hu weorðlic and hu foremærlic þe wolde se man þincan. And

it, I would like nevertheless to understand it more fully and explicitly from you."

Then Wisdom answered and said: "It is clear enough that 2 God is single and indivisible, though foolish people divide him into many when they erroneously look for the highest good among the weaker creations. Do you now think that someone who has the most power in this world needs nothing more of anything?" Then I answered again and said: "I do not say that he would need nothing more, since I know that no one is so well off that he does not need something in addition." Then Wisdom answered and said: "You say right enough. Though someone may have power, if another has more, then the weaker needs the help of the stronger." Then I said: "It is just as you say."

Then Wisdom said: "Though people now call power and 3 sufficiency two things, it is nevertheless one." Then I said: "So it seems to me." Then he said: "Do you think now that power and sufficiency are to be scorned, or again to be honored more than other goods?" Then I said: "No one can doubt that power and sufficiency are to be honored." Then he said: "Let us now, if you think so, supplement power and sufficiency, add honor to them and then count those three as one." Then I answered and said: "Let us do that, since it is true."

Then he said: "Would you then think that the gathering 4 of those three things when the three are made into one is without worth and inglorious, or again would it seem to you of all things most honorable and glorious? If now you knew anyone who had power over everything and had all honor, so much that he needed no more, consider now how honorable and how glorious that person would seem to you. And

þeah he nu þa þreo hæfde, gif he nære hliseadig þonne wære him þeah sumes weorðscipes wana." Ða cwæð ic: "Ne mæg ic þæs oðsacan." Þa cwæð he: "Hu ne is ðæt þonne genog sweotol þæt we sculon don þa hliseadinesse to þæm þrim and don þa feower to anum?" Ða cwæð ic: "Þæt is cyn." Þa cwæð he: "Hwæþer þu nu wene þæt se auht bliðe sie ðe ealle þas feower hæfð (fifte bið sio blis) and mæg don eall þæt þæt he wile and nanes þinges maran ne ðearf þonne he hæfð?" Ða cwæð ic: "Ne mæg ic næfre geþencan, gif he swylc wære and þæt eall hæfde, hwonan him ænig unrotnes cuman sceolde."

5   Ða cwæð he: "Swa þeah is to geþencanne þæt ða fif þing þe we ær ymb spræcon, þeah hi tonemde sien mid wordum, þæt hit is eall an þing þonne hi gegadorode bioð, þæt is anwald and genyht and foremærnes and weorðscipe and blis. Þa fif, þonne hi ealle gegaderade bioð, þonne bið þæt God. Forðæm þa fif eall nan mennisc man fullice habban ne mæg ða hwile þe he on þisse worulde bið. Ac þonne þa fif þing swa we ær cwædon, eall gegadorede bioð, þonne bið hit eall an þing, and þæt an ðing bið God, and he bið anfeald untodæled þeah he ær on mænig tonemned wære." Ða andswarede ic and cwæð: "Þisses ic eom ealles geþafa."

6   Þa cwæð he: "Þeah nu God anfeald sie and untodæled swa swa he is, se mennisca gedwola hine todæleð on mænig mid heora unnyttum wordum. Ælc mon tiohhað him þæt to selestum goode ðæt þæt he swiðust lufað. Þonne lufað sum ðæt, sum elles hwæt; þæt bið þonne his God þæt he þær swiðost lufað. Þonne hi þonne hiora God on swa monige dælas todælað, þonne metað hi nauþer ne God selfne ne þone dæl Godes ðe hi swiðor lufað. Þonne hi hine selfne ne don ealne ætgædere, nabbað þonne nauðer ne hine ealne ne

though he now had the three, if he were not famous then there would however be a lack in him of some honor." Then I said: "I cannot deny that." Then he said: "Is it not clear enough that we ought to add fame to the three and make the four into one?" Then I said: "That is fitting." Then he said: "Do you now think that one who has all these four (the fifth is joy) and can do all that he wants and needs nothing more than he has, is at all joyful?" Then I said: "I can never imagine where any sadness should come to him from, if he was such and had all that."

Then he said: "Nevertheless it is to be considered that 5 those five things which we spoke about before, though they are named separately with words, are all one thing when they are gathered together, that is, power, sufficiency, fame, honor, and joy. Those five, when they are all gathered together, are God. No human person can have all five fully while he is in this world. But when the five things are all gathered together, as we said before, then it is all one thing and that one thing is God, and he is single and undivided though he was previously named separately as many." Then I answered and said: "I agree with all this."

Then he said: "Though now God is single and undivided 6 as he is, human error divides him into many with their useless words. Everyone considers that that which he most loves is the best good. Then one loves this, one another thing; that is then his God what he loves there most. When they divide their God into so many parts, then they find neither God himself nor the part of God that they love more. When they do not put him himself all together, then they have neither him all nor the part that they took from him.

þone dæl þe hi þær of dydon. Forðy ne fint ælc mon þæt he secð forðy he hit on riht ne secð. Ge secað þæt ge findan ne magon þonne ge secað eal good on anum goode." Þa cwæð ic: "Þæt is soð."

7   Ða cwæð he: "Þonne se mon wædla bið, ne wilnað he nanes anwealdes, ac he wilnað welan and flihð þa wædle. Ne swincð he nauht æfter þæm hu he foremærost sie. Ne nan man eac ne begit þæt he æfter ne swincð. He þonne winð ealle his weoruld æfter þæm welan and forlæt mænigne weoruldlust wið þæm þe he þone welan begete and gehealde, forþæm þe his hine lyst ofer eal oðru þing. Gif he hine þonne beget, þonne þincð him þæt he næbbe genog buton he hæbbe anwald þærto, forþæm þe him þincð þæt he ne mæge þone welan buton anwalde gehealdan. Ne him eac næfre genog ne þincð ær he hæbbe eal þæt hine lyst, forðon þe þone welan lyst anwaldes, and þone anwald lyst weorðscipes, and þone weorðscipe lyst mærða. Siððan he þæs welan full bið, þonne þincð him þæt he hæbbe ælcne willan gif he hæbbe anwald. And gesælþ ealne þone welan æfter þæm anwalde buton he hine mid læssan begitan mæge; and forlæt ælcne oðerne weorðscipe wið ðæm þe he mæge to ðæm anwealde cuman. And þonne gebyreð oft þonne he eall wið anwalde geseald hæfð, þæt he næfð nauðer ne þone anwald ne eac þæt he wið sealde, ac wirð þonne swa earm þæt he næfð furþum þa nedþearfe ane, þæt is wist and wæda. Wilnað þeah þonne þære nedðearfe næs þæs anwaldes.

8   "We spræcon ær be þæm fif gesælþum, þæt is wela and anwald and weorðscipe and formærnes and willa. Nu hæbbe we gereaht be welan and be anwalde, and þæt ilce we magon reccan be þæm þrim ðe we unreht habbað, þæt is weorðscipe and foremærnes and willa. Þa þrio þincg and þa tu þe

And so no one finds what he looks for because he does not look for it rightly. *You* look for what *you* cannot find when *you* look for all goods in one good." Then I said: "That is true."

Then he said: "When someone is poor, he does not desire 7 any power but desires wealth and flees from poverty. He does not strive at all to be most famous. And no one gets what he does not strive for. He then strives all his life for wealth and relinquishes many a worldly pleasure in order to get wealth and keep it, since he desires it above all other things. If he then gets it, then it seems to him that he does not have enough unless he has power in addition, since he thinks that he cannot keep the wealth without power. And it never seems enough to him either, before he has all that he wants, since wealth wants power, and power wants honor, and honor wants fame. After he is filled with that wealth, then it seems to him that he will have all he desires if he has power. And he gives all the wealth for the sake of power, unless he can get it with less; and abandons every other honor in order that he will be able to come to power. And then it often happens that, when he has given everything in exchange for power, he has neither the power nor that which he gave for it, but then becomes so poor that he does not even have the bare necessities, that is, food and clothing. Then, however, he looks for the necessities not the power.

"We spoke before about the five felicities, that is wealth, 8 power, honor, fame, and desire. Now we have explained about wealth and power, and we can say the same about the three which we have not discussed, that is honor, fame, and desire. Those three things and the two that we named

we ær nemdon, þeah hwa wene þæt he on hiora anra hwyl-
cum mæge habban fulla gesælða, ne bið hit no ðy hræþor
swa, ðeah hi his wilnigen, buton hi þa fif ealle habben." Ða
andsworede ic and cwæð: "Hwæt sculon we þonne don nu
þu cwist þæt we ne mægen on ðara anra hwylcum þæt hehste
good habban and þa fullan gesælða, ne we huru ne wenað
þæt ure anra hwelc þa fif eall ætgædre begite?"

9   Ða andsworede he and cwæð: "Gif hwa wilnað þæt he þa
fif eall hæbbe, þonne wilnað he þara hehstena gesælða. Ac
he ne mæg ða fullice begitan on ðisse weorulde, forðæm
þeah he ealle þa fif gesælða begite, þonne ne bið hit þeah
þæt hehste good ne þa selestan gesælða, forðæm hi ne bioð
ece." Þa andswarode ic: "Ic ongite genog sweotole þæt ða se-
lestan gesælða ne sint on þisse weorulde." Þa cwæð he: "Ne
þearf nan mon on ðys andweardan life spyrian æfter þæm
soðum gesælðum, ne þæs wenan ðæt he her mæge good
genog findan." Ða cwæð ic: "Soð þu sægst."

10   Þa cwæð he: "Ic wene þæt ic þe hæbbe genog gesæd ymb
ða leasan gesælða, ac ic wolde nu þæt ðu wende þin ingeþonc
from þæm leasum gesælðum. Þonne ongitst þu swiðe hræðe
þa soðan gesælða þe ic ðe ær gehet þæt ic þe eowian wolde."
Þa cwæþ ic: "Ge furðum þa dysegan men ongitað þætte fulla
gesælða sint, þeah hi þær ne sien þær hi heora wenað. Þu me
gehete nu lytle ær þæt ðu hi wolde me getæcan. Ac þæs me
þincð ðæt þæt bio sio soðe and sio fulfremede gesælð þe
mæg ælcum hire folgera sellan ðurhwunigendne welan and
ecne anwald and singalne weorðscipe and ece mærða and
fulle geniht. Ge furðum þæt ic cweðe sie sio soðe gesælð þe
an ðissa fifa mæg fullice forgifan, forðæm þe on ælcum anum

before, though anyone thinks that he can have perfect felicity in any one of them, it is nonetheless not so, though they desire it, unless they have all five." Then I answered and said: "What then ought we to do, now that you say that we cannot have the highest good and the perfect felicity in any one of them, and we certainly do not think that any one of us may get all the five together?"

Then he answered and said: "If anyone desires to have all 9 five, then he desires the highest felicities. But he cannot get those fully in this world. Though he should get all the five felicities, that will not constitute the highest good nor the greatest felicities, because they are not everlasting." Then I answered: "I understand clearly enough that the greatestt felicities are not in this world." Then he said: "No one needs to search for the true felicities in this present life, nor expect to be able to find sufficient good here." Then I said: "You say the truth."

Then he said: "I think that I have told you enough about 10 the false felicities, but I would like you now to turn your inner thought from the false felicities. Then you will understand very quickly the true felicities that I had promised to show you." Then I said: "Even foolish people understand that there are perfect felicities, though they are not where they expect them to be. You promised me a little earlier that you would show me them. But it seems to me that the true and perfect felicity is that which can give all its followers lasting wealth, eternal power, continual honor, eternal glory, and full sufficiency. Furthermore, I say that the true felicity is that which can give one of these five completely, since

hi sint eall. Forðæm ic secge þas word ðe forþy ic wille þæt
ðu wite ðæt se cwide swiðe fæst is on minum mode, swa fæst
þæt his me nan mon gedwellan ne mæg."

11 Þa cwæð he: "Eala cniht, þy þu eart gesælig þæt þu hit
swa ongiten hæfst, ac ic wolde þæt wyt spyredon get æfter
þæm þe þe wana is." Ða cwæþ ic:" Hwæt is þæt ðonne?" Þa
cwæð he: "Wenst ðu hwæðer ænig þissa andweardana gooda
þe mæge sellan fulle gesælða?" Ða andswarode ic and cwæð:
"Nat ic nanwuht on ðys andweardan life þe swilc gifan
mæge." Ða cwæð he: "Þas andweardan good sint anlicnessa
þæs ecan goodes, næs ful goode, forþam hi ne magon soð
good and ful good forgifan hiora folgerum." Þa cwæð ic: "Ic
eom genog wel geþafa þæs þe þu sægst."

12 Ða cwæð he: "Nu ðu þonne wast hwæt þa leasan gesælða
sint and hwæt þa soþan gesælða sint, nu ic wolde þæt þu
leornodest hu þu mihtest becuman to þam soþum
gesælðum." Ða cwæð ic: "Hu ne gehete þu me gefyrn ær þæt
ðu hit wolde me getæcan, and me lyste nu þæt swiðe georne
geheran." Ða cwæð he: "Hwæt sculon we nu don to þon þæt
we mægen cuman to þæm gesælðum? Hwæþer we scylen
biddan þone godcundan fultum ægðer ge on læssan ge on
maran, swa swa ure uðwita sæde Plato?" Þa cwæð ic: "Ic
wene þæt we scylen biddan þone fæder ealra þinga, forðæm
se ðe hine biddan nyle þonne ne gemet he hine, ne furþum
ryhtne weg wið his ne aredað." Ða cwæð he: "Swiðe rihte þu
sægst." And ongon ða singan and þus cwæþ:

they are all present in each one. I am saying these words to you because I want you to know that that statement is very firmly in my mind, so firm that no one can lead me astray from it."

Then he said: "My pupil, you are fortunate that you have 11 so understood it, but I would wish the two of us still to inquire after that which is lacking." Then I said: "What is that then?" Then he said: "Do you think that any of these temporal goods can give you full felicity?" Then I answered and said: "I know nothing in this present life which could give such." Then he said: "These temporal goods are likenesses of the eternal good, not complete good, since they cannot give true and perfect good to their followers." Then I said: "I agree well enough with what you say."

Then he said: "Now that you know what the false felici- 12 ties are and what the true felicities are, I would like you to learn how you could come to the true felicities." Then I said: "Did you not promise me earlier that you would teach that to me, and I would very much like now to hear it." Then he said: "What must we now do so that we can come to those felicities? Ought we to pray for divine aid both in lesser things and in greater, as our philosopher Plato said?" Then I said: "I think that we ought to pray to the father of all things, since he who is unwilling to pray to him does not find him, nor does he even find the right way to him." Then he said: "You speak very rightly." And he then began to sing and said as follows:

Meter 20

"Eala, min drihten,   þæt þu eart ælmihtig,
micel, modilic,   mærþum gefræge
and wundorlic   witena gehwylcum.
Hwæt, ðu, ece God   ealra gesceafta,
5   wundorlice   wel gesceope
ungesewenlica   and eac swa same
gesewenlicra   softe wealdest
scirra gesceafta   mid gesceadwisum
mægne and cræfte.   Þu þysne middan-geard
10   from fruman ærest   forð oð ende
tidum totældes,   swa hit getæsost wæs,
ende-byrdes,   þæt hi æghwæðer
ge ær farað   ge eft cumað.

"Þu þe unstilla   agna gesceafta
15   to ðinum willan   wislice astyrest
and þe self wunæst   swiðe stille,
unanwendendlic   a forð simle.
Nis nan mihtigra   ne nan mærra
ne geond ealle þa gesceaft   efnlica þin,
20   ne þe ænig ned-þearf   næs æfre giet
ealra þara weorca   þe þu geworht hafast,
ac mid þinum willan   þu hit worhtes eall,
and mid anwalde   þinum agenum
weorulde geworhtest   and wuhta gehwæt,
25   þeah ðe nænegu   ned-ðearf wære
eallra þara mærþa.   Is ðæt micel gecynd
þines goodes,   þencð ymb se ðe wile,
forðon hit is eall an   ælces þincges,

Meter 20

"My Lord, you are almighty,
great, high-minded, renowned in glory,
and wonderful to all wise men.
Eternal God of all creatures,
you created invisible things   5
wonderfully well and likewise
easily control visible
bright creatures with discriminating
strength and skill. First in the beginning
and from then to the end you divided this   10
world into seasons in succession,
just as was most convenient, so that they both
go before and come back again.

   "You wisely impel your own
moving creatures according to your will   15
and yourself remain very still,
unchanging always for ever and ever.
None is mightier and none more famous,
none your equal throughout all creation,
nor did you ever yet have any need   20
for all those works which you have made,
but you made everything according to your will,
and with your own power
you made the world and every creature,
although you had no need   25
of all those glories. The nature of your
goodness is great, whoever wishes to consider it,
because it is all one thing in every way,

þu and þæt ðin good.   Hit is þin agen,
30 forðæm hit nis utan   ne com auht to ðe,
ac ic georne wat   þæt ðin goodnes is,
ælmihtig God,   eall mid ðe selfum.
Hit is ungelic   urum gecynde:
us is utan cymen   eall þa we habbað
35 gooda on grundum   from Gode selfum.
Næfst þu to ænegum   andan genumenne,
forðam þe nan þing   nis þin gelica
ne huru ænig   ælcræftigre,
forðæm þu eal good   anes geþeahte
40 þines geþohtest   and hi þa worhtest.
Næs æror ðe   ænegu gesceaft
þe auht oððe nauht   auðer worhte,
ac ðu butan bysne,   brego mon-cynnes,
ælmihtig God,   eall geworhtest
45 þing þearle good,   eart þe selfa
þæt hehste good.
                    "Hwæt, ðu, halig fæder,
æfter þinum willan   woruld gesceope,
ðisne middan-geard   meahtum þinum,
weorada drihten,   swa þu woldest self,
50 and mid ðinum willan   wealdest ealles;
forðæm þu, soða God,   selfa dælest
gooda æghwilc.   Forðæm þu geara ær
ealla gesceafta   ærest gesceope
swiðe gelice,   sumes hwæðre þeah
55 ungelice;   nemdest eall swa ðeah
mid ane noman   ealle togædre
woruld under wolcnum.   Hwæt, þu, wuldres God,
þone anne naman   eft todældes,

you and your goodness. It is your own
because it is not from without nor has it come at all to you,　　30
but I know for certain that your goodness,
almighty God, is all within you yourself.
It is unlike our nature:
all the good things we have on earth
have come to us from without from God himself.　　35
You have formed no envy toward anything
because nothing is like you
nor indeed is anything more all-powerful,
because you planned all good things with the
conception of yourself alone and then made them.　　40
Before you there was no creature
who made either anything or nothing,
but you, Lord of humankind, almighty God,
made all extremely good things
without any example, and are yourself　　45
the highest good.
　　　　　　"You, holy father,
Lord of hosts, created the world
according to your will, created this world
with your powers just as you yourself wanted,
and control everything with your will;　　50
because you, true God, yourself distribute
every good. A long time ago you
first created all created things
very alike, yet to some degree
not alike; however, you named them　　55
all together by one name,
the world under the clouds. God of glory,
father, you divided that one

fæder, on feower: wæs þara folde an
60   and wæter oðer,   worulde dæles,
and fyr is þridde   and feowerðe lyft;
þæt is eall weoruld   eft togædere.
   "Habbað þeah þa feower   frumstol hiora,
æghwilc hiora   agenne stede,
65   þeah anra hwilc   wið oðer sie
miclum gemenged   and mid mægne eac
fæder ælmihtiges   fæste gebunden,
gesiblice,   softe togædre
mid bebode þine,   bilewit fæder,
70   þætte heora ænig   oðres ne dorste
mearce ofergangan   for metodes ege,
ac geþwerod sint   ðegnas togædre,
cyninges cempan,   cele wið hæto,
wæt wið drygum;   winnað hwæðre.
75   Wæter and eorðe   wæstmas brengað;
þa sint on gecynde   cealda ba twa:
wæter wæt and ceald   (wangas ymbelicgað),
eorðe ælgreno,   eac hwæðre ceald.
Lyft is gemenged   forþæm hio on middum wunað:
80   nis þæt nan wundor   þæt hio sie wearm and ceald,
wæt wolcnes tier,   winde geblonden,
forðæm hio is on midle,   mine gefræge,
fyres and eorðan.   Fela monna wat
þætte yfemest is   eallra gesceafta
85   fyr ofer eorðan,   folde neoðemest.
   "Is þæt wundorlic,   weroda drihten,
þæt ðu mid geþeahte   þinum wyrcest
þæt ðu þæm gesceaftum   swa gesceadlice
mearce gesettest,   and hi gemengdest eac.

name again into four: one of those was earth
and the second water, parts of the world,   60
and fire is the third and the fourth air;
together again that is the whole world.
   "Yet each of the four have their
birthplace, their own station,
though each of them may be greatly   65
mingled with the other and by the might
of the father almighty also bound fast,
peaceably, smoothly together
by your command, merciful father,
so that none of them dared to cross   70
the other's boundary out of fear of the creator,
but the elements, champions of the king, are
kept in agreement together, cold with heat,
wet with dry; they compete, however.
Water and earth produce fruits;   75
in their nature both those two are cold:
water, wet and cold (it surrounds the plains),
the earth all green, also cold however.
The air is a mixture because it occupies the middle:
it is no wonder that it is warm and cold,   80
wet distillation of cloud stirred up by wind,
because it is, to my knowledge, in the middle
of fire and earth. Many people know
that highest above the earth of all
creations is fire, and land the lowest.   85
   "It is wonderful, Lord of hosts,
that by your design you ensure
that you so appropriately set a boundary
for those creatures and also mingled them.

90　Hwæt, ðu þæm wættere　wætum and cealdum
　　foldan to flore　fæste gesettest,
　　forðæm hit unstille　æghwider wolde
　　wide toscriðan　wac and hnesce.
　　Ne meahte hit on him selfum　—soð ic geare wat—
95　æfre gestandan,　ac hit sio eorðe hylt
　　and swelgeð eac　be sumum dæle,
　　þæt hio siðþan mæg　for ðæm sype weorðan
　　geleht lyftum.　Forðæm leaf and gærs
　　bræd geond bretene　bloweð and groweð
100　eldum to are.　Eorðe sio cealde
　　brengð wæstma fela　wundorlicra,
　　forðæm hio mid þæm wætere　weorðað geþawened.
　　Gif þæt nære,　þonne hio wære
　　fordrugod to duste　and todrifen siððan
105　wide mid winde,　swa nu weorðað oft
　　axe giond eorðan　eall toblawen.
　　Ne meahte on ðære eorðan　awuht libban
　　ne wuhte þon ma　wætres brucan,
　　on eardian　ænige cræfte
110　for cele anum,　gif þu, cyning engla,
　　wið fyre hwæthwugu　foldan and lagu-stream
　　ne mengdest togædre,　and gemetgodest
　　cele and hæto　cræfte þine,
　　þæt þæt fyr ne mæg　foldan and mere-stream
115　blate forbærnan,　þeah hit wið ba twa sie
　　fæste gefeged,　fæder eald-geweorc.
　　　"Ne þincð me þæt wundur　wuhte þe læsse
　　þæt ðios eorðe mæg　and egor-stream
　　swa ceald gesceaft　cræfta nane
120　ealles adwæscan　þæt þæt him oninnan sticað

You firmly established land   90
as a floor for the wet and cold water
because it, being restless, would disperse
widely everywhere, fluid and yielding.
It could never stand by itself—I know for
certain truth—but the earth contains it   95
and also absorbs it to some extent
so that because of the absorption it can then be
watered from the air. And so leaf and grass,
spread over spacious regions, flourish and grow
as a blessing to men. The cold earth   100
produces many marvelous fruits,
because it is moistened by the water.
If that were not so, then it would be
dried up to dust and then scattered
far and wide with the wind, just as now ashes are   105
often blown away all over the earth.
No creature could live on the earth
nor moreover could anything enjoy water,
live there in any way
because of the cold alone, if you, king of angels,   110
had not somewhat mingled together land
and sea with fire, and tempered
cold and heat by your skill,
so that fire cannot burn up land and
sea with livid flame, though it, the ancient work   115
of the father, may be firmly joined with both those two.
    "It does not seem to me any less a miracle
that this earth and sea—such
cold creatures—can in no way
entirely extinguish what of fire adheres   120

fyres gefeged   mid frean cræfte.
Þæt is agen eard   eagor-streames,
wætres, on eorþan   and on wolcnum eac
and efne swa same   uppe ofer rodere.
125   Þonne is þæs fyres   frum-stol on riht,
eard ofer eallum   oðrum gesceaftum
gesewenlicum   geond þisne sidan grund.
Þeah hit wið ealla sie   eft gemenged
weoruld-gesceafta,   þeah waldan ne mot
130   þæt hit ænige   eallunga fordo
butan þæs leafe   þe us þis lif tiode:
þæt is se eca   and se ælmihtiga.
Eorðe is hefigre   oðrum gesceaftum,
þicre geþuren,   forðæm hio þrage stod
135   ealra gesceafta   under niðemæst,
buton þæm rodere,   þe þas ruman gesceaft
æghwylce dæge   utan ymbhwyrfeð
and þeah þære eorðan   æfre ne oðhrineð,
ne hire on nanre ne mot   near þonne on oðre
140   stowe gestæppan;   striceð ymbutan
ufane and neoðane,   efen-neah gehwæðer.
    "Æghwilc gesceaft   þe we ymb sprecað
hæfð his agenne   eard onsundran,
bið þeah wið þæm oðrum   eac gemenged.
145   Ne mæg hira ænig   butan oðrum bion.
Þeah hi unsweotole   somod eardien,
swa nu eorðe and wæter,   earfoð-tæcne
unwisra gehwæm,   wuniað on fyre,
þeah hi sindan   sweotole þæm wisum.
150   Is þæt fyr swa same   fæst on þæm wætre

within them, joined by the Lord's skill.
It is the special homeland of the sea,
of water, to be on earth and also in the clouds
and likewise above the heavens.
The original place, the homeland, of fire is   125
properly above all other creatures
visible across this spacious earth.
Though it is mixed again with all
worldly creatures, yet it may not manage
to destroy anything entirely   130
except by the leave of the one who granted us this life:
that is the eternal and almighty one.
Earth is heavier than other parts of creation,
compacted more thickly, and therefore it has lain
underneath for a time, the lowest of all created things   135
except for the firmament, which turns round about
this spacious creation every day
and yet never touches the earth,
nor can it go nearer to it in one place
than in another; it moves around   140
above and below, each equally near.
    "Each element which we speak about
has its own separate home,
yet is also mixed with the others.
Nor can any of them be without the others.   145
Though they may be located indistinguishably together,
just as now earth and water exist in fire
and it is difficult for the unwise to see them,
yet they are distinguishable to the wise.
Fire is likewise firmly fixed in the water   150

and on stanum eac stille geheded,
earfoð-hawe; is hwæðre þær.
Hafað fæder engla fyr gebunden
efne to þon fæste þæt hit fiolan ne mæg
155 eft æt his eðle þær þæt oðer fyr
up ofer eall þis eardfæst wunað.
Sona hit forlæteð þas lænan gesceaft
mid cele ofercumen, gif hit on cyððe gewit,
and þeah wuhta gehwilc wilnað þiderweard
160 þær his mægðe bið mæst ætgædre.
   "Þu gestaðoladest þurh þa strongan meaht,
weroda wuldor-cyning, wundorlice
eorðan swa fæste þæt hio on ænige
healfe ne heldeð; ne mæg hio hider ne þider
165 sigan þe swiðor þe hio symle dyde.
Hwæt, hi þeah eorðlices auht ne haldeð,
is þeah efn-eðe up and ofdune
to feallanne foldan ðisse,
þæm anlicost þe on æge bið
170 gioleca on middan, glideð hwæðre
æg ymbutan. Swa stent eall weoruld
stille on tille, streamas ymbutan,
lagu-floda gelac, lyfte and tungla,
and sio scire scell scriðeð ymbutan
175 dogora gehwilce, dyde lange swa.
   "Hwæt, þu, ðioda God, ðriefalde on us
sawle gesettest, and hi siððan eac
styrest and stihtest þurh ða strongan meaht,
þæt hire þy læsse on ðæm lytlan ne bið
180 anum fingre þe hire on eallum bið
þæm lic-homan. Forðæm ic lytle ær

and also hidden immobile in stones,
hard to see; yet it is there.
The father of angels has bound fire
so firmly that it cannot take itself
back to its homeland where that other fire   155
resides, settled up above all this.
It will immediately leave this transitory creation
overcome by cold if it departs to its homeland,
and yet each thing desires to go there
where most of its kindred is together.   160
   "You, king of hosts, through your strong
power, wonderfully established
the earth so firmly that it does not incline
to any side; nor can it sink further
this way or that more than it ever did.   165
Indeed though nothing earthly holds it,
it is as easy for this earth
to fall up as down,
very like the yolk which is
in the middle of the egg, and the egg however   170
glides about. So the whole world, the sea
round about, the commotion of the water, air,
and stars, stands still in its position,
and the bright shell turns about
each day, has done so for a long time.   175
   "God of nations, you established in us
a threefold soul and afterward also direct
and arrange it through your strong power
that there is no less of it in that one
little finger than there is of it in the   180
whole body. Indeed a little while ago I

sweotole sæde   þæt sio saul wære
þriefald gesceaft   þegna gehwilces,
forðæm uðwitan   ealle seggað

185 ðætte an gecynd   ælcre saule
irsung sie,   oðer wilnung.

Is sio ðridde gecynd   þæm twæm betere,
sio gescead-wisnes;   nis ðæt scandlic cræft,
forðæm hit nænig hafað   neat buton monnum.

190 Hæfð þa oðra twa   unrim wuhta;
hæfð þa wilnunga   welhwilc neten
and þa yrsunga   eac swa selfe.

Forðy men habbæð   geond middan-geard
eorð-gesceafta   ealla oferþungen,

195 forðæm ðe hi habbað,   þæs ðe hi nabbað,
þone ænne cræft   þe we ær nemdon.

Sio gescead-wisnes   sceal on gehwelcum
þære wilnunge   waldan semle
and irsunge   eac swa selfe;

200 hio sceal mid geþeahte   þegnes mode
mid andgyte   ealles waldan.

Hio is þæt mæste mægen   monnes saule
and se selesta   sundor-cræfta.

"Hwæt, þu ða saule,   sigora waldend,

205 þeoda þrym-cyning,   þus gesceope,
þæt hio hwearfode   on hire selfre
hire utan ymb,   swa swa eal deð
rine-swifte rodor,   recene ymbscriðeð
dogora gehwilce   drihtnes meahtum

210 þisne middan-geard.   Swa deð monnes saul,
hweole gelicost,   hwærfeð ymbe hy selfe,
oft smeagende   ymb ðas eorðlican

216

said clearly that in every human being
the soul was a threefold creature,
for all philosophers say
that one faculty of every soul   185
is irascibility, the second concupiscence.
The third faculty, reason, is
better than those two; that is not a virtue to be ashamed of,
because no animal has it except humans.
A countless number of creatures have the other two;   190
nearly every animal has concupiscence
and likewise irascibility.
Therefore human beings have surpassed all
earthly creatures throughout the world
because they have what the others have not,   195
that one virtue which we named before.
Reason must always control
concupiscence and likewise
irascibility in everyone;
with thought and sense it must   200
wholly control a man's mind.
It is the greatest strength and the best
of special faculties of a human being's soul.
     "Ruler of victories, mighty king of nations,
you so created the soul   205
to turn on itself,
round about itself, just as the whole swiftly
moving firmament does, quickly moves around
this world each day
by the Lord's powers. Thus does a man's soul,   210
very like a wheel, it revolves about itself,
often reflecting on these earthly

drihtnes gesceafta   dagum and nihtum.

Hwilum ymb hi selfe   secende smeað,

215　hwilum eft smeað   ymb þone ecan God,

sceppend hire.   Scriðende færð

hweole gelicost,   hwærfð ymb hi selfe.

Þonne hio ymb hire scyppend   mid gescead smeað,

hio bið up ahæfen   ofer hi selfe,

220　ac hio bið eallunga   an hire selfre,

þonne hio ymb hi selfe   secende smeað;

hio bið swiðe fior   hire selfre beneoðan,

þonne hio þæs lænan   lufað and wundrað

eorðlicu þing   ofer ecne ræd.

225　　"Hwæt, þu, ece God,   eard forgeafe

saulum on heofonum,   selest weorðlica

ginfæsta gifa,   God ælmihtig,

be geearnunga   anra gehwelcre.

Ealle hi scinað   ðurh þa sciran neaht

230　hadre on heofonum,   na hwæðre þeah

ealle efen-beorhte.   Hwæt, we oft gesioð

hadrum nihtum   þætte heofon-steorran

ealle efen-beorhte   æfre ne scinað.

Hwæt, þu, ece God,   eac gemengest

235　þa heofoncundan   hider wið eorðan,

saula wið lice;   siððan wuniað

þis eorðlice   and þæt ece samod,

saul in flæsce.   Hwæt, hi simle to ðe

hionan fundiað;   forðæm hi hider of ðe

240　æror comon,   sculon eft to ðe.

Sceal se lic-hama   last weardigan

eft on eorðan,   forðæm he ær of hire

creations of the Lord by day and night.
Sometimes as it probes, it thinks about itself,
sometimes again it thinks about the eternal God,   215
its creator. In moving it travels
very like a wheel, turning about itself.
When it thinks with proper understanding about its
creator, it is raised up above itself,
but it is entirely in itself   220
when as it probes it thinks about itself;
it is very far beneath itself
when it loves and marvels at these transitory
earthly things over eternal salvation.
    "Eternal God, you gave a territory   225
to the souls in heaven and, almighty God,
you give valuable and glorious gifts
to each according to his merit.
They all shine brightly in heaven
through the clear night, but yet not   230
all equally bright. Truly we often see
on clear nights that the heavenly stars
do not always shine equally bright.
Eternal God, you also mingle
the heavenly here with the earthly,   235
soul with body; afterward this earthly
and the eternal live together,
soul in body. They always strive
to go from here to you; indeed they came here
from you before, and must go back to you.   240
The body must remain behind
back on earth because it previously came from it,

weox on weorulde.   Wunedon ætsomne
efen swa lange   swa him lyfed wæs
245 from þæm ælmihtigan   þe hi æror gio
gesomnade;   þæt is soð cining.
Se þas foldan gesceop   and hi gefylde þa
swiðe mislicum,   mine gefræge,
neata cynnum,   nergend user.
250 He hi siððan asiow   sæda monegum
wuda and wyrta   weorulde sceatum.

     "Forgif nu, ece God,   urum modum
þæt hi moten to þe,   metod al-wuhta,
þurg þas earfoðu   up astigan,
255 and of þisum bysegum,   bilewit fæder,
þeoda waldend,   to ðe cuman
and þonne mid openum   eagum moten
modes ures   ðurh ðinra mægna sped
æ-welm gesion   eallra gooda
260 —þæt þu eart selfa   sige-drihten God—
ge þa eagan hal   ures modes,
þæt we hi on ðe selfum   siððan moten
afæsnian.   Fæder engla, todrif
þone þiccan mist   þe þrage nu
265 wið þa eagan foran   usses modes
hangode hwyle,   hefig and þystre.
Onliht nu þa eagan   usses modes
mid þinum leohte,   lifes waldend,
forðæm þu eart sio birhtu,   bilewit fæder,
270 soðes leohtes,   and þu selfa eart
sio fæste ræst,   fæder ælmihtig,
eallra soðfæstra.   Hwæt, þu softe gedest
þæt hi ðe selfne   gesion moten.

grew in the world. They stayed together
just as long as was allowed to them
by the almighty who previously   245
joined them; that is the true king.
He, our savior, created this earth
and then filled it with many different
kinds of animals, so I have heard.
Afterward he sowed it with many seeds,   250
trees and plants in the regions of the world.
    "Grant now to our minds, eternal God,
that they may rise up to you,
creator of all things, through these afflictions
and come to you away from these troubles,   255
merciful father, ruler of nations,
and then may see with the open
eyes of our minds through the working of
your powers the source of all good things
—which you yourself are, victorious God—   260
and [grant then to our minds] healthy eyes of our mind
that we may afterward fasten
them on you yourself. Father of angels, drive away
the thick mist which for a time now
has hung heavy and dark   265
in front of the eyes of our mind.
Illuminate now the eyes of our mind
with your light, ruler of life,
because you, merciful father, are the brightness
of true light and you yourself, almighty   270
father, are the firm resting place
of all the just. You easily bring it about
that they may see you yourself.

Þu eart eallra þinga,   þeoda waldend,
275   fruma and ende.   Hwæt, þu, fæder engla,
eall þing birest   eðelice
buton geswince.   Þu eart selfa weg
and latteow eac   lifgendra gehwæs
and sio wlitige stow   þe se weg to ligð,
280   þe ealle to   a fundiað
men of moldan   on þa mæran gesceaft."

Prose 20

Ða se Wisdom þa ðis leoð and þis gebed asungen hæfde, þa
ongan he eft spellian and þus cwæð: "Ic wene þæt hit sie nu
ærest þearf þæt ic ðe gerecce hwær þæt hehste good is, nu ic
ðe ær hæfde gereaht hwæt hit wæs, oððe hwylc þæt medeme
good wæs, hwelc þæt unmedeme. Ac anes þinges ic þe wolde
ærest ascian. Hwæðer þu wene þæt ænig þing on þisse wo-
rulde swa good sie þæt hit ðe mæge forgifan fulla gesælða?
Ðe ic ðe ascige þy ic nolde þæt unc beswice ænegu leas an-
licnes for soða gesælða. Forðy nan mon ne mæg oðsacan þæt
sum good ne sie þæt hehste, swa swa sum micel æwelm and
diop, and irnen mænege brocas and riða of. Forðy mon cwið
be sumum goode þæt hit ne sie ful good forðæm him bið
hwæshwugu wana; and þeah ne bið ealles butan, forðæm þe
ælc þing wyrð to nauhte gif hit nauht goodes on him næfð.

2   "Be þy ðu meaht ongitan þæt of þam mæstan goode
cumað þa læssan good, næs of ðæm læssan þæt mæste, þon

You, ruler of nations, are the beginning and
end of all things. Father of angels, you   275
easily sustain all things
without effort. You are yourself the way
and also the guide of every living thing
and the delightful place to which the way leads,
which everyone always strives toward,   280
people on earth striving for that glorious creation."

Prose 20

When Wisdom had sung this song and prayer, he began to
speak again and said as follows: "I think that it is now neces-
sary first for me to explain to you where the highest good is,
since I had explained to you before what it was, or which the
perfect good was, and which the imperfect. But I wanted to
ask you one thing first. Do you think that anything in this
world is so good that it can give you perfect felicity? I ask
you this because I would not want any false image to deceive
us in place of true felicity. No one can deny that one particu-
lar good is the highest, like a large and deep spring, and many
brooks and streams run from it. The reason why one says of
some good that it is not perfect good is that there is some-
thing lacking in it; and yet it is not wholly without it, since
everything comes to nothing if it has nothing good in it.

"From that you can perceive that from the greatest good   2
come the lesser goods, not the greatest from the lesser, any

ma þe sio ea mæg weorðan to æwelme. Ac se æwelm mæg
weorðan to ea, and þeah sio ea cymð eft to ðæm æwelme;
swa cymð ælc good of Gode and eft to him, and he is þæt
fulle god and þæt fullfremede þæt nanes willan wana ne bið.
Nu þu meaht sweotole ongitan þæt þæt is good self.

3   "Hwy ne meaht ðu geþencan, gif nanwuht full nære,
þonne nære nanwuht wana, and gif nanwuht wana nære,
þonne nære nanwuht full? Forþy bið ænig þing full þe sum
bið wana, forðy bið ænig þing wana ðe sum bið full; ælc þing
bið fullost on his agnum earda. Hwy ne meaht þu þonne
geðencan, gif on ænegum þissa eorðlicena gooda æniges wil-
lan and æniges goodes wana is, þonne is sum good full ælces
willan, and nis nanes goodes wana?" Ða andsworede ic and
cwæð: "Swiðe rihtlice and gesceadwislice þu hæfst me ofer-
cumen and gefangen þæt ic ne mæg no wiðcweðan ne furðum
ongean ðæt þencan, buton þæt hit is eall swa þu sægst."

4   Þa cwæð se Wisdom: "Nu ic wolde þæt ðu ðohte georn-
lice oðþæt ðu ongeate hwær sio fulle gesælð sie. Hu ne wast
þu nu ðætte eall moncyn is anmodlice geþafa þæt God is
fruma ealra gooda and waldend ealra gesceafta? He is þæt
hehste good, ne nænne mon nu þæs ne tweoð; forðæm þe hi
nauht niton betere, ne furðum nauht emngoodes. Forðæm
us sægð ælc gesceadwisnes and ealle men þæt ilce andetteð
þæt God sie þæt hehste good, forþæm þe hi tacniað þætte
eall good on him sien. Forðæm gif hit swa nære, þonne nære
he þæt þæt he gehaten is; oððe ænig þing ær wære oððe
æltæwre, þonne wære þæt betere þonne he. Ac forðæm þe
nan þing næs ær þonne he ne æltæwre þonne he ne dior-
wyrðre þonne he, forðæm he is fruma and æwelm and hrof
eallra gooda.

more than the river can become a spring. But the spring can become a river, and yet the river comes again to the spring; so comes every good from God and again to him, and he is the complete and perfect good, which is not lacking any desire. Now you can perceive clearly that that is good itself.

"Can you not perceive that if nothing was complete, then 3 nothing would be deficient, and if nothing was deficient then nothing would be complete? The reason why anything is complete is that something is deficient, and the reason why anything is deficient is that something is complete; each thing is most complete in its own territory. Can you not then recognize that if in any of these earthly goods there is a lack of any desire and good, then there exists some good that is full of every desire and not lacking in any good?" Then I answered and said: "Very justly and intelligently you have overcome and convinced me so that I cannot at all object nor even think of any counter, but it is all as you say."

Then Wisdom said: "Now I would like you to think care- 4 fully until you understand where perfect felicity is. Do you not know that all humankind unanimously acknowledges that God is the beginning of all good things and ruler of all creation? He is the highest good, and no one now doubts that; since they know nothing better, nor even anything equally good. All reason tells us, and all people confess the same, that God is the highest good, because they indicate that all good things are in him. If it was not so, then he would not be what he is called; or if anything was before him or more perfect, then it would be better than he is. But because nothing was prior to him or more perfect than him or more precious than him, therefore he is origin, source, and summit of all goods.

5 "Genog sweotol hit is ðæt þæt fulle good wæs ærðæm þe
þæt wana. Þæt is to gelefanne þæt se hehsta God sie ælces
godes fullast, þy læs we leng sprecen ymb þonne we ne þyr-
fen. Se ilca God is, swa swa we ær sædon, þæt hehste good
and þa selestan gesælða. Nu hit is openlice cuð þæt ða se-
lestan gesælða on nanum oðrum gesceaftum ne sint buton
on Gode." Þa cwæð ic: "Ic eom geþafa."

6 Ða cwæð he: "Ic þe healsige þæt ðu gesceadwislice þæt
ongite þætte God is full ælcere fullfremednesse and ælces
godes and ælcere gesælðe." Ða cwæþ ic: "Ic ne mæg fullice
ongitan forhwy ðu eft sægst þæt ilce þæt ðu ær sædest." Þa
cwæð he: "Forðy ic hit þe secge eft, þy ic nolde þæt ðu wende
þæt se God, þe fæder is and fruma eallra gesceafta, þæt him
ahwonan utan come his sio hea goodnes þe he full is. Ne ic
eac nolde þæt ðu wende þætte oðer wære his god and his
gesælð, oðer he self. Forðæm gif ðu wenst þæt him ahwonan
utan come þa good þe he hæfð, þonne wære þæt ðing betre
þe hit him from come þonne he, gif hit swa wære. Ac þæt is
swiðe dyslic and swiðe micel syn þæt mon þæs wenan scyle
be Gode, oððe eft wenan þæt ænig þing ær him wære oððe
betre ðonne he oððe him gelic. Ac we sculon bion geþafan
þætte se God sie ealra þinga betst.

7 "Gif þu nu gelyfst þætte an Gode sie, swa swa on mon-
num bið (oðer bið se mon, þæt bið saul and lichoma, oðer
bið his godnes, þa gegaderað God and ætgadre gehelt and
gemetgað), gif þu þonne gelefst þæt hit swa sie on Gode,
þonne scealt þu nede gelefan þæt sum anwald sie mara
þonne his, þæt þonne his swa gesomnige swa he þone urne
deð. Hwæt ælc þing þe tosceaden bið from oðrum bið oðer,
oðer þæt þing, þeah hi ætgædre sien. Gif þonne hwylc þing
tosceaden bið from þæm hehstan goode, þonne ne bið þæt

"It is clear enough that complete good existed before the 5
incomplete good. This is to be believed, that the highest
God is the most complete of all good, lest we speak longer
about this when we do not need to. The same God is, as we
said before, the highest good and the best felicity. Now it is
openly clear that the best felicity is in no other creatures but
in God." Then I said: "I acknowledge that."

Then he said: "I urge that you understand rationally that 6
God is full of every perfection and of every good and felic-
ity." Then I said: "I cannot fully understand why you say
again what you said before." Then he said: "I say it to you
again because I would not want you to think that God who
is father and origin of all creatures, that the high goodness
of which he is full came to him from anywhere outside him.
And I would not want you either to think that his goodness
and felicity were one thing and he himself another. If you
think that the good which he has came from anywhere out-
side him, then the thing which it came from would be better
than him, if it were so. But that is very foolish and a very
great error to think that about God, or again to think that
anything was prior to him, or better than or like him. But we
must acknowledge that God is the best of all things.

"If now you believe that it is in God as it is in human be- 7
ings (the man, that is soul and body, is one thing, his good-
ness is another, which God gathers and holds together and
governs), if then you believe that it is so in God, then you
must necessarily believe that there is some power greater
than his, which may unite that quality of his as he does ours.
Truly, everything that is distinguished from another is dif-
ferent from that thing, though they may be together. If then
any thing is distinguished from the highest good, then that

no þæt hehste good. Þæt is micel syn to geðencanne be Gode þætte ænig good sie buton on him oððe ænig from him adæled, forðæm þe nanwuht nis betre þonne he ne emngod him.

8   "Hwilc þing mæg bion betre þonne his sceppend? Forðæm ic secge mid ryhtre gesceadwisnesse þæt þæt sie þæt hehste good on his agenre gecynde þætte fruma is eallra þinga." Ða cwæð ic: "Þu hæfst me nu swiðe rihte ofer-reahtne." Þa cwæð he: "Hwæt ic þonne ær sæde þæt þæt hehste good and sio hehste gesælð an wære." Ða cwæð ic: "Swa hit is." Þa cwæð he: "Hwæt wille we þonne secgan hwæt þæt sie elles buton God?" Ða cwæð ic: "Ne mæg ic ðæs oðsacan, forðæm þe ic his wæs ær geþafa."

9   Ða cwæð he: "Hwæðer þu hit a sweotolor ongitan mæge gif ic þe sume bisne get ma secge? Gif nu tu good wæren þe ne meahton ætsomne bion and wæren þeah buto goode, hu ne wære hit þonne genog sweotol þæt hiora nære nauðer þæt oðer? Forðy ne mæg þæt fulle god bion no todæled. Hu mæg hit bion ægþer ge full ge wana? Forðæm we cweðað þæt sio fulle gesælð and God þæt hi sien an good, and þæt sie þæt hehste. Þa ne magon næfre weorðan todælede. Hu ne sculon we þonne nede bion geþafan þætte sio hehste gesælð and sio hea godcundnes an sie?" Þa cwæð ic: "Nis nan þing soðre þonne þæt. Ne magon we nanwuht findan medemre þonne God." Ða cwæð he: "Ac ic wolde giet sumre bisne þe behwerfan utan þæt þu ne meaht nænne weg findan ofer, swa swa uðwitena gewuna is, þæt hi willað simle hwæthwugu niwes and seldcuþes eowian, þæt hi mægen mid ðy aweccan þæt mod þara geherendra.

10   "Hu ne hæfdon we ær gereaht þæt ða gesælða and sio godcundnes an wære? Se þe þonne þa gesælða hæfð, þonne

is not the highest good. It is a great error to think about God that any good exists except in him or any is separated from him, since nothing is better than him or as good as him.

"What thing can be better than its creator? So I say with just reasoning that the thing which is the origin of all things is the highest good in its own nature." Then I said: "Now you have very justly corrected me." Then he said: "Indeed, I said then before that the highest good and the highest felicity were one thing." Then I said: "So it is." Then he said: "What then is that other than God, shall we say?" Then I said: "I cannot deny that, since I previously acknowledged it."

Then he said: "Would you be able to understand it more clearly if I give you another analogy? If now there were two goods that could not be together and yet were both good, would it not be clear enough that neither was the other? And so the complete good cannot be divided. How can it be both complete and deficient? Therefore we say that complete felicity and God are one good, and that is the highest. Those can never be separated. Must we not then necessarily acknowledge that the highest felicity and the high divinity are one?" Then I said: "There is nothing truer than that. We cannot find anything more perfect than God." Then he said: "But I would like still to encompass you with some analogy so that you could find no way out of it, as is the custom of philosophers, that they always want to show something new and strange, so that they can thereby awaken the minds of the listeners.

"Did we not previously explain that felicity and divinity were one? Then he who has felicity, he has both. Then he

hæfð he ægþer. Se þe þonne ægþer hæfð, hu ne bið se þonne
full eadig? Hu ne wast þu nu þæt we cweðað þæt se bio wis
þe wisdom hæfð and rihtwis þe rihtwisnesse hæfð? Swa we
cweðað eac þæt þæt sie god þe þa godcundnesse hæfð and
ða gesælða. Ælc gesælig bið god. And þeah is an God, se is
stemn and staðol eallra goda, and of þæm cumað eall good,
and eft hi fundiað to him, and he welt ealra. Þeah he nu sie
se fruma and se staðol ealra goodra and ealra gooda, þeah is
mænig good þe of him cymð, swa swa ealle steorran weorðað
onlihte and gebirhte of þære sunnan, sume þeah beorhtor,
sume unbeorhtor. Swa eac se mona, miclum he lyht swa sio
sunne hine gescinð; þonne hio hine ealne geondscinð, þonne
bið he eall beorht."

11   Ða ic þa þis spell ongeat, þa wearð ic agælwed and swiðe
afæred and cwæð: "Is þis la wundorlic and wynsum and
gesceadwislic spell þæt ðu nu sægst." Ða cwæð he: "Nis nan-
wuht wynsumre ne gewisre þonne þæt ðing þæt þis spell
ymbe is and we nu embe sprecan willað, forðæm me þincð
good þæt we hit gemengen to ðæm ærran." Ða cwæð ic:
"Hwæt is þæt la?"

12   Ða cwæð he: "Hwæt þu wast ðæt ic þe ær sæde þæt sio
soðe gesælð wære good and of þære soðan gesælðe cumað
eall ða oðru good þe we ær embe spræcon, and eft to, swa
swa of þære sæ cymð þæt wæter inon þa eorðan and þær
afercað, cymð þonne up æt þæm æwelme, wyrð þonne to
broce, þonne to ea, þonne andlang ea oð hit wyrð eft to sæ.

13   "Ac ic wolde þe nu ascian hu þu þis spell understanden
hæfde; hwæþer þu wene þæt þa fif good þe we oft ær ymbe
spræcon, þæt is anwald and weorðscipe and foremærnes and

who has both, does he not have perfect bliss? Do you not know now that we say that he who has wisdom is wise and he who has justice is just. So we say also that that which has divinity and felicity is a god. Every felicitous man is a god. There is though one God who is root and foundation of all good things, and from him come all good things and they direct their paths back to him again, and he rules them all. Though he is now the source and foundation of all good people and all good things, yet there is many a good that comes from him, just as all stars are illuminated and brightened from the sun, some though brighter, others less bright. So, too, the moon shines as much as the sun illuminates it; when the sun shines on all of it, then it is bright all over."

When I understood this speech, then I became overwhelmed and very frightened and said: "This is indeed a wonderful, delightful and intelligent speech that you have just spoken." Then he said: "There is nothing more delightful nor more certain than the thing which this discourse is about and which we now will discuss, since it seems good to me that we mix it with the earlier one." Then I said: "What then is that?"

Then he said: "Now you know that I told you before that the true felicity was good and from that true felicity come all the other goods which we spoke about, and back to it, just as from the sea comes the water within the earth and there nourishes it, then comes up at the spring, turns then into a brook, then to a river, then along the river until it becomes sea again.

"But I would like now to ask you how you understood this discourse, whether you think that the five kinds of good that we have often discussed before, that is power, honor, genyht and blis, ic wolde witan hwæðer ðu wende þæt þæs good wæren limu þære soþan gesælþe, swa swa monegu limu beoð on anum men, and weorðað þeah ealle to anum lichoman. Oððe þu wendest þæt hwylc an þara fif goda worhte þa soðan gesælðe, and siþþan ða feower good wæren hire good, swa swa nu saul and lichoma wyrcað anne mon, and se an mon hæfð mænig lim, and þeah to þæm twæm, þæt is to þære saule and to þæm lichoman, belimpað ealle þas þæs monnes good, ge gastlicu ge lichomlicu. Þæt is nu þæs lichoman good þæt mon sie fæger and strang and lang and brad and manegu oðru good eac þæm; and ne bið hit þeah se lichoma self, forðæm þeah he þara gooda hwylc forleose, þeah he bið þæt he æror wæs. Þonne is ðære saule good wærscipe and gemetgung and geþyld and rihtwisnes and wisdom and manega swelce cræftas, and swa þeah bið oþer sio saul, oðer bioð hire cræftas."

14   Ða cwæð ic: "Ic wolde þæt ðu me sædest geot sweotolor ymb þa oðru good þe to ðære soðan gesælðe belimpað." Ða cwæð he: "Ne sæde ic þe ær þæt sio gesælð good wære?" "Gise," cwæð ic, "þu þæt sædest þæt hio þæt hehste good wære." Ða cwæð he: "Eart þu nu get geþafa þætte anweald and weorðscipe and foremærnes and genyht and blis and sio eadignes and þæt hehste god, þæt ða sien ealle an, and þæt an þonne sie God?" Ða cwæð ic: "Hu wille ic nu þæs oðsacan?" Ða cwæð he: "Hwæþer þincð þe þonne þæt þa þincg sien ðe ðara soðena gesælða limu þe sio gesælð self?" Ða cwæð ic: "Ic wat nu hwæt þu woldest witan. Ac me lyste bet þæt ðu me sæde sume hwile ymb þæt þonne þu me ascode."

15   Þa cwæð he: "Hu ne meaht þu geðencan, gif þa good

fame, sufficiency, and joy, I would like to know whether you thought that these goods were limbs of the true felicity, just as many limbs are in one man, and yet make up all one body. Or whether you thought that some one of the five kinds of good made the true felicity, and then the four goods were its good, just as now soul and body make one man and the one man has many limbs, and yet to those two, that is to the soul and the body, belong all the man's goods, both spiritual and physical. Now the body's good is that a man is fair, strong, tall and broad, and many other goods in addition to those; and yet it is not the body itself, since though the body should lose any of those goods it will still be what it was before. Then the soul's good is prudence, moderation, patience, justice, wisdom, and many such virtues, and yet the soul is one thing and the virtues another."

Then I said: "I would like you to tell me still more clearly 14 about the other goods that belong to true felicity." Then he said: "Did I not tell you before that felicity was good?" "Yes," I said, "you said that it was the highest good." Then he said: "Do you yet acknowledge that power, honor, fame, sufficiency, joy, blessedness, and the highest good, that those are all one, and that that one then is God?" Then I said: "How will I now deny that?" Then he said: "Does it seem to you that those things are the limbs of the true felicity or felicity itself?" Then I said: "I know now what you would like to know. But I would like it better if you talked to me further about that rather than asked me."

Then he said: "Can you not perceive that if those goods 15

wæron þære soþan gesælðe limu, þonne wæron hi hwæt-
hwugu todæled, swa swa monnes lichoman limu bioð hwæt-
hwugu todæled? Ac þara lima gecynd is þæt hi gewerceað
ænne lichoman, and þeah ne bioð eallunga gelice." Þa cwæð
ic: "Ne þearft þu ma swincan ymbe þæt. Genog sweotole ðu
hæfst me gesæd þæt ða good ne sint nanwuht todæled from
ðære soðan gesælþe." Þa cwæð he: "Genog rihte þu hit on-
gitst, nu þu ongitst þæt þa good ealle sint þæt ilce þæt gesælð
is, and sio gesælð is ðæt hehste good and þæt hehste good is
God and se God is semle on anum untodæled." Ða cwæð ic:
"Nis þæs nan tweo. Ac ic wolde nu þæt ðu me sæde hwæt-
hwugu uncuðes."

16   Ða cwæð he: "Þæt is nu sweotol þætte eall þa good þe we
ær ymbe spræcon belimpað to ðæm hehstan goode, and þi
men secað god genog þe hi wenað þæt ðæt sie þæt hehste
good. Þy hi secað anwald and eac eall þa oðru good þe we ær
ymb spræcon ðy hi wenað þæt hit sie þæt hehste good. Be þy
þu meaht witan þæt þæt hehste good is hrof eallra ðara oðra
gooda þe men wilniað and hi lyst, forðæm þe nænne mon ne
lyst nanes þinges buton goodes oððe hwæshwugu þæs ðe
goode gelic bið. Maniges þinges hi wilniað þæs ðe full good
ne bið, ac hit hæfð þeah hwæthwugu gelices goode.

17   "Forðæm we cweðað þæt þæt hehste good sie se hehsta
hrof eallra gooda, and sio hior ðe ealla good on hwearfað,
and eac ðæt þing þe mon eall good fore deð. For ðæm þinge
men lyst ælces þara gooda þe hi lyst. Þæt þu meaht swiðe
sweotole ongitan be þæm þe nænne mon ne lyst þæs þinges
þe hine lyst ne þæs þe he deð, ac þæs þe he mid ðæm earnað,
forðæm ðe he wenð, gif he þone lust begite and þæt þurhtio
þæt he þonne getiohhad hæfð, þæt he þonne hæbbe fulle

were limbs of the true felicity, then they would be somewhat divided, just as the limbs of a man's body are somewhat divided? But the nature of limbs is that they make up one body and yet are not all alike." Then I said: "You need not trouble yourself any more about that. You have told me clearly enough that the goods are not at all separated from the true felicity." Then he said: "You understand it rightly enough, now you understand that those goods are all the same thing that felicity is, and felicity is the highest good and the highest good is God and God is continually in undivided unity." Then I said: "There is no doubt about that. But I would like you now to tell me something that I don't know already."

Then he said: "It is now clear that all the goods that we 16 discussed before belong to the highest good, and the reason why people look for sufficiency is that they think that that is the highest good. The reason why they look for power and also all the other goods that we discussed before is that they think that it is the highest good. From that you can recognize that the highest good is the summit of all the other goods which people look for and like, since no one likes anything other than the good or something that is like the good. They desire many a thing that is not complete good, but nevertheless has something similar to good.

"And so we say that the highest good is the highest summit 17 of all goods, and the hinge on which all goods turn, and also the thing for which people do all good. For the sake of that thing people desire all the things that they desire. You can very clearly understand that from the fact that no one desires the thing that he desires or that he does, but he desires what he gains by it, since he thinks that if he gets that desire and achieves that which he has then planned, he will

gesælða. Hu ne wast þu nu þæt nan mon forðy ne rit þe hine ridan lyste, ac rit for ðy þe he mid ðære rade earnað sume earnunga? Sume mid þære rade earniað þæt hie sien þy halran, sume earniað þæt hi sien ðy cafran, sume þæt hy woldon cuman to sumre þara stowa þe hi þonne to fundiað.

18   "Hu ne is ðe þonne genog sweotol þætte men nanwuht swiðor ne lufiað þonne hi doð þæt hehste god? Forðæm þe ælc wuht þæs ðe hi wilniað oððe doð, hi doð forþy þe hi woldon habban þæt hehste good on ðæm. Ac hi dwoliað sume on ðæm þe hi wenað ðæt hi mægen habban full god and fulla gesælða on þisum andweardum godum. Ac þa fullan gesælða and þæt hehste good is God self, swa swa we oft ær sædon." Þa cwæð ic: "Ne mæg ic no geþencan hu ic þæs oðsacan mæge." Ða cwæð he: "Uton lætan þonne bion þa spræce and bion unc ðæs orsorge, nu ðu swa fullice ongiten hæfst þætte God simle bið untodæledlic and full good, and þæt his good and sio his gesælð him nahwonan utane ne com, ac wæs symle on him selfum and nu is and a bið." Ða se Wisdom þa ðis spell asæd hæfde, þa ongan he eft singan and þus cwæð:

Meter 21

"Wella, monna bearn   geond middan-geard,
friora æghwilc   fundie to þæm
ecum gode   þe we ymb sprecað
and to þæm gesælðum   þe we secgað ymb.

have complete felicity. Do you not know that no one rides because he desires to ride, but rides because he desires something he wants by that riding? Some desire by that riding that they may be the healthier, some desire that they may be the fitter, some that they would come to one of the places that they are aiming for at that time.

"Is it not clear enough to you that people love nothing 18 more strongly than the highest good? Everything that they desire or do, they do because they would like to have the highest good in that. But they err, some of them, in that they think that they would be able to have complete good and complete felicity in these temporal goods. But the complete felicity and the highest good is God himself, as we often said before." Then I said: "I cannot think at all how I can deny that." Then he said: "Let us then leave the discussion and be untroubled about it, now that you have so fully understood that God is always indivisible and complete good, and that his goodness and his felicity did not come from anywhere outside himself but was always in him and now is and always will be." When Wisdom had spoken this speech, he began to sing again and said as follows:

Meter 21

"You people throughout the world,
let each free person strive for the
eternal good that we are speaking about
and for those joys that we talk about.

5   Se ðe þonne nu sie   nearwe gehefted
       mid þisses mæran   middan-geardes
       unnyttre lufe,   sece him eft hræðe
       fulne friodom,   þæt he forð cume
       to þæm gesælðum   saula rædes.
10   Forþæm þæt is sio an rest   eallra geswinca,
       hyhtlicu hyð   heaum ceolum
       modes usses,   mere-smylta wic.
       Þæt is sio an hyð   þe æfre bið
       æfter þam yðum   ura geswinca,
15   ysta gehwelcre,   ealnig smylte.
       Þæt is sio frið-stow   and sio frofor an
       eallra yrminga   æfter þissum
       weoruld-geswincum.   Þæt is wynsum stow
       æfter þyssum yrmðum   to aganne.
20   "Ac ic georne wat   þætte gylden maðm,
       sylofren sinc-stan,   searo-gimma nan,
       middan-geardes wela   modes eagan
       æfre ne onlyhtað,   auht ne gebetað
       hiora scearpnesse   to þære sceawunga
25   soðra gesælða,   ac hi swiðor get
       monna gehwelces   modes eagan
       ablendað on breostum,   þonne hi hi beorhtran gedon.
       Forðæm æghwilc ðing   þe on þys andweardan
       life licað   lænu sindon,
30   eorðlicu þing   a fleondu.
       Ac þæt is wundorlic   wlite and beorhtnes
       þe wuhta gehwæs   wlite geberhteð
       and æfter þæm   eallum wealdeð.
       Nele se waldend   ðæt forweorðan scylen
35   saula ussa,   ac he hi selfa wile

Then he who is now closely imprisoned 5
by vain love of this glorious
world, let him quickly strive for full
freedom for himself again, so that he may come henceforth
to the joys of the salvation of souls.
That is the one resting place of all efforts, 10
the hoped-for harbor for the tall ships
of our minds, the water-calm refuge.
That is the one harbor which is always
consistently calm after the waves
of our efforts, after each storm. 15
That is the place of refuge and the one comfort
for all wretches after these
worldly troubles. That is a pleasant place
to have after these miseries.
    "But I know for sure that golden treasure, 20
jewels made of silver, precious gems,
the wealth of the world, never illuminate
the eyes of the mind, nor improve at all
their sharp-sightedness in the scrutiny
of true joys, but they blind still 25
further the eyes of the mind for everyone
in his heart rather than making them brighter.
For all things which are pleasing in this
present life are transitory,
earthly things always fleeting. 30
But that is a wonderful beauty and brightness
which brightens the appearance of every creature
and rules all things after that.
That ruler does not wish our souls
to have to perish but he himself, ruler 35

leoman onlihtan,   lifes wealdend.
Gif þonne hæleða hwilc   hlutrum eagum
modes sines   mæg æfre ofsion
hiofones leohtes   hlutre beorhto,
40   þonne wile he secgan   þæt ðære sunnan sie
beorhtnes þiostro   beorna gehwylcum
to metanne   wið þæt micle leoht
Godes ælmihtiges,   þæt is gasta gehwæm
ece butan ende   eadegum saulum."

Prose 21

Ða se Wisdom ða ðis leoð asungen hæfde, þa cwæð ic: "Ic
eom geþafa þæs þe þu sægst, forðæm þe þu hit hæfst geseðed
mid gesceadwislicere race." Ða cwæð he: "Mid hu micle feo
woldest þu nu habban geboht þæt þu meahte ongitan hwæt
þæt soðe god wære and hwylc hit wære?" Ða cwæð ic: "Ic
wolde fægnian mid swiðe ungemetlice gefean, and ic wolde
mid unarimedum fio gebycgan þæt ic hit moste gesion." Ða
cwæð he: "Ic hit þe þonne wille getæcan, ac þæt an ic þe be-
biode þæt þu þeah for ðære tæcinge ne forgite þæt þæt ic ðe
ær tæhte." Ða cwæð ic: "Nese, ne forgite ic hit no."

2   Ða cwæð he: "Hu ne sædon we þe ær þæt þis andwearde
lif þe we her wilniað nære no þæt hehste good, forðæm hit
wære mislic and on swa manigfeald todæled þæt hit nan
mon ne mæg eall habban þæt him ne sie sumes þinges wana?
Ic ðe tæhte þa þætte ðær wære ðæt hehstæ god þær þær þa
good gegadrade bioð, swelce hi sien to anum wegge gegoten.

of life, wishes to illuminate them with light.
If, then, anyone can ever look upon
the pure brightness of heaven's light
with the clear eyes of his mind,
then he will say that to everyone   40
the brightness of the sun is darkness
compared with the great light
of God almighty, which is eternal without end
for every spirit, for the blessed souls."

Prose 21

When Wisdom had sung this song, I said: "I acknowledge
what you say, because you have proved it with rational argu-
ment." Then he said: "How much money would you now
have paid so that you could understand what the true good
was and which it was?" Then I said: "I would rejoice with im-
measurable joy, and I would pay countless treasure so that I
might see it." Then he said: "Then I will show it to you, but I
command one thing of you, that you not forget what I taught
you before on account of that teaching." Then I said: "No, I
will not forget it."

Then he said: "Did we not say to you before that this   2
present life which we pursue here was not the highest good,
because it was varied and divided into so many parts that
no one can have all of it without there being for him a lack
of something? I taught you then that the highest good was
in the place where those goods are gathered together, as if

Þonne þær bið full good þonne þa good eall þe we ær ymb spræcon beoð to anum gegadrad. Þonne ne biþ þær nanes goodes wana, þonne þa good ealle on annesse bioð, and sio annes bið on ecnesse. Gif hi on ecnesse næren, þonne nære hiora swa swiðe to girnanne." Ða cwæð ic: "Þæt is gesæd; ne mæg ic no þæs twiogean."

3   Þa cwæð he: "Ær ic þe hæfde gesæd þæt þæt nære full good þæt eall ætgædere nære, forðæm is þæt fulle good þæt eall ætgædre is untodæled." Ða cwæð ic: "Swæ me ðincð." Ða cwæð he: "Wenstu nu þæt eall ða þing ðe gode sint on þisse weorulde forðy goode sien þe hi hæbben hwæthwugu goodes on him?" Ða cwæð ic: "Hwæs mæg ic elles wenan? Hu ne is hit swa?" Ða cwæð he: "Þu scealt þeah gelyfan ðæt sio annes and sio goodnes an ðing sie." Ða cwæð ic: "Ne mæg ic þæs oðsacan." Þa cwæð he: "Hu ne meaht þu geþencan þæt ælc þing mæg bion, ge on þisse weorulde ge on þære toweardan, þa hwile þe hit untodæled bið? Þonne ne bið hit eallunga swa swa hit ær wæs." Þa cwæð ic: "Sege me þæt sweotolor. Ne mæg ic fullice ongitan æfter hwam þu spyrast."

4   Ða cwæð he: "Wast þu hwæt mon sie?" Ða cwæð ic: "Ic wat þæt hit bið sawl and lichoma." Þa cwæð he: "Hwæt þu wast þæt hit bið mon þa hwile þe sio saul and se lichoma untodælde bioð. Ne bið hit nan mon siððan hi todælde bioð. Swa eac se lichoma bið lichoma þa hwile þe he his limu ealle hæfð. Gif he þonne hwilc lim forlyst, þonne ne bið he eall swa he ær wæs. Þæt ilce þu meaht geþencan be ælcum þinge, þæt nan þing ne bið swilce hit wæs siððan hit wanian onginð." Ða cwæð ic: "Nu ic hit wat." Ða cwæð he: "Wenst þu hwæðer ænig gesceaft sie þe hire willum nylle ealne weg bion, ac wille hire agnum willum forweorðan?"

they are poured into one mass. There is complete good there when all the goods that we discussed are combined into one. There will be no lack of good there when all the goods are in unity, and the unity is in eternity. If they were not in eternity, then they would not be so greatly to be desired." Then I said: "That is said; I cannot doubt that at all."

Then he said: "I had told you before that that which was 3 not all together was not complete good, because that is complete good which is all together and undivided." Then I said: "So it seems to me." Then he said: "Do you think now that all the things which are good in this world are good because they have something good in them?" Then I said: "What else can I think? Is it not so?" Then he said: "You must however believe that unity and goodness are one thing." Then I said: "I cannot deny that." Then he said: "Can you not perceive that each thing can exist, both in this world and in the next, as long as it is undivided? After that it is not entirely as it was before." Then I said: "Tell me that more clearly. I cannot fully understand what you are aiming at."

Then he said: "Do you know what a human being is?" 4 Then I said: "I know that it is soul and body." Then he said: "Indeed you know that it is a human being as long as the soul and body are undivided. It is not a human being after they are divided. So also the body is body as long as it has all its limbs. If it loses any limb then it is not just as it was before. You can understand the same about everything, that nothing is such as it was after it begins to become less." Then I said: "Now I see it." Then he said: "Is there any creature, do you think, which by its own will does not always wish to exist, but would want to perish by its own will?"

5   Ða cwæð ic: "Ne mæg ic nane cwuce wuht ongitan þara
þe wite hwæt hit wille oððe hwæt hit nylle, þe ungened lyste
forweorðan. Forðæm þe ælc wuht wolde bion hal and libban,
þara þe me cwuco ðincð, bute ic nat be treowum and wyr-
tum and be swelcum gesceaftum swelce nane sawle nabbað."
Ða smearcode he and cwæð: "Ne þearft þu no be þæm
gesceaftum tweogan þon ma þe be ðæm oðrum. Hu ne
meaht þu gesion þæt ælc wyrt and ælc wudu wile weaxan on
þæm lande selest þe him betst gerist and him gecynde bið
and gewunlic, and þær þær hit gefret þæt hit hraðost weaxan
mæg and latost wealowian? Sumra wyrta oððe sumes wuda
eard bið on dunum, sumra on merscum, sumra on morum,
sumra on cludum, sumra on barum sondum. Nim ðonne swa
wudu swa wyrt swa hwæðer swa þu wille of þære stowe þe
his eard and æþelo bið on to wexanne, and sete on unge-
cynde stowe him; þonne ne gegrewð hit þær nauht ac
forsearað. Forðæm ælces landes gecynd is þæt him gelica
wyrta and gelicne wudu tydre, and hit swa deð; friðað and
fyrðrað swiðe georne swa lange swa hiora gecynd bið þæt hi
growen moton.

6   "Hwæt wenst þu forhwy ælc sæd creope inon þa eorðan
and to ciðum and to wyrtrumum weorðe buton forðy þe hi
tiohhiað þæt se stemn and se helm mote þy fæstor and þe
leng stondan? Hwy ne meaht þu ongitan, þeah þu hit gesion
ne mæge, þæt eall se dæl se ðe þæs treowes on twelf monðum
gewexð, þæt he onginð of þæm wyrtrumum and swa up-
weardes grewð oð ðone stemn and siððan andlang þæs piðan
and andlang þære rinde oð ðone helm and siððan æfter þæm
bogum oððæt hit ut aspringeð on leafum and on blostmum
and on bledum? Hwi ne meaht þu ongitan þætte ælc wuht
cwuces bið innanweard hnescost and unbrocheardost?

Then I said: "I cannot think of any living creature among 5 those which know what they do or don't want, that wishes to perish if not compelled. Every creature would want to be sound and to live, of those that seem to me alive, but I do not know about trees and plants and such creatures as have no soul." Then he smiled and said: "You don't need to be doubtful at all about those creatures any more than about the others. Can you not see that every plant and tree wants most to grow on the land that best suits it and is natural and customary for it, and where it feels that it can grow most quickly and fade most slowly? Some plants and trees have their home on hills, some in marshes, some on moors, some on rocks, some on bare sand. Then take the tree or plant, whichever you will, from the place in which its home and origin for growing are, and place it in a habitat that is un-natural to it; then it will not grow there at all, but wither. It is the nature of every kind of land that it nurtures similar plants and trees, and it does so; it protects and advances them very keenly for as long as it is their nature that they may grow.

"Why, do you think, does each seed creep within the 6 earth and develop into shoots and roots if not because they intend that the stem and crown may be allowed to stand the firmer and longer? Can you not perceive, though you can-not see it, that all the part of the tree that grows in twelve months begins from the roots and so grows upward to the stem and then along the pith and along the bark as far as the crown and then along the branches until it shoots out in leaves, flowers, and fruits? Can you not understand that every living creature is softest and most delicate within?

Hwæt þu meht gesion hu þæt treow bið utan gescerped and bewæfed mid þære rinde wið ðone winter and wið ða stearcan stormas and eac wið þære sunnan hæto on sumera.

7 "Hwa mæg þæt he ne wundrie swelcra gesceafta ures scyppendes, and huru þæs scyppendes? And þeah we his nu wundrigen, hwilc ure mæg areccan medemlice ures scyppendes willan and anwald, hu his gesceafta wexað and eft waniað þonne þæs tima cymð, and of hiora sæde wiorðað eft geedniwode swylce hi þonne weorðen to edsceafte? Hwæt hi þonne eft bioð and eac hwæthwugu anlice bioð swilce hi a bion, forðæm hi ælce geare weorðað to edsceafte.

8 "Hwæþer þu giet ongite þæt ða uncweðendan gesceafta wilnodon to bionne on ecnesse swa ilce swa men gif hi meahten? Hwæðer þu nu ongite forhwy þæt fyr fundige up and sio eorðe ofdune? Forhwy is þæt buton forþy ðe God gesceop his eard up and hire ofdune? Forðy fundiað ælc gesceaft þider swiðost þider his eard and his æþelo swiðost bioð, and flihð þætte him wiðerweard bið and ungebyrde and ungelic. Hwæt þa stanas, forðæm hi sint stillre gecynde and heardre, bioð earfoðe to tedælenne, and eac uneaðe to-somne cumað gif hi todælde weorðað. Gif þu þonne ænne stan toclifst, ne wyrð he næfre gegadrod swa he ær wæs. Ac þæt wæter and sio lyft bioð hwene hnescran gecynde; hi bioð swiðe eðe to tedælenne ac hi bioð eft sona ætgædre. Þæt fyr þonne ne mæg næfre weorðan todæled.

9 "Ic sæde þeah nu hwene ær þætte nanwuht his agenum willum nolde forweorðan, ac ic eom nu ma ymb ðæt gecynd þonne ymb ðone willan, forðæm hi hwilum willað on tu. Þu meaht witan be manegum þingum þæt þæt gecynd is swiðe micel. Is þæt formicel gecynd ðæt urum lichoman cymð eall his mægen of ðæm mete þe we þiggað, þeah færð se mete ut

Truly you can see how the tree is on the outside clothed and wrapped with the bark against the winter and fierce storms and also against the sun's heat in summer.

"Who can not wonder at such works of our creator, and 7 indeed at the creator? And although we now wonder at him, which of us can understand perfectly our creator's will and power, how his creatures grow and wane again when the time for it comes, and become renewed again from their seed as if they then come to re-creation? Truly they then exist again and also are somewhat like what they always are, since they come to rebirth each year.

"Do you yet perceive that unspeaking creatures would 8 desire to exist in eternity just as much as humans if they could? Do you now understand why the fire tries to go up and the earth down? Why is that but because God created that one's home up and this one's down? For that reason each creature tries hardest to go to where its home and origin most are, and flees that which is averse to it and unfitting and dissimilar. Indeed, the rocks, because they are of an unmoving and hard nature, are difficult to separate, and also come together with difficulty if they are divided. If you then split a stone, it will never be assembled as it was before. But water and air are of somewhat softer nature; they are very easy to divide but they are immediately together again. Fire then cannot ever be divided.

"I said now a little earlier that nothing would want to 9 perish by its own will, but I am now more concerned with nature than the will, since they sometimes want different things. You can understand with many things that nature is very powerful. It is a very powerful process that all the strength comes into our body from the food that we eat, þurh þone lichoman. Ac his swæc ðeah and his cræft gecymð on ælcre ædre, swa swa mon meolo seft. Ðæt meolo ðurgcrypð ælc ðyrel and þa syfeða weorðað asyndred. Swa eac ure gast bið swiðe wide færende urum unwillum and ures ungewealdes for his gecynde, nalles for his willan. Þæt bið þonne þonne we slapað.

10 "Hwæt þa nytenu ðonne and eac þa oðra gesceafta ma wilniað þæs þe hi wilniað for gecynde ðonne for willan. Ungecyndelic is ælcre wuhte þæt hit wilnige frecennesse oððe deaðes, ac þeah mænig þing bið to þæm gened þæt hit wilnað þara ægðres, forðæm se willa bið þonne strengra þonne þæt gecynd. Hwilum bið se willa swiðra þonne þæt gecynd, hwilum ðæt gecynd ofercymð þone willan. Swa nu wrænnes deð; sio bið ælcum men gecynde, and hwilum þeah hire bið forwerned hire gecyndes þurh þæs monnes willan. Eall sio lufu þæs hæmedþinges bið for gecynde nales for willan.

11 "Be þæm þu meaht openlice witan þæt se sceppend ealra gesceafta hæfð forgifen ænne lust and an gecynd eallum his gesceaftum, þæt is þæt hi woldon a bion. Ælcre wuhte is gecynde þæt hit wilnige ðæt hit a sie be þæm dæle þe hit his gecynde healdan mot and mæg. Ne þearft ðu no tweogan ymbe þæt þe þu ær tweodest, þæt is be þam gesceaftum þe nane sawle nabbað. Ælc þara gesceafta þe sawlæ hæfð, ge eac þa þe nabbað, willniað simle to bionne." Ða cwæð ic: "Nu ic ongite þæt ðæt ic ær ymbe tweode, þæt is þæt ælc gesceaft wilnað symle to bionne. Þæt is swiðe sweotol on ðære tidringe." Þa cwæð he: "Hwæþer þu þonne ongite þæt ælc þara wuhta þe him beon þencð, þæt hit þencð ætgædere

and yet the food passes out through the body. But its taste and power nevertheless comes into every vein, just as flour is sifted. The flour creeps through every hole and the siftings are separated. So too our spirit wanders very widely without our will and our control because of its nature, not because of its will. That is when we are asleep.

"Indeed animals then and also other creatures desire what they desire more out of nature than out of will. It is unnatural for every creature to desire danger or death, but yet many a thing is driven to the point that it desires one of those two, since the will is then stronger than nature. Sometimes the will is stronger than nature, sometimes nature overcomes the will. So now does lust; it is natural to every human being, and yet sometimes it is prevented from exercising its nature through the person's will. All the love of sexual activity is on account of nature not will.

"From that you can clearly understand that the creator of all creation has granted one desire and one nature to all his creation, that is that they would wish always to exist. For each thing it is natural that it should desire always to exist to the extent that it may and can preserve its nature. You need not doubt at all about what you doubted before, that is about the things in creation that have no soul. All the created things that have souls, and also those which do not have them, desire always to exist." Then I said: "Now I understand what I previously had doubts about, that is that every created thing desires always to exist. That is very clear in procreation." Then he said: "Do you then understand that every created thing that intends to exist, intends to exist

bion, gehal, untodæled? Forðæm gif hit todæled bið, þonne
ne bið hit no hal." Ða cwæð ic: "Þæt is soð." Ða cwæð he:
"Eall þing habbað þeah ænne willan, ðæt is ðæt hi woldon a
bion. Þurh þone ænne willan hi wilniað ðæs anes goodes þe a
bið, þæt is God." Ða cwæð ic: "Swa hit is swa ðu sægst."

12 Ða cwæð he: "Hwæt þu meaht openlice ongitan þæt ðæt
is forinlice good þing þe ealle wuhta and ealle gesceafta
wilniað to habbane." Ða cwæð ic: "Ne mæg nan mon soðre
secgan, forðæm ic ongite þæt ealla gesceafta toflowen swa
swa wæter, and nane sibbe ne nane endebyrdnesse ne heol-
den, ac swiðe ungereclice toslupen and to nauhte wurden,
swa swa we lange ær sædon on ðisse ilcan bec, gif hi næfdon
ænne God þe him eallum stiorde and racode and rædde. Ac
nu forþam ðe we witon þæt an wealdend is eallra þinga, we
sculon beon nede geþafan, sam we willan sam we nyllan, þæt
he sie se hehsta hrof eallra goda."

13 Þa smearcade he wið min and cwæð: "Ea min cild ea,
hwæt þu eart swiðe gesælig and ic swiðe bliðe for ðinum
andgite. Swiðe neah þu ongeate þa þæt riht and þæt ilce þæt
þu ær sædest þæt ðu ongiton ne mihtest, þæs þu wære nu
geþafa." Ða cwæð ic: "Hwæt wæs þæt þæt ic ær sæde þæt ic
nesse?" Ða cwæð he: "Nu þu sædest þæt ðu nesse ælcre
gesceafte ende, ac wite nu þæt þæt is ælcre gesceafte ende
þæt ðu self ær nemdest, þæt is God; to þam fundiað ealla
gesceafta. Nabbað hi nan god ofer þæt to secanne, ne hi nan-
wuht ne magon ne ufor ne utor findan." Ða he þa þis spell
asæd hæfde, þa ongan he eft singan and þus cwæð:

together, whole, undivided? If it is divided, then it is not whole." Then I said: "That is true." Then he said: "All things have however one desire, that is that they would always exist. Through that one desire they desire the one good which always exists, that is God." Then I said: "It is as you say."

Then he said: "Indeed you can clearly understand that 12 what all things and all creatures desire to have is essentially good." Then I said: "No one can say anything truer. I understand that all creatures would flow apart like water, and would keep no harmony or order, but slide around without control and come to nothing, as we said long before in this same book, if they did not have one God who ruled, governed and controlled them all. But now because we know that there is one ruler of all things, we must needs acknowledge, whether we wish to or not, that he is the highest summit of all goods."

Then he smiled at me and said: "My child, truly you are 13 very blessed and I am very joyful at your insight. You very nearly understood what is right then, and you just now acknowledged the very thing which you said before that you could not understand." Then I said: "What was that which I said before that I didn't know?" Then he said: "You said just now that you did not know the end of every creature, but know now that the end of every creature is that which you yourself named previously, that is, God; to that all creatures tend. They have no good beyond that to look for, nor can they find anything above or beyond that." When he had spoken this speech, he began to sing again and said as follows:

Meter 22

"Se þe æfter rihte   mid gerece wille
inweardlice   æfterspyrian,
swa deoplice   þæt hit todrifan ne mæg
monna ænig   ne amerran huru
5   ænig eorðlic ðincg,   he ærest sceal
secan on him selfum   þæt he sume hwile
ymbutan hine   æror sohte.
Sece þæt siððan   on his sefan innan
and forlæte an   swa he oftost mæge
10   ælcne ymbhogan,   ðy him unnet sie,
and gesamnige,   swa he swiðost mæge,
ealle to þæm anum   his in-geðonc;
gesecge his mode   þæt hit mæg findan
eall on him innan   þæt hit oftost nu
15   ymbutan hit   ealneg seceð,
gooda æghwylc.   He ongit siððan
yfel and unnet   eal þæt he hæfde
on his incofan   æror lange,
efne swa sweotole   swa he on þa sunnan mæg
20   eagum andweardum   on locian,
and he eac ongit   his in-geþonc
leohtre and berhtre   þonne se leoma sie
sunnan on sumera,   þonne swegles gim,
hador heofon-tungol,   hlutrost scineð.
25   "Forðæm þæs lic-homan   leahtras and hefignes
and þa unþeawas   eallunga ne magon
of mode ation   monna ænegum
rihtwisnesse,   ðeah nu rinca hwæm

Meter 22

"He who wishes to inquire
after what is right, inwardly with due order,
so deeply that no man
can drive it away nor indeed any earthly
thing hinder it, he must first   5
search in himself for what he earlier at one
time sought outside himself.
Let him look for it then within his mind
and abandon as often as he can
each anxiety, which is useless for him,   10
and let him gather his thoughts
as best he can wholly on that one thing;
let him say to his mind that it can find
everything, each good, within himself
which it now very often consistently looks for   15
outside itself. Afterward he will perceive
all that he had in his heart
for a long time before to be evil and pointless,
just as clearly as he can look
at the sun with his actual eyes,   20
and he also perceives his thoughts to be
lighter and brighter than is the radiance
of the sun in summer, when the jewel of the sky,
clear heavenly star, shines most brightly.
    "For the sins, heaviness, and vices   25
of the body cannot wholly
remove righteousness from any
person's mind, though now the sins,

þæs lic-homan   leahtras and hefignes
30   and unþeawas   oft bysigen
monna mod-sefan   mæst and swiðost
mid þære yflan   oforgiotolnesse,
mid gedwol-miste   dreorigne sefan
fortihð mod foran   monna gehwelces,
35   þæt hit swa beorhte ne mot   blican and scinan
swa hit wolde   gif hit geweald ahte;
þeah bið sum corn   sædes gehealden
symle on ðære saule   soðfæstnesse,
þenden gadertang wunað   gast on lice.
40   Ðæs sædes corn   bið symle aweaht
mid ascunga,   eac siððan mid
goodre lare,   gif hit growan sceal.
   "Hu mæg ænig man   andsware findan
ðinga æniges,   þegen mid gesceade,
45   þeah hine rinca hwilc   rihtwislice
æfter frigne,   gif he awuht nafað
on his mod-sefan   mycles ne lytles
rihtwisnesse   ne geradscipes?
Nis þeah ænig man   þætte ealles swa
50   þæs geradscipes   swa bereafod sie
þæt he andsware   ænige ne cunne
findan on ferhðe,   gif he frugnen bið.
Forðæm hit is riht spell   þæt us reahte gio
ald uðwita,   ure Platon.
55   He cwæð þætte æghwilc   ungemyndig
rihtwisnesse   hine hræðe sceolde
eft gewendan   into sinum
modes gemynde;   he mæg siððan
on his run-cofan   rihtwisnesse

heaviness, and vices of the
body often trouble   30
human minds very greatly and severely
with the evil of forgetfulness,
obstruct the sorrowful mind, the spirit,
of everyone, with a mist of error
so that it cannot sparkle and shine as brightly   35
as it would if it were able to;
yet a certain grain of the seed of truth
is always kept in the soul
while the spirit lives united with the body.
The grain of that seed is always aroused   40
with questioning, and also afterward with
good teaching, if it is to grow.
    "How can any person, any rational being,
find an answer to anything,
though each person should inquire about it   45
rightly, if he does not have
a sense of right or discretion
in his mind, whether a lot or a little?
There is no one, however, who is so
entirely bereft of discretion   50
that he cannot find any
answer in his mind if he is asked.
For it is a just speech that the ancient philosopher,
our Plato, formerly told us.
He said that anyone unmindful   55
of what is right should turn himself
back quickly to the inward
thoughts of his mind; then he can
find what is right in his inner heart,

60 findan on ferhte   fæste gehydde
   mid gedræfnesse   dogora gehwilce
   modes sines   mæst and swiðost,
   and mid hefinesse   his lic-homan
   and mid þæm bisgum   þe on breostum styreð
65 mon on mode   mæla gehwylce."

Prose 22

Ða cwæð ic: "Ic eom geðafa þæt þæt was soð spell þæt Plato
sæde. Hu ne myndgodest þu me eac nu tuwa þære ilcan
spræce? Ærest þu cwæde þæt ic hæfde forgiten þæt gecyn-
delic god þæt ic oninnan me selfum hæfde for þæs lichoman
hefignesse. Æt oðrum cerre þu me sædest þæt ðu hæfdest
ongiten þæt me selfum þuhte þæt ic hæfde eallunga forloren
þæt gecyndelice god þæt ic oninnan me selfum sceolde hab-
ban, for þære ungemetlican unrotnesse þe ic hæfde for ðam
forlætenan welan."

2   Ða cwæð he: "Þær þu nu gemyndest þa word þe ic þe
sæde on þære forman bec, þonne meahte þu be þam wordum
genog sweotole ongitan þæt þæt ðu ær sædest þæt ðu nesse."
Ða cwæð ic: "Hwæt was þæt? Hwæt sæde ic þæt ic nysse?"
Ða cwæð he: "Ðu sædest on þære ilcan bec þæt ðu ongeate
þætte God weolde þisses middangeardes, ac þu sædest þæt
ðu ne mihte witan humeta he his weolde oð ðe hu he his
weold." Ða cwæð ic: "Ic geman genog geare min agen dysig,
and ic his wæs ær þe geþafa. Ðeah ic hit ða be sumum dæle
ongeate, ic wolde giet his mare æt þe geheran."

his spirit, deeply hidden   60
very greatly and often by the daily
confusion of his mind
and by the heaviness of his body
and by the anxieties that are stirred up in his
heart, his mind, all the time."   65

Prose 22

Then I said: "I agree that that was a true statement that
Plato said. Have you not also reminded me twice of that
same statement? First you said that I had forgotten the nat-
ural good that I had within myself because of the body's
heaviness. At another time you told me that you had per-
ceived that it seemed to me that I had wholly lost that natu-
ral good that I ought to have within myself, because of the
immense sadness that I had for the lost prosperity."

Then he said: "If you remembered now the words that I   2
said to you in the first book, then you could clearly enough
perceive from those words what you said before that you did
not know." Then I said: "What was that? What did I say that
I did not know?" Then he said: "You said in the same book
that you understood that God ruled this world, but you said
that you could not understand by what means or how he
ruled it." Then I said: "I remember clearly enough my own
folly, and I confessed it to you before. Although I perceived
it then to a certain extent, I would like to hear more of it
from you."

3   Ða cwæð he: "Ne ðe nauht ær ne tweode ðætte God
rædde and wiolde ealles middangeardes." Ða cwæð ic: "Ne
me giet nauht ne tweoð, ne nu næfre ne twioð. Ic ðe wille
eac sona secgan be hwæm ic hit ærest ongeat. Ic ongeat þæt
ðes middangeard wæs of swiðe manegum and mislicum
þingum gegaderod and swiðe fæste tosomne gelimed and
gefangod. Nære ðe gegaderode and geradode swa wiðer-
wearda gesceafta, þonne ne wurdon hi næfre ne geworhte ne
eac gegaderod. And gif he hi ne gebunde mid his unanbin-
dendlicum racentum, ðonne toslupen hi ealla. And næron
no swa gewislice ne swa endebyrdlice ne swa gemetlice hiora
stede and hiora ryne funden on hiora stowum and on hiora
tidum gif an unanwendendlic God nære. Weald þone God
ðæt þæt he is, þæt ic hate God swa swa ealle gesceafta
hatað."

4   Ða cwæð he: "Nu ðu þæt swa openlice ongiten hæfst, ne
ðearf ic nu nauht swiðe ymb ðæt swincan þæt ic ðe ma be
Gode recce. Forðam þu eart nu fulneah cumen inon ða ceas-
tre þære soðan gesælðe, þe þu lange ær ne meahtest aredian.
Ac wit sculon swa þeah secan þæt þæt wit ær mynton." Þa
cwæð ic: "Hwæt is ðæt?" Ða cwæð he: "Hu ne tealdon wit ær
þætte genyht wæren gesælða, and þa gesælða wæron God?"
Ða cwæð ic: "Swa hit is swa þu sægst."

5   Ða cwæð he: "God ne beþearf nanes oðres fultomes bu-
ton his selfes his gesceafta mid to wealdanne, þon ma þe he
ær þorfte to ðam weorce. Forðæm gif he æniges fultomes on
ænegum þingum beðorfte, þonne næfde he self genoh." Ða
cwæð ic: "Swa hit is swa ðu segst." Ða cwæð he: "Þurg hine
selfne he gesceop eall ðing and ealra wylt." Ða cwæð ic: "Ne
mæg ic þæs oðsacan." Ða cwæð he: "Ær we þe hæfdon þæt
gereaht þæt God wære þurh hine selfne good." Ða cwæð ic:

Then he said: "You did not have any doubt before that 3
God governed and controlled all the world." Then I said: "I
still have no doubt, and will never have any now. I want to
tell you as well straightaway by what means I first perceived
it. I perceived that this world was gathered together from
many varied things, and very firmly joined and clasped to-
gether. If there was not one who gathered and arranged such
contrary elements, then they would never have been made
or gathered. And if he did not bind them with his unloosable
chains, then they would all slip apart. And their positions
and courses would not be so certainly or so methodically or
so regularly established in their places and times if there
were not one unchangeable God. Whatever God that is, I
call that God, as all created things call him."

Then he said: "Now that you have understood that so 4
clearly, I do not need to labor much about explaining to you
more about God. You have very nearly come within the city
of true felicity, which for a long time before you could not
approach. We two must however look for what we aimed for
before." Then I said: "What is that?" Then he said: "Did we
not establish before that sufficiency was felicity, and felicity
was God?" Then I said: "It is as you say."

Then he said: "God does not need any other help apart 5
from himself in order to rule his creatures, any more than he
needed before for the work itself. If he needed any help in
any thing, then he would not have sufficiency himself." Then
I said: "It is as you say." Then he said: "Through himself he
made all things and rules them all." Then I said: "I cannot
deny that." Then he said: "Previously we had explained to
you that God was good through himself." Then I said: "I

"Ic geman þæt ðu swa sædest." Ða cwæð he: "Þurg good God gesceop eal ðing, forðæm he wilt þurh hine selfne ealles þæs þe we ær cwædon ðæt good wære. And he is ana staðolfæst wealdend and stiora and steorroðer and helma, forðæm he riht and ræt eallum gesceaftum, swa swa good stiora anum scipe."

6   Ða cwæð ic: "Nu ic ðe andette þæt ic hæbbe funden duru þær þær ic ær geseah ane lytle cinan, swa ðæt ic uneaðe mihte gesion swiðe lytelne sciman leohtes of þissum þiostrum. And þeah þu me tæhtest ær þa duru, ac ic hire ne meahte mare aredian buton þæt ic hire grapode ymbutan þæt þe ic þæt lytle leoht geseah twinclian. Ic þe sæde gefyrn ær on þisse ilcan bec þæt ic nysse hwæt se fruma wære ealra gesceafta. Þa gerehtest þu me þæt hit wæs God. Ða nysse ic eft ymb þone ende ær þu me eft gereahtes þæt ðæt wære eac God. Ða sæde ic þe þæt ic nysse hu he ealra þara gesceafta wiolde, ac þu hit me hæfst nu swiðe sweotole gereaht swylce þu hæbbe þa duru anbroden þe ic ær sohte."

7   Ða andswarode he me and cwæð: "Ic wat þæt ic ðe ær myndgode ðære ilcan spræce, and nu me ðincð þæt þu on-gite swa swa leng swa bet ymbe þa soðfæstnesse. Ac ic wolde git þe eowian sume bysne, a swæ sweotole swa sio wæs þe ic ær sæde." Ða cwæð ic: "Hwæt is sio?" Ða cwæð he: "Ne mæg nænne mon þæs twiogean þætte ealra gesceafta agnum wil-lum God ricsað ofer hi and eaðmodlice hiora willan wendað to his willan. Be þam is swiðe sweotol ðætte God æghwæs wealt mid þæm helman and mid ðæm stiorroðre his good-nesse. Forðæm þe ealla gesceafta gecyndelice hiora agnum willum fundiað to cumanne to gode, swa swa we oft ær sæ-don on ðisse ilcan bec." Ða cwæð ic: "Hwone mæg þæs twio-gan? Forþam þe Godes anweald nære full eadiglic gif þa

remember that you said so." Then he said: "Through good, God created everything, since he rules through himself all that we previously said was good. And he alone is the stable ruler, steersman, rudder, and helm, since he controls and governs all created things, as a good steersman controls a ship."

Then I said: "Now I confess to you that I have found 6 the door where I saw before a little chink, so that I could scarcely see a very little ray of light from this darkness. And yet you showed me the door before, but I could not find my way to it except that I felt around it so that I saw the little light twinkle. I told you before in this same book that I did not know what the beginning of all created things was. Then you explained to me that it was God. Then again I did not know about the end before you explained to me again that it too was God. Then I told you that I did not know how he controlled all created things, but you have now explained that to me very clearly as if you have opened the door that I looked for before."

Then he answered me and said: "I know that I previously 7 reminded you of that same speech, and now it seems to me that you understand the better about truth the longer we go on. But I would like to show you an analogy, just as clear as the one I mentioned before." Then I said: "What is that?" Then he said: "No one can doubt that God rules over all created things by their own will, and they humbly bend their will to his will. From that it is very clear that God rules everything with the helm and rudder of his goodness. All created things naturally by their own will strive to come to good, as we often said before in this same book." Then I said: "Who can doubt that? God's rule would not be

gesceafta hiora unwillum him herden. And eft þa gesceafta næren nanes þonces ne nanes weorðscipes wyrðe gif hi hiora unwillum hlaforde herden."

8   Ða cwæð he: "Nis nan gesceaft þe tiohhie þæt hio scyle winnan wið hire scippendes willan gif hio hire cynd healdan wille?" Ða cwæð ic: "Nis nan gecynd þe wið hire scipendes willan winne buton dysig mon oððe eft þa wiðerweardan englas." Ða cwæð he: "Hwæt wenst ðu, gif ænegu gesceaft tiohhode þæt hio wið his willan sceolde winnan, hwæt hio meahte wið swa mihtigne swa we hine gereahtne habbað?" Ða cwæð ic: "Ne magon hi nauht, þeah hi willon." Ða wundrode he and cwæð: "Nis nanwuht þe mæge oððe wille swa heaum Gode wiðcweðan?" Ða cwæð ic: "Ne wene ic þæt ænig wuht sie ðe wið winne buton ðæt wit ær spræcon." Ða smearcade he and cwæð: "Wite geare ðæt ðæt is þæt hehste god ðæt hit eall swa mihtiglice macað and eall ðing gesceop and eallum swa gereclice racað and swa eðelice buton ælcum geswince hit eall set." Ða cwæð ic: "Wel me licode ðæt þu ær sædes, and þises me lyst nu giet bet. Ac me sceamað nu ðæt ic hit ær ne ongeat."

9   Ða cwæð he: "Ic wat þæt ðu geherdest oft reccan on ealdum leasum spellum þætte Iob Saturnes sunu sceolde bion se hehsta god ofer ealle oðru godu, and he sceolde bion þæs heofenes sunu and sceolde ricsian on heofenum. And sceolden gigantes bion eorðan suna, and ða sceolden ricsian ofer eorðan. And þa sceolden hi bion swelce hi wæren geswysterna bearn, forðæm þe he sceolde beon heofones sunu and hi eorðan. And þa sceolde þæm gigantum ofþincan þæt he hæfde hiera rice, woldon þa tobrecan þone heofon under him. Þa sceolde he sendan þunras and ligeta and windas, and toweorpan eall hira geweorc mid, and hi selfe ofslean.

completely blessed if created things obeyed him against their will. And again, created things would not deserve any gratitude or honor if they obeyed their Lord against their will."

Then he said: "Is there any created thing that thinks it 8 ought to fight against its creator's will if it wants to maintain its nature?" Then I said: "There is no nature that contends against its creator's will except a foolish person or again the rebellious angels." Then he said: "If any created thing considered that it ought to fight against his will, what could it do, do you think, against one as mighty as we have described him?" Then I said: "They can do nothing, even if they wish to." Then he wondered and said: "Is there nothing that can or may wish to resist so high a God?" Then I said: "I do not think there is any being that may resist apart from what we said before." Then he smiled and said: "Know well that that is the highest good which orders it all so powerfully and made all things and so regularly governs all and so easily without any labor establishes it all." Then I said: "What you said before pleased me greatly, and this pleases me still more. But I am ashamed now that I did not understand it before."

Then he said: "I know that you have often heard tell in 9 old false stories that Jove the son of Saturn was supposedly the highest god over all other gods, and he was the son of heaven and ruled in the heavens. And giants were supposedly the sons of earth and ruled over the earth. And those were as it were sisters' sons because he was the son of heaven and they of earth. And then the giants were envious that he had their kingdom and wanted to destroy heaven under him. Then he sent thunder, lightning, and winds, and destroyed all their work by that means, and killed the giants themselves.

10 "Ðyllica leasunga hi worhton, and meahton eaðe seggan soðspell gif him þa leasunga næren swetran, and þeah swiðe gelic ðisum. Hi meahton seggan hwylc dysig Nefrod se gigant worhte. Se Nefrod wæs Chuses sunu, Chus wæs Chames sunu, Cham Noes. Se Nefrod het wyrcan ænne tor on ðæm felda ðe Sennar hatte, and on ðære þiode ðe Deria hatte swiðe neah þære byrig þe mon nu hæt Babilonia. Þæt hi dydon for þam ðingum þe hi woldon witan hu heah hit wære to ðæm heofone and hu ðicce se hefon wære and hu fæst, oððe hwæt þær ofer wære. Ac hit gebyrede, swa hit cyn was, þæt se godcunda wald hi tostencte ær hi hit fullwyrcan mosten, and towearp þone tor, and hiora monigne ofslog, and hiora spræce todælde on tu and hundseofontig geþioda. Swa gebyreð ælcum þara ðe winð wið ðæm godcundan anwalde. Ne gewyxð him nan weorðscipe on þam, ac wyrð se gewanod þe hi ær hæfdon.

11 "Ac loca nu hwæðer þu wille ðæt wit giet spyrigen æfter ænigre gesceadwisnesse furður, nu wit ðæt funden habbað þæt wit ær sohton. Ic wene ðeah gif wit giet uncru word tosomne sleað, þæt ðær aspringe sum spearca up soðfæstnesse þara þe wit ær ne gesawon." Ða cwæð ic: "Do swa ðu wille." Ða cwæð he: "Hwæt, nænne mon nu ne tweoð þæt God sie swa mihtig þæt he mæge wyrcan þæt þæt he wille." Ða cwæð ic: "Ne tweoð ðæs nænne mon ðe auht wat." Ða cwæð he: "Hwæðer ænig mon wene þæt auht sie þæs þe God don ne mæge?" Ða cwæð ic: "Ic hit wat ðæt nauht nis þæs þe he don ne mæge." Ða cwæð he: "Wenstu hwæðer he mæge ænig yfel don?" Ða cwæð ic: "Ic wat þæt he ne mæg." Ða cwæð he: "Soð þu sægst, forðæm hit is nauht. Þær yfel auht wære, þonne meahte hit God wyrcan; forðy hit is nauht."

12 Ða cwæð ic: "Me þincð þæt ðu me dwelle and dydre, swa

264

"Such false stories they made, and could have easily told 10 a true story if the lies had not been sweeter to them, and yet one very like these. They could have said what folly the giant Nimrod worked. This Nimrod was the son of Chus; Chus was Ham's son, Ham Noah's. This Nimrod ordered the building of a tower on the field that was called Sennar, and in the nation that was called Deira, very near the city which is now called Babylon. They did that because they wished to know how high it was to heaven and how thick it was and how firm, or what was above it. But it came about, as was fitting, that the divine power scattered them before they were allowed to complete it, and cast down the tower, and killed many of them, and divided their speech into seventy-two languages. So it befalls everyone who contends against divine power. No honor accrues to them from that, but that which they had before is lessened.

"But consider now whether you want us still to inquire 11 further after any intelligence, now that we have found what we were looking for. I think however that if we strike our words together still further there will spring out some spark of truth which we have not seen before." Then I said: "Do as you wish." Then he said: "Truly, no one now doubts that God is so powerful that he can bring about whatever he wishes." Then I said: "No one who knows anything doubts that." Then he said: "Does anyone think there is anything that God cannot do?" Then I said: "I know that there is nothing he cannot do." Then he said: "Can he do any evil, do you think?" Then I said: "I know that he cannot." Then he said: "You say the truth, since it is nothing. If evil were anything, then God could perform it; therefore it is nothing."

Then I said: "It seems to me that you are leading me 12

mon cild deð, lædst me hidres and ðidres on swa þicne wudu
ðæt ic ne mæg ut aredian. Forðæm ðu a ymbe sticce fehst on
ða ilcan spræce þe þu ær spræce, and forlætst eft ða ær þu hi
geendod hæbbe, and fehst on uncuðe. Þy ic nat hwæt þu
wilt. Me þincð þæt ðu hwerfe ymbeutan sume wundorlice
and seldcuðe spræce ymbe ða anfealdnesse ðære godcund-
nesse. Ic geman þæt ðu me ær reahtes sum wundorlic spell
be ðam þa ðu me reahtes þæt hit wære eall an gesælða and
þæt hehste god, and cwæde þæt ða gesælða wæren on ðæm
hehste goode fæste, and þæt hehste good wære God self,
and he wære full ælcre gesælðe; and ðu cwæde þæt ælc
gesælig mon wære god.

13   "And eft þu sædes þæt Godes goodnes and his gesælignes
and he self, ðæt ðæt wære eall an, and þæt ðonne wære se
hehsta God. And to ðæm gode ealla gesceafta fundiað ðe
hiora gecynd healdað, and wilniað þæt hy to cumon. And eac
þu sædes ðætte God wiolde eallra gesceafta mid ðæm stior-
roðre his goodnesse, and eac sædes þæt ealla gesceafta hiora
agnum willum ungenedde him wæren underðiodde. And nu
on last þu sædes þæt yfel nære nauht. And eal þis þu
gereahtes to soðe swiðe gesceadwislice buton ælcre leasre
rædelsan."

14   Ða cwæð he: "Þu sædes ær þæt ic ðe dwealde. Ac me
ðincð selfum þæt ic þe nauht ne dwelle, ac ðe sæde swiðe
lang spell and wundorlic and swiðe gesceadlice be ðæm
Gode ðe wit unc gefyrn to gebædon. And nu giet ic tiohhie
þæt ic ðe hwæthwugu uncuðes gerecce be ðæm ilcan Gode.
Hit is gecynd þære godcundnesse þæt hio mæg bion unge-
menged wið oðra gesceafta, buton oðerra gesceafta fultome,
swa swa nan oðer gesceaft ne mæg. Ne mæg nan oðru
gesceaft be him selfum bion, swa swa Parmenides se sciop

astray and deluding me, as one does a child, leading me hither and thither in a wood so thick that I cannot find a way out. After a while you always take up the same speech that you spoke before, and leave it again before you have finished it, and begin on an unfamiliar one. And so I don't know what you want. It seems to me that you are moving around some wonderful and strange speech about the simplicity of the godhead. I remember that you produced for me before some wonderful argument about that when you told me that felicity and the highest good were all one, and said that felicity was fixed in the highest good, and the highest good was God himself, and he was full of every felicity; and you said that every felicitous man was a god.

"And again you said that God's goodness and his felicity 13 and he himself were all one, and that that was the highest God. And all creatures that keep to their nature direct their paths to that good, and desire to come to it. And also you said that God controlled all creatures with the rudder of his goodness, and also said that all creatures were subjected to him by their own will uncompelled. And now finally you said that evil was nothing. And all this you explained in truth very intelligently without any false imagining."

Then he said: "You said before that I led you astray. But 14 it seems to me that I do not lead you astray at all, but told you a very long and wonderful argument very intelligently about God to whom the two of us prayed earlier. And now I intend still to tell you something new about that same God. It is the nature of divinity that it can exist unmixed with other parts of creation, without the help of other parts of creation, as no other part of creation can. No other part of creation can exist by itself, as Parmenides the poet sang

giddode and cwæð: 'Se ælmihtega God is eallra þincga rec-
cend, and he ana unanwendendlic wunað, and ealra ðara an-
wendendlicra welt.'

15   "Forðæm ðu ne þearft nauht swiðe wundrian ðeah we spy-
rien æfter ðæm ðe we ongunnon, swa mid læs worda swa mid
ma, swæðer we hit gereccan magon. Ðeah we nu scylen
manega and mislica bisna and bispell reccan, ðeah hangað
ure mod ealne weg on þæm þe we æfterspyriað. Ne fo we no
on ða bisna and on ða bispel for ðara leasena spella lufan, ac
forðæm ðe we woldon mid gebecnan þa soðfæstnesse, and
woldon ðæt hit wurde to nytte ðam geherendum. Ic ge-
munde nu ryhte þæs wisan Platones lara suma, hu he cwæð
ðætte se mon se ðe bispell secgan wolde, ne sceolde fon on
to ungelic bispell ðære spræce þe he ðonne sprecan wolde.
Ac geher nu geðyldelice hwæt ic nu sprecan wille, ðeah hit
þe gefyrn ær unnet þuhte, hwæðer ðe se ende a bet lician
wille." Ongon ða singan and cwæð:

Meter 23

"Sie ðæt la on eorðan   ælces ðinges
gesælig mon,   gif he gesion mæge
þone hlutrestan   heofon-torhtan stream,
æðelne æ-welm   ælces goodes,
5   and of him selfum   ðone sweartan mist,
modes þiostro,   mæg aweorpan.
We sculon ðeah gita   mid Godes fylste

and said: 'Almighty God is ruler of all things, and he alone remains unchangeable, and rules all the changeable things.'

"So you do not need to be very surprised if we enquire 15 about what we have embarked on, whether with fewer words or more, in whatever way we can explain it. Though we must now narrate many and varied analogies and examples, yet our mind focuses always on what we are enquiring after. We do not take up the analogies and examples for love of those false stories, but because we wanted to indicate the truth with them, and wanted it to be useful to the listeners. I remembered just now some of the wise Plato's teachings, how he said that anyone who wanted to cite an example should not take up an example too dissimilar to the speech that he then wanted to speak. But hear now patiently what I want to say now, though it seemed useless to you earlier, to see whether the end will be more attractive to you." He began then to sing and said:

Meter 23

"A man would be happy in every
respect on earth, if he could see
the purest heavenly bright stream,
noble source of every good,
and could cast away from himself   5
the black mist, the mind's darkness.
Yet with God's help we shall

ealdum and leasum   ðinne in-geðonc
betan bi-spellum,   þæt ðu ðe bet mæge
10   aredian to rodorum   rihte stige
on ðone ecan eard   ussa saula."

Prose 23

"Hit gelamp gio ðætte an hearpere wæs on ðære ðiode ðe
Ðracia hatte, sio wæs on Creca rice. Se hearpere wæs swiðe
ungefræglice good, ðæs nama wæs Orfeus. He hæfde an
swiðe ænlic wif, sio wæs haten Eurudice. Ða ongon mon
secgan be ðam hearpere þæt he meahte hearpian þæt se
wudu wagode and þa stanas hi styredon for ðy swege, and
wildu dior ðær woldon to irnan and stondan swilce hi tamu
wæren, swa stille ðeah him men oððe hundas wið eoden ðæt
hi hi na ne onscunedon. Ða sædon hi þæt ðæs hearperes
wif sceolde acwelan and hire saule mon sceolde lædan to
helle. Ða sceolde se hearpere weorðan swa sarig þæt he ne
meahte ongemong oðrum monnum bion, ac teah to wuda
and sæt on ðæm muntum ægðer ge dæges ge nihtes, weop
and hearpode ðæt ða wudas bifedon and þa ea stodon, and
nan heort ne onscunode nænne leon, ne nan hara nænne
hund, ne nan neat nyste nænne andan ne nænne ege to
oðrum for ðære mergðe ðæs sones.

2   "Ða ðæm hearpere ða ðuhte ðæt hine nanes ðinges ne
lyste on ðisse worulde, ða ðohte he ðæt he wolde gesecan
helle godu, and onginnan him oleccan mid his hearpan and
biddan þæt hi him agefan eft his wif. Þa he ða ðider com, ða

remedy your mind with old and
false stories, so that you can better
find the correct path to heaven,   10
the eternal residence of our souls."

Prose 23

"It happened long ago that there was a harper in the country
called Thrace, which was in the kingdom of the Greeks. The
harper, whose name was Orpheus, was remarkably good. He
had a very excellent wife, who was called Eurydice. It began
to be said of the harper that he could harp so that the wood
moved and the rocks stirred themselves because of the
sound, and wild animals would run there and stand still as if
they were tame, so still that though people or hounds went
toward them they did not shun them. Then they said that
the harper's wife died and her soul was taken to hell. Then
the harper became so sorrowful that he could not live among
other people but took to the woods and sat in the moun-
tains both day and night, weeping and harping so that the
woods trembled and the rivers stood still, and no hart feared
a lion, and no hare a hound, and no animal felt hostility or
fear toward another because of the sweetness of the sound.

"When it seemed to the harper that nothing pleased him   2
in this world, then he thought that he would go to see the
gods of hell and try to charm them with his harp and ask
that they give him back his wife. When he came there, the

sceolde cuman ðære helle hund ongean hine; þæs nama wæs
Ceruerus, se sceolde habban þrio heafdu; and ongan fægnian
mid his steorte and plegian wið hine for his hearpunga. Ða
wæs ðær eac swiðe egeslic geatweard, ðæs nama sceolde bion
Caron; se hæfde eac þrio heafdu and wæs swiðe oreald. Ða
ongon se hearpere hine biddan þæt he hine gemundbyrde ða
hwile þe he ðær wære, and hine gesundne eft ðonan brohte.
Ða gehet he him ðæt, forðæm he wæs oflyst ðæs seldcuðan
sones.

3   "Ða eode he furður, oð he mette ða graman metena ðe
folcisce men hatað Parcas, ða hi secgað ðæt on nanum men
nyton nane are ac ælcum men wrecen be his gewyrhtum. Þa
hi secgað ðæt walden ælces mannes wyrde. Ða ongon he bid-
dan heora blisse, ða ongunnon hi wepan mid him. Ða eode
he furður, and him urnon ealle hellwaran ongean and læd-
don hine to hiora cininge and ongunnon ealle sprecan mid
him and biddan þæs ðe he bæd. And þæt unstille hweol ðe
Ixion wæs to gebunden Leuita cyning for his scylde, ðæt
oðstod for his hearpunga. And Tantulus se cyning ðe on ðisse
worulde ungemetlice gifre wæs—and him ðær ðæt ilce yfel
filgde—ðæs gifernesse he gestilde. And se ultor sceolde for-
lætan ðæt he ne slat ða lifre Ticcies þæs cyninges ðe hine ær
mid ðy witnode. And eall hellwara witu gestildon ða hwile þe
he beforan ðam cyninge hearpode.

4   "Ða he ða longe and longe hearpode, ða cleopode se hell-
wara cyning and cwæð: 'Wutun agifan ðæm esne his wif
forðæm he hi hæfð geearnad mid his hearpunga.' Bebead
him ða þæt he geare wisse þæt he hine næfre underbæc ne
besawe, siððan he ðonanweard wære, and sæde gif he hine
underbæc besawe þæt he sceolde forlætan ðæt wif. Ac ða
lufe mon mæg swiðe uneaðe oððe na forbeodan; weilawei,

hound of hell came to meet him; his name was Cerberus, and he had three heads; and he began to show pleasure with his tail and play with him because of his harping. Then there was also there a very fearsome porter, whose name was Charon; he also had three heads, and he was extremely old. The harper asked him to protect him while he was there, and to bring him back from there unharmed. He promised him that, because he was charmed by the unusual sound.

"Then he went further until he met the fierce fates whom 3 ordinary people call Parcae, who, they say, show no favor to anyone but take vengeance on each person according to his merits. Those control everyone's fate, they say. Then he asked for their favor and they wept with him. Then he went further and all the inhabitants of hell ran to meet him and led him to their king and they all began to speak in support of him and to request what he requested. And the ceaseless wheel to which Ixion king of the Lapiths was bound for his crime stood still because of his harping. And Tantalus the king who was exceedingly greedy in this world—and that same torment followed him there—ceased from that greed. And the vulture which previously tormented King Tityus by tearing his liver stopped doing that. And all the punishments of hell's residents stopped while he harped before the king.

"When he had harped for a long time, the king of the in- 4 habitants of hell called out and said: 'Let us give the fellow his wife because he has earned her with his harping.' He commanded him then that he should take care that he never looked behind him after he was on his way from there, and said that if he looked behind him he would lose his wife. But one cannot prohibit love very easily or at all; alas, hwæt Orpheus ða lædde his wif mid him oð he com on þæt gemære leohtes and ðiostro. Þa eode þæt wif æfter him. Ða he furðum on ðæt leoht com, ða beseah he hine underbæc wið ðæs wifes. Ða losade hio him sona.

5   "Ðas leasan spell lærað gehwylcne mon ðara ðe wilnað helle ðiostro to flionne and to ðæs soðan godes liohte to cumanne, þæt he hine ne besio to his ealdan yflum swa ðæt he hi eft swa fullice fullfremme swa he hi ær dyde. Forðæm swa hwa swa mid fulle willan his mod went to ðæm yflum ðe he ær forlet and hi ðonne fullfremeð and hi him þonne fullice liciað, and he hi næfre forlætan ne þenceð, ðonne forlyst he eall his ærran good, buton he hit eft gebete."

HER ENDAÐ NU SIO ÞRIDDE BOC BOETIES
AND ONGINNEÐ SIO FIORÐE.

Orpheus then led his wife with him until he came to the boundary of light and darkness. Then his wife went after him. When he came out into the light then he looked back toward his wife. Then she was lost to him immediately.

"These false stories teach everyone who wishes to flee the darkness of hell and come to the light of the true God, that he should not look behind him to his old evils so that he commits them again as fully as he did them before. Whoever with full desire turns his mind to the evils that he abandoned before and commits them then and takes full pleasure in them, and never intends to leave them, he then loses all his earlier goods, unless he make amends for it again." 5

HERE NOW ENDS THE THIRD BOOK OF
BOETHIUS AND THE FOURTH BEGINS.

BOOK 4

Prose 24

Ða se Wisdom ða ðis leoð swiðe lustbærlice and gesceadwis-
lice asungen hæfde, ða hæfde ic ða giet hwylchwugu gemynd
on minum mode ðære unrotnesse ðe ic hæfde, and cwæð:
"Eala Wisdom, ðu ðe eart boda and forerynel ðæs soðan
leohtes, hu wundorlic me ðincð þæt ðæt þu me recst.
Forðæm ic ongite þætte eall ðæt þu me ær reahtes, me reahte
God þurh ðe, and ic hit wisse eac ær be sumum dæle, ac me
hæfde þios unrotnes amerredne þæt ic hit hæfde mid ealle
forgiten. And þæt is eac minre unrotnesse se mæsta dæl, þæt
ic wundrige forhwy se gooda God læte ænig yfel bion oððe,
gif hit þeah bion scyle and he hit geþafian wille, forhwy he
hit sona ne wrece.

2   "Hwæt þu meaht ðe self ongitan þæt ðæt is to wundri-
anne; and eac oðer ðincg me ðincð giet mare wundor, þæt is
þætte dysig and unrihtwisnes nu rixsað ofer eallne middan-
geard, and se wisdom and eac oðre cræftas nabbað nan lof ne
nænne weorðscipe on ðisse worulde ac licgað forsewene swa
miox under feltune, and yfele men on ælcum lande sindon
nu weorðe and þa goodan habbað manigfeald witu. Hwa
mæg forberan þæt he þæt ne siofige and swelcre wæfðe ne
wundrige, ðætte æfre swylc yfel geweorðan sceolde under
ðæs ælmihtgan Godes anwalde, nu we witon þæt he hit wat
and ælc good wile?"

3   Ða cwæð he: "Gif hit swa is swa ðu sægst, ðonne is þæt
egeslicre ðonne ænig oðer broga and is endeleas wundor,
ðæm gelicost ðe on sumes cyninges hirede sien gyldenu fatu

Prose 24

When Wisdom had sung this song very pleasantly and intelligently, I still had in my mind some memory of the grief that I had had and said: "Wisdom, you who are herald and forerunner of the true light, how wonderful what you tell me appears to me. I understand that all that you told me before, God told me through you, and I knew it also before to some degree, but this grief had hampered me so that I had utterly forgotten it. And this is also the greatest part of my grief, that I wonder why the good God allows any evil to exist or, if it must nevertheless exist and he wishes to allow it, why he does not immediately punish it.

"Indeed, you can yourself see that that is much to be wondered at; and also another thing seems to me a still greater wonder, that is that folly and injustice now rule over the whole world, and wisdom and other virtues too have no praise or honor in this world but lie despised like dung under a dunghill, and wicked people in every land are now honored and the good have punishments of many kinds. Who can forbear to sigh and wonder at such a marvel, that such evil should ever come about under the dominion of the almighty God, now that we know that he knows it and wills all good?"

Then he said: "If it is as you say, then it is more frightening than any other terror and is an endless wonder, just as if in some king's household gold and silver dishes were

and selfrenu forsewen, and treowenu mon weorðige. Nis hit
no swa swa ðu wenst. Ac gif ðu eall ðæt gemunan wilt þæt we
ær spræcon mid ðæs Godes fultume ðe we nu embe sprecað,
ðonne meaht ðu ongitan þæt ða godan beoð symle waldende
and þa yfelan nabbað nænne anwald, and ðæt þa cræftas ne
bioð næfre buton heringe ne buton edleane, ne þa unðeawas
næfre ne bioð unwitnode, ac ða goodan bioð symle gesælie
and þa yfelan ungesælige.

4   "Ic ðe mæg eowian ðæs swiðe manega bisena ða ðe magon
getrymian to ðon ðæt þu nast hwæt þu leng siofige. Ac ic þe
wille nu giet getæcan ðone weg ðe ðe gelæt to þære heofon-
lican byrig þe ðu ær of come, siððan ðu ongitst þurh mine
lare hwæt sio soðe gesælð bið and hwær hio bið. Ac ic sceal
ærest ðin mod gefeðeran, ðæt hit mæge hit ðe yð up ahebban
ban ær ðon hit fleogan onginne on ða heanesse, þæt hit
mæge hal and orsorh fleogan to his earde and forlætan ælce
ðara gedrefednessa ðe hit nu ðrowað. Sitte him on minum
hrædwæne; ðocrige him on minne weg; ic bio his ladðeow."
Ða se Wisdom ða þis spell areaht hæfde, ða ongon he singan
and cwæð:

Meter 24

"Ic hæbbe fiðru   fugle swiftran,
mid ðæm ic fleogan mæg   feor fram eorðan
ofer heane hrof   heofones þisses.
Ac ðær ic nu moste   mod gefeðran,
5   ðinne ferð-locan,   feðrum minum,

despised and wooden ones honored. It is not as you think. But if you are willing to recall all that we said before with the help of that God about whom we now speak, then you will be able to understand that the good are always powerful and the evil have no power, and that virtues are never without praise nor without reward, and vices are never unpunished, but the good are always felicitous and the evil infelicitous.

"I can show you very many examples that can strengthen   4 you so that you will know nothing to sigh over any longer. But I want now to show you the way which will lead you to the heavenly city which you came from before, since you understand through my teaching what true felicity is and where it is. But I must first give feathers to your mind, so that it can raise itself more easily before it begins to fly into the heights, so that it may safely and securely fly to its home-land and forsake all the anxieties that it now suffers. Let it sit in my chariot; let it run on my road; I will be its guide." When Wisdom had spoken this speech, then he began to sing and said:

Meter 24

"I have wings swifter than a bird's
with which I can fly far from the earth
over the high roof of this heaven.
But if I were now permitted to feather your mind,
your spirit with my wings,   5

oððæt ðu meahte   þisne middan-geard,
ælc eorðlic ðing,   eallunga forsion,
meahtes ofer rodorum   gereclice
feðerum lacan,   feor up ofer
10   wolcnu windan,   wlitan siððan
ufan ofer ealle,   meahtes eac faran
ofer ðæm fyre   ðe fela geara
for lange betweox   lyfte and rodere,
swæ him æt frymðe   fæder getiode.
15   Ðu meahtest ðe siððan   mid ðære sunnan
faran betweox   oðrum tunglum.
Meahtest ðe full recen   on ðæm rodere ufan
siððan weorðan,   and ðonne samtenges
æt ðæm ælcealdan   anum steorran,
20   se yfmest is   eallra tungla,
ðone Saturnus   sund-buende
hata ð under heofonum;   he is se cealda
eall-isig tungl,   yfemest wandra ð
ofer eallum ufan   oðrum steorrum.
25   "Siððan ðu ðonne   ðone up a hafast
forð oferfarenne,   ðu meaht feorsian;
ðonne bist ðu siððan   sona ofer uppan
rodere ryne-swiftum.   Gif ðu on riht færest,
ðe ðone hehstan heofon   behindan lætst,
30   ðonne meaht ðu siððan   soðes leohtes
habban þinne dæl,   ðonan an cyning
rume ricsa ð   ofer roderum up,
and under swa same   eallra gesceafta
weorulde waldeð.   Þæt is wis cyning;
35   þæt is se ðe waldeð   giond wer-ðioda

until you could entirely despise
this world and every earthly thing,
you could fly directly with your
wings above the heavens, soar far
up over the clouds, then look   10
from above over everything, and also you could travel
above the fire which for many years has continued
for a long time between the air and firmament,
just as the father appointed it at the beginning.
You could then travel along with the   15
sun among the other stars.
You could then very quickly arrive
above the firmament and then immediately
at the very cold lone star
which is the highest of all stars,   20
which earth dwellers under heaven
call Saturn; it is the cold
all-icy star and wanders uppermost
over all other stars up above.
    "When you have then passed   25
up beyond that, you can go further;
then afterward you will be up above
the swiftly moving firmament. If you go straight on,
leaving behind you the highest heaven,
then you can afterward have your share   30
of the true light, from where one king
reigns widely up above the firmament
and likewise rules all creatures
below in the world. That is a wise king;
it is he who rules all other   35

ealra oðra   eorðan cyninga,
se mid his bridle   ymbebæted hæfð
ymbhwyrft ealne   eorðan and heofones.
He his gewald-leðer   wel gemetgað,
40   se stioreð a   þurg ða strongan meaht
ðæm hræd-wæne   heofones and eorðan.
Se an dema   is gestæððig,
unawendendlic,   wlitig and mære.
    "Gif ðu wyrst   on wege rihtum
45   up to ðæm earde (þæt is æðele stow,
ðeah ðu hi nu geta   forgiten hæbbe),
gif ðu æfre eft   þæran cymest,
ðonne wilt þu secgan   and sona cweðan:
'Ðis is eallunga   min agen cyð,
50   eard and eðel.   Ic wæs ær hionan
cumen and acenned   ðurh ðisses cræftgan meaht.
Nylle ic æfre   hionan ut witan
ac ic symle her   softe wille
mid fæder willan   fæste stondan.'
55   Gif ðe ðonne æfre   eft geweorðeð
þæt ðu wilt oððe most   weorolde ðiostro
eft fandian,   ðu meaht eaðe gesion
unrihtwise   eorðan cyningas
and þa ofer-modan   oðre rican
60   ðe þis werige folc   wyrst tuciað,
þæt hi symle bioð   swiðe earme,
unmehtige   ælces ðinges,
emne ða ilcan   þe þis earme folc
sume hwile nu   swiðost ondrædæð."

earthly kings across nations,
and who has restrained the whole orbit
of earth and heaven with his bridle.
He regulates his reins well,
guiding always through his powerful might   40
the chariot of heaven and earth.
He is the one steadfast judge,
unchanging, fair and glorious.
   "If you arrive on the right path
up at that homeland (which is a noble place,   45
though you have forgotten it just for now),
if you ever come back there,
then you will say and straightaway state:
'This is in every respect my own home,
my land and country. I came from here previously   50
and was born here through the power of this maker.
I never wish to leave from here
but I always gently wish to stand
fast here with the will of my father.'
Then if it ever happens again to you   55
that you wish to or are permitted to explore again
the darkness of the world, you can easily see
that the unjust earthly kings
and the other proud powerful men
who ill-treat these weary people the worst   60
are always very wretched,
powerless in everything,
even those same ones whom these wretched people
for some time now fear most greatly."

Prose 25

Ða cwæð ic: "Eala Wisdom, micel is ðæt and wundorlic þæt ðu gehætst, and ic eac nauht ne tweoge ðæt ðu hit mæge gelæstan. Ac ic þe halsige ðæt ðu me no leng ne lette. Ac getæc me þone weg, forðæm þu meaht ongitan þæt me lyst ðæs weges." Ða cwæð he: "Þu scealt ærest ongitan þæt ða goodan habbað symle anweald, and þa yfelan næfre nanne ne nænne cræft, forðæm hiora nan ne ongit þætte good and yfel bioð symle gewinnan. Gif ða goodan ðonne symle habbað anwald, þonne nabbað þa yflan næfre nænne, forðæm þæt good and þæt yfel sint swiðe unsamwræde. Ac ic wolde giet be ægðrum ðara hwæthwugu sweotolor gereccan, þæt ðu mæge ðy bet gelefan ðe ic ðe oðre hwile recce be ðæm oðrum, oðre hwile be ðæm oðrum.

2   "Twa ðing sindon ðe ælces monnes ingeðonc to fundað, þæt is ðonne willa and anwald. Gif ðonne hwæm ðara twega hwæðres wana bið, þonne ne mæg he mid ðæm oðrum nan-wuht fullfremman. Forðæm nan nyle onginnan þæt þæt he nyle, buton he nede scyle; and ðeah he eall wille, he ne mæg gif he ðæs ðinges anwald næfð. Be ðæm ðu meaht sweotole ongitan, gif ðu ænigne mon gesihst wilnian ðæs ðe he næfð, ðæt þam bið anwaldes wana." Ða cwæð ic: "Þæt is soð, ne mæg ic þæs oðsacan."

3   Ða cwæð he: "Gif ðu ðonne hwone gesihst ðe mæg don þæt þæt he don wile, ne ðe ðonne nauht ne tweoð þæt se hæbbe anwald." Ða cwæð ic: "Ne tweoð me ðæs nauht." Ða cwæð he: "Ælc mon bið waldend ðæs ðe he welt. Næfð he nanne anweald þæs ðe he ne welt." Ða cwæð ic: "Þæs ic eom geðafa." Ða cwæð he: "Hwæðer þu nu giet mæge gemunan

Prose 25

Then I said: "Wisdom, what you promise is great and wonderful, and I do not doubt at all that you can fulfill it. But I entreat you not to delay me any longer. But show me the way, since you can see that I desire that way." Then he said: "You must first understand that the good always have power and the evil never have any, or any virtue. None of them understands that good and evil are always adversaries. If then the good always have power, then the evil never have any, since good and evil are very unharmonious. But I would like to explain still more clearly about each of those things, so that you can the better believe because I sometimes tell you about the one, and sometimes about the other.

"There are two things which everyone's inner thought 2 aims at, that is will and power. If then either of those two things is lacking to anyone, then he cannot achieve anything with the other. No one will take on what he does not want to do, unless he must by necessity; and though he wholly desires something, he cannot do it if he does not have the power with respect to that thing. From that you can clearly understand that if you see anyone desire what he does not have he has a lack of power." Then I said: "That is true, I cannot deny that."

Then he said: "If then you see someone who can do what 3 he wants to do, you do not then doubt at all that he has power." Then I said: "I don't doubt that at all." Then he said: "Everyone is powerful with respect to what he controls. He has no power with respect to what he does not control." Then I said: "I admit to that." Then he said: "Can you now þæt ic ðe ær reahte, þæt wæs þætte ælces monnes ingeðanc wilnað to þære soðan gesælðe to cumanne, ðeah hi ungelice hiora earnien." Đa cwæð ic: "Þæt ic geman; genog sweotole me is ðæt gesæd." Đa cwæð he: "Gemunst ðu þæt ic ðe sæde þæt hit wære eall an good and gesælða; se þe gesælða secð, he secð good?" Đa cwæð ic: "Þæt ic hæbbe genog fæste on gemynde."

4   Đa cwæð he: "Ealle men, ge goode ge yfele, wilniað to cumanne to goode, þeah hi his mislice wilnien." Đa cwæð ic: "Þæt is soð þæt þu sægst." Đa cwæð he: "Genog sweotol þæt is, ðætte forðy sint gode men goode ðe hi god gemetað." Đa cwæð ic: "Genog open hit is." Đa cwæð he: "Þa goodan begi-tað þæt good þæt hi wilniað." Đa cwæð ic: "Swa me ðyncð." Đa cwæð he: "Þa yfelan næron no yfele gif hi gemetten ðæt good ðæt hi wilniað, ac forðy hi sint yfle þe hi hit ne metað, and forðy hi hit ne metað ðe hi hit on riht ne secað." Đa cwæð ic: "Swa hit is swa ðu sægst." Đa cwæð he: "Forðæm hit nis nan tweo þæt ða goodan beoð symle waldende, and þa yflan nabbað nænne anwald, forðy ða goodan ðæt god on riht secað and þa yflan on woh." Đa cwæð ic: "Se ðe ne wenð þæt ðis soð sie, ðonne ne gelyfð he nanes soðes."

5   Đa cwæð he: "Hwæðer wenstu nu, gif twegen men fun-diað to anre stowe and habbað emnmicelne willan to to cu-menne, and oðer hæfð his fota anweald þæt he mæg gan ðær he wile, swa swa eallum monnum gecynde wære þæt hi meahten, oðer næfð his fota geweald þæt he mæge gan, and wilnað ðeah to feranne, and onginð creopan on ðone ilcan weg, hwæðer ðara twega þincð ðe mehtigra?" Đa cwæð ic: "Nis þæt gelic. Se bið mehtigra se ðe gæð þonne se ðe criepð,

still remember what I told you, that was that everyone's inner thought desires to come to the true bliss, though they look for it in different ways?" Then I said: "I remember that; it was told me clearly enough." Then he said: "Do you remember that I told you that good and felicity were all one; he who looks for felicity, looks for good?" Then I said: "I have that fast enough in my memory."

Then he said: "All people, both good and evil, desire to 4 come to good, though they desire it in various ways." Then I said: "What you say is true." Then he said: "It is clear enough, that good people are good because they find good." Then I said: "That is clear enough." Then he said: "The good find the good that they desire." Then I said: "So it seems to me." Then he said: "The evil would not be evil if they found the good that they desire, but they are evil because they do not find it, and they do not find it because they do not look for it rightly." Then I said: "It is as you say." Then he said: "So there is no doubt that the good are always powerful and the evil have no power because the good look for the good rightly and the evil wrongly." Then I said: "Anyone who does not think that this is true does not believe any truth."

Then he said: "What do you think, if two people set out 5 for the same place and have an equal desire to come to it, and one has control of his feet so that he can walk where he wishes, as it would be natural for all people that they could, and the other does not have the control of his feet to enable him to walk, and nevertheless wants to journey and begins to crawl along the same path, which of the two seems to you the stronger?" Then I said: "There is no similarity. He who walks is stronger than the one who crawls, since he can more

forðæm he mæg cuman eð ðyder ðe he wile þonne se oðer.
Saga elles þæt ðu wille, ðæt wat ælc mon."

6   Ða cwæð he: "Swa ilce bið ðæm goodum and ðæm yflum.
Ægþer heora wilnað for gecynde þæt he cume to ðæm heh-
stan goode. Ac se gooda mæg cuman ðider he wilnað, forðæm
he his on riht wilnað, and se yfla ne mæg cuman to ðæm þe
he wilnað, forðæm ðe hi hit on wog secað. Ic nat ðeah þe
elles hwæt ðince." Ða cwæð ic: "Ne ðincð me nauht oðres of
ðinum spellum." Þa cwæð he: "Genog rihte ðu hit ongitst,
and þæt is eac tacn þinre hælo, swa swa læca gewuna is þæt
hi cweðað ðonne hi siocne mon gesioð, gif hi hwilc un-
gefæglic tacn on him gesioð. Me ðincð nu þæt þin gecynd
and þin gewuna flite swiðe swiðlice wið ðæm dysige.

7   "Ic hæbbe nu ongiten þæt ðu eart gearo to ongitanne
mina lara. Forðy ic ðe wolde gegaderian manigu spell and
manega bisna be ðæm þæt ðu meahte ðy eð ongitan hwæt ic
secgan wille. Ongit nu hu unmehtige þa yflan men bioð, nu
hi ne magon cuman ðider, ðider ða ungewittegan gesceafta
wilniað to to cumanne, and hu micle unmihtegran hi wæren
gif hi his nan gecynde næfden. Beheald nu mid hu hefigre
racentan dysiges and ungesælða hi sint gebundene. Hwæt þa
cild ðonne hi furðum gan magan, and eac ða ealdan ceorlas,
þa hwile þe hi gan magan, wilniað sumes weorðscipes and
sumre mærðe. Ða cild ridað on hiora stafum and mænifealde
plegan plegiað ðær hi hyriað ealdum monnum. And ða dyse-
gan nanwuht nellað onginnan ðæs ðe hi him awðer mægen
to wenan oððe lofes oððe leana, ac doð þæt wyrse is, irnað
hidres ðidres dwoligende under þæm hrofe eallra gesceafta;
and þætte ða ungewittegan gesceafta witon, þæt niton ða
dysigan men.

8   "Forðy sint þa cræftas beteran ðonne þa unðeawas,

288

easily come to where he wants than the other. Say whatever you like, everyone knows that."

Then he said: "It is the same with the good and the evil. 6 Each of them desires by nature to come to the highest good. But the good person can come to where he wants, because he looks for it rightly, and the evil cannot come to what he wants, because he looks for it wrongly. I don't know whether you think otherwise." Then I said: "Nothing different seems to me to follow from your arguments." Then he said: "You understand rightly enough, and that is also the sign of your health, as it is the custom of doctors to say when they see a sick person, if they see some sign of life in him. It seems to me now that your nature and habits contend very strongly against folly.

"I have now perceived that you are ready to understand 7 my teaching. So I would like to gather together many arguments and examples about that so that you can the more easily understand what I want to say. See now how weak the evil are, now that they cannot come to the place where the irrational creatures strive to come, and how much weaker they would be if they did not have any of it by nature. Consider now with what heavy chains of folly and infelicity they are bound. Indeed, children from when they can walk, and also adults while they can walk, strive for some honor and renown. The children ride on their sticks and play various games and in this they resemble adults. And the foolish will not undertake anything which could lead to hope of praise or reward, but do what is worse, run here and there wandering under the summit of all creation; and what the irrational creatures know, the foolish people do not know.

"And so virtues are better than vices, since everyone must 8

forðæm þe ælc mon sceal bion geþafa, sam he wille sam he nylle, þæt se sie anwaldegost ðe mæg becuman to þam hehstan hrofe eallra gesceafta, þæt is God, þam nis nanwuht beufan ne nanwuht benyþan ne ymbutan, ac ealle þing sint binnan him on his anwalde. Se God is swiðe to lufianne. Hu ne cwæde þu ær þæt se wære an feðe meahtegost se þe meahte gan oð ðisse eorþan ende, swa þætte nan dæl þisse eorþan ofer þæt nære? Þæt ilce þu meaht geðencan be Gode, swa swa we ær cwædon, þæt se bið meahtegost þe to him cuman mæg, forðæm he nohwider ofer þæt cuman ne mæg.

9   "Be eallum ðissum racum þu meaht ongitan þæt ða goodan bioð symle mehtige, and ða yflan beoð ælces mægnes and ælces cræftes bedælde. Hwy wenstu ðonne þæt hi forlæten ða cræftas and folgien ðæm unðeawum? Ic wene ðeah þæt ðu wille secgan þæt hit sie for dysige þæt hi hi ne cunnen tocnawan. Ac hwæt sægst ðu þonne þæt sie forcuðre þonne sio ungesceadwisnes? Hwy geðafiað hi ðæt hi bioð dysige? Hwy nyllað hy spyrian æfter cræftum and æfter wisdome? Ic wat þeah ðæt swongornes hi ofsit and hi mid slæwðe ofercymð, and gitsung hi ablent.

10   "Wit cwædon þeah ær þæt nanwuht nære wyrse þonne ungesceadwisnes. Ac hwæt willað wit nu cwædan gif þa gesceadwisan habbað unðeawas and nyllað spyrian æfter wisdome and æfter cræftum? Ic wat þeah þæt ðu wilt cweðan þæt wrænnes and ungemetfæstnes hi ofsitte. Ac hwæt is þonne unstrengra ðonne se mon þe bið to ungemetlice oferswiðed mid ðæm tedran flæsce, buton he eft geswice and winne wið ða unðeawas swa he swiðost mæge? Ac hwæt wilt ðu þonne cweðan gif hwa nanwuht nyle wið winnan, ac mid fulle willan forlæt ælc good and fulgæð ðæm yfle, and bið ðeah gesceadwis? Se, ic secge, sie unmehtig and eac ealles

acknowledge, whether he wishes to or not, that he is most powerful who can come to the highest summit of all creation, that is God, whom there is nothing above and nothing below or around, but all things are within him in his power. That God is greatly to be loved. Did you not say before that he was strongest on foot who could walk to the end of this earth, so that no part of this earth was beyond that? You might think the same about God as we said before, that he is most powerful who can come to him, since he cannot come anywhere beyond that.

"From all these arguments you can see that the good are 9 always powerful and the evil are deprived of all strength and virtue. Why then do you think that they abandon virtues and follow vices? I expect though that you will say that it is out of folly that they do not know how to distinguish them. But what then, would you say, is more wicked than lack of reason? Why do they allow themselves to be foolish? Why are they unwilling to pursue virtues and wisdom? I know however that indolence assails them and overcomes them with sloth, and avarice blinds them.

"We two said before that nothing was worse than lack of 10 reason. But what do we want to say now if reasoning people have vices and will not pursue wisdom and virtues? I know that you will say that lust and intemperance beset them. But what is weaker than the person who is too intemperately overcome by the frail flesh, unless he stops again and contends with the vices as much as he can? But what will you say then if someone is unwilling to contend against anything, but with full will forsakes all good and pursues evil, and is however a reasoning person? He, I say, is weak and also nauht, forðæm swa hwa swa ðone gemænan God eallra gooda forlæt, buton tweon ne bið se nauht.

11 "Ac hwa swa willnað þæt he cræftig sie, he wilnað þæt he wis sie. Swa hwa swa ðonne cræftig bið he bið wis, and se ðe wis bið he bið good. Se ðe þonne good bið, se bið gesælig, and se ðe gesælig bið, se bið eadig, and se þe eadig bið, se bið god be ðæm dæle ðe we ær reahton on ðisse ilcan bec. Ac ic wene nu hwonne þæt dysige men willen wundrian þæs ðe ic ær sæde, ðæt wæs ðætte yfle men næren nauhtas, forðæm ðara is ma þonne þara oðra. Ac ðeah hi his nu næfre ne gelefen, ðeah hit is swa. Ne magon we næfre gereccan ðone yflan mon clænne and untwifealdne, ðon ma ðe we magon hatan oððe habban deadne mon for cwucone. Ne bið se cwuca ðon nyttra ðe se deada gif him his yfel ne hreowð. Ac se þe ungereclice liofað and his gecynd nyle healdan, ne bið se nauht.

12 "Ic wene þeah þæt ðu wille cweðan þæt hit ne sie ealles swa gelic, ðæt se yfla mæge don yfel ðeah he good ne mæge, and se deada ne mæge nauðer don. Ac ic ðe secge þæt se anwald ðara yflena ne cymð of nanum cræfte ac of unðeawum, ac gif ða yflan symle goode wæren, þonne ne dyden hi nan yfel. Ne bioð ðæt nane mehta þæt mon mæge yfel don, ac bioð unmeahta. Gif soð is þæt we ær gefyrn reahton, þæt þæt yfel nauht ne sie, ðonne ne wyrcð se nauht ðe yfel wyrcð." Ða cwæð ic: "Genog soð þæt is þæt ðu sægst." Ða cwæð he: "Hu ne reahton we ær þæt nanwuht nære mehtigra ðonne þæt hehste good?" Ða cwæð ic: "Swa hit is swa ðu sægst." Ða cwæð he: "Ne hit þeah ne mæg nan yfel don." Ða cwæð ic: "Ðæt is soð." Ða cwæð he: "Hwæðer æni mon wene þæt ænig mon sie swa meahtig þæt he mæge don eall ðæt ðæt he wille?" Ða cwæð ic: "Ne wenð þæs nan mon þe his

wholly nothing, since whoever forsakes the common God of all good things, without doubt he is nothing.

"But whoever desires to be virtuous desires to be wise. 11 Whoever then is virtuous is wise, and he who is wise is good. Then he who is good is felicitous, and he who is felicitous is blessed, and he who is blessed is a god to the extent that we explained in this same book. But I think now that stupid people will wonder at what I said before, that was that the evil were nothing, because there are more of them than of the others. But though they may never believe it now, it is nevertheless so. We can never account the evil person a human being pure and simple, any more than we can call or consider a dead person living. The living person is then no more useful than the dead if he does not repent of his evil. But he who lives without restraint and will not maintain his nature, he is nothing.

"I think however that you will say that it is not so similar 12 at all, and that the evil person can do evil though he cannot do good, and the dead can do neither. But I say to you that the power of evil people comes not from any virtue but from vices, but if the evil were always good, then they would do no evil. That a person can do evil is not a power but a weakness. If what we said before is true, that evil is nothing, then he who does evil does nothing." Then I said: "What you say is true enough." Then he said: "Did we not explain before that nothing was more powerful than the highest good?" Then I said: "It is as you say." Then he said: "But it cannot do any evil." Then I said: "That is true." Then he said: "Does anyone think that any human being is so powerful that he can do all that he would like?" Then I said: "No one who has gewit hæfð." Ða cwæð he: "Hwæt yfle men magon ðeah yfel don." Ða cwæð ic: "Eala ðær hi ne meahton."

13   Ða cwæð he: "Hit is sweotol þæt hi magon don yfel and ne magon nan good. Þæt is forðæm þe þæt yfel nis nauht. Ac þa goodan, gif hi fulne anwald habbað, hi magon don to goode þæt þæt hi willað. Forðy is se fulla anwald to tellanne to ðæm hehstum goodum, forðæm ægþer ge se anwald ge þa oðru good and ða cræftas ðe we longe ær nemdon sindon fæste on ðæm hehstan goode. Swa swa ælces huses wah bið fæst ægðer ge on ðære flore ge on ðæm hrofe, swa bið ælc good on Gode fæst, forðæm he is ælces godes ægðer ge hrof ge flor. Ðy is a to wilnianne þæs anwaldes þæt mon mæge good don, forðæm ðæt is se betsta anwald þæt mon mæge and wille wel don, swa læssan spedum swa maran, swæðer he hæbbe. Forðæm swa hwa swa wilnað good to donne, he wil-nað good to habbanne and mid goode to bionne. Forðy is se Platones cwide genog soð. He cwæð: 'Ða wisan ane magon don to goode þæt hi wilniað; ða yflan magon onginnan þæt hi willað.'

14   "Ic nat nu ðeah ðu wille cweðan þæt þa goodan onginnen hwilum þæt hi ne magon forðbrengan, ac ic cweðe þæt hi hit bringað symle forð. Ðeah hi ðæt weorc ne mægen fullfrem-man, hi habbað ðeah fullne willan, and se untweofealda willa bið to tellanne for fullfremed weorc. Forðæm he næfre ne forlist ðæm leanum, oððe her oððe ðær oððe ægðer. Þeah willað ða yflan wircan þæt þæt hi lyst, ðeah hit nyt ne sie; ne forleosað hi eac ðone willan, ac habbað his wite, oððe her oððe elles hwær oððe ægðer; se yfla willa to ðon hiora welt. Forðy hi ne magon begitan þæt good þæt hi wilniað, forðy hi hit ðurg ðone willan secað, nales ðurh rihtne weg. Se yfla willa næfð nænne geferscipe wið þa gesælða." Ða se

his senses thinks that." Then he said: "Indeed, evil people can, however, do evil." Then I said: "If only they could not."

Then he said: "It is clear that they can do evil and cannot 13 do any good. That is because evil is nothing. But the good, if they have complete power, can do what good they wish. And so perfect power is to be accounted among the highest of good things because both power and the other good entities and virtues which we named a long way back are firmly related to the highest good. Just as the wall of every house is fixed both to the floor and to the roof, so is every good fixed to God, because he is both roof and floor of every good. Therefore the power of being able to do good is always to be desired, since the best power is that a person should be able and willing to do well, with less success or more, whatever he has. Whoever wishes to do good, he desires to have good and to be with good. And so Plato's saying is true enough. He said: 'The wise alone can do what good they wish; the evil can only begin what they desire.'

"I do not now know whether you will say that the good 14 sometimes begin what they cannot accomplish, but I say that they always accomplish it. Though they may not be able to complete that work, they nevertheless have a complete purpose, and the undoubted purpose will be counted as the completed work. So one never loses the rewards, either here or there or both. Yet the evil have the volition to do what pleases them, though it is not productive; they too do not lose the volition but have the punishment for it, either here or elsewhere or both; the evil volition controls them to that extent. They cannot obtain the good that they wish for, because they look for it through that volition, not through the right way. The evil will has no companionship with felicity."

Wisdom ða ðis spell areaht hæfde, ða ongan he eft singan
and þus cwæð:

Meter 25

"Geher nu an spell   be ðæm ofer-modum
unrihtwisum   eorðan cyningum,
ða her nu manegum   and mislicum
wædum wlite-beorhtum   wundrum scinað
5   on heah-setlum   hrofe getenge,
golde gegerede   and gim-cynnum,
utan ymbestandne   mid unrime
ðegna and eorla.   Þa bioð gehyrste
mid here-geatwum   hilde-torhtum,
10   sweordum and fetelum   swiðe geglengde,
and þegniað   ðrymme micle
ælc oðrum,   and hi ealle him.
Ðonan mid ðy ðrymme   þreatiað gehwider
ymb-sittenda   oðra ðeoda,
15   and se hlaford ne scrifð   ðe ðæm here waldeð
freonde ne feonde,   feore ne æhtum,
ac he reðig-mod   ræst on gehwilcne,
wede-hunde   wuhta gelicost;
bið to up ahæfen   inne on mode
20   for ðæm anwalde   þe him anra gehwilc
his tir-wina   to fultemað.
    "Gif mon ðonne wolde   him awindan of
þæs cyne-gerelan   claða gehwilcne

When Wisdom had delivered this speech, he began to sing
again and said as follows:

Meter 25

"Hear now a story about the proud
and unjust earthly kings,
those who now shimmer here wonderfully in many
and various splendid garments
on their high thrones close against the roof,   5
adorned with gold and different kinds of jewels,
surrounded by a countless number
of followers and lords. They are adorned
with splendid weaponry for war,
with highly decorated swords and sword belts,   10
and each serves the others with great
might, and they all serve him.
Thence they all oppress other neighboring
peoples everywhere with that might,
and the lord who controls the army shows no regard   15
for friend nor foe, their lives nor possessions,
but fierce-minded he rushes on each one,
resembling most, of all creatures, a mad dog;
he is too puffed up within his mind
because of the power which all of   20
his glorious followers help him to exercise.
    "If someone then were willing to strip from him
each garment of the royal garb

and him ðonne oftion   ðara ðegnunga
25   and þæs anwaldes   ðe he her hæfde,
ðonne meaht ðu gesion   þæt he bið swiðe gelic
sumum ðara gumena   þe him geornost nu
mid ðegnungum   ðringað ymbeutan;
gif he wyrsa ne bið,   ne wene ic his na beteran.
30   Gif him þonne æfre   unmendlinga
weas geberede   þæt him wurde oftogen
þrymmes and wæda   and þegnunga
and ðæs anwaldes   þe we ymbe sprecað,
gif him ænig þara   ofhende wyrð,
35   ic wat þæt him þinceð   þæt he þonne sie
becropen on carcern   oððe coðlice
racentan geræped.
                    "Ic gereccan mæg
þæt of ungemete   ælces ðinges,
wiste and wæda,   win-gedrinces,
40   and of swet-mettum,   swiðost weaxað
þære wrænnesse   wod-ðrag micel;
sio swiðe gedræfð   sefan in-gehygd
monna gehwelces,   þonan mæst cymeð
yfla ofer-metta,   unnetta saca.
45   Þonne hi gebolgene weorðað,   him wyrð on breostum
                                        inne
beswungen sefa on hraðre   mid ðæm swiðan welme
hat-heortnesse,   and hreðe siððan
unrotnesse   eac geræped,
hearde gehæfted.   Him siððan onginð
50   sum to-hopa   swiðe leogan
þæs gewinnes wræce;   wilnað þæt irre
anes and oðres;   him þæt eall gehæt
his recelest,   rihtes ne scrifeð.

and then take from him the attendance
and the power which he had before,   25
then you could see that he is very like
some of those men who now most eagerly
crowd in attendance around him;
even if he is not worse, I do not think him any better.
If then it ever happened to him by chance   30
unexpectedly that he was denied
the splendor, garments, attendance,
and power which we are speaking about,
if any of those is absent from him,
I know that it will seem to him that he is then   35
holed up in a prison or wretchedly
bound in chains.
    "I can affirm
that from a lack of moderation in everything,
food, garments, the drinking of wine,
and from delicacies, grows most fiercely   40
a huge frenzy of lust;
it greatly stirs up everyone's
inward thoughts in his mind, whence very often come
evil pride and useless conflict.
When they are enraged, the heart becomes   45
afflicted with the fierce surging of fury within
the heart, within the chest, and soon afterward
also fettered, firmly made captive
with sadness. Afterward a hope
of vengeance for that suffering   50
begins to delude him greatly; anger desires
one thing and another; his heedlessness
promises him all that, does not care for right.

"Ic ðe sæde ær   on ðisse selfan bec
55   þæt sumes goodes   sidra gesceafta
anlepra ælc   a wilnode
for his agenum   eald-gecynde.
Unrihtwise   eorðan cyninges
ne magon æfre þurhtion   awuht goodes
60   for ðæm yfle   þe ic ðe ær sæde.
Nis ðæt nan wundor,   forðæm hi willað hi
þæm unðeawum   þe ic ðe ær nemde,
anra gehwelcum,   a underðeodan.
Sceal ðonne nede   nearwe gebugan
65   to ðara hlaforda   hæftedome,
þe he hine eallunga   ær underþiodde.
Ðæt is wyrse get,   þæt he winnan nyle
wið ðæm anwalde   ænige stunde.
Þær he wolde a   winnan onginnan
70   and þonne on ðæm gewinne   þurhwunian forð,
þonne næfde he   nane scylde,
ðeah he oferwunnen   weorðan sceolde."

Prose 26

Ða se Wisdom ða ðis leoð asungen hæfde, þa ongon he eft
spellian and þus cwæð: "Gesihst þu nu on hu miclum and on
hu diopum and on hu þiostrum horoseaða þara unðeawa ða
yfelwillendan sticiað, and hu ða goodan scinað beorhtor
þonne sunne? Forðæm þa goodan næfre ne beoð bedælde
þara edleana hiora goodes, ne ða yflan næfre þara wita ðe hi

"I told you before in this same book
that each single member of the wide creation   55
always desired something good
out of his own ancient nature.
Unjust earthly kings
cannot ever achieve anything good
because of the evil which I told you about before.   60
That is no wonder, because they always wish
to subject themselves to every one
of the vices which I named for you before.
Of necessity he must then submit under constraint
to the captivity of those lords   65
to whom he had entirely subjected himself.
It is worse still that he does not wish to struggle
for any time against that power.
If he would ever begin struggling,
and then persevere in that fight,   70
then he would not be blamed at all,
even if he were to be overcome."

Prose 26

When Wisdom had sung this song he began to speak again
and said as follows: "Do you see now in how great, deep, and
dark a pit of vices the malicious stick, and how the good
shine brighter than the sun? The good are never deprived of
the rewards for their goodness, nor the evil ever of the pun-
ishments that they earn. Everything that is done in this

geearnigað. Ælc ðing ðe on þisse worulde gedon bið hæfð edlean. Wyrce hwa þæt ðæt he wyrce oððe do þæt he do, a he hæfð þæt þæt he geearnað. Nis þæt eac nauht unriht; swa swa gio Romana þeaw wæs, and giet is on manegum þiodum, þæt mon hehð ænne heafodbeag gyldenne æt sumes ærneweges ende; færð ðonne micel folc to, and yrnað ealle endemes, ða ðe hiora ærninge trewað, and swa hwelc swa ærest to þæm beage cymð, þonne mot se hine habban him. Ælc wilnað þæt he scyle ærest to cuman and hine habban, ac anum he þeah gebyreð.

2   "Swa deð eall moncyn on ðis andweardan life, irnað and onettað and wilniað ealle þæs hehstan goodes. Ac hit nis nanum anum men getiohhod ac is eallum monnum. Forðæm is ælcum ðearf þæt he higie ealle mægene æfter ðære mede. Þære mede ne wyrð nan good man bedæled. Ne mæg hine mon no mid rihte hatan se gooda gif he bið ðæs hehstan goodes bedæled, forðæm nan good ðeaw ne bið buton goodum edleanum. Don þa yflan þæt þæt hi don, symle bið se beag goodes edleanes ðæm godum gehealden on ecnesse. Ne mæg þara yflena yfel þa goodan beniman heora goodes and hiora wlites. Ac gif hi ðæt good buton him selfum hæfden, ðonne meahte hi mon his beniman, oðer twega, oððe se þe hit ær sealde oððe oðer mon. Ac ðonne forlyst good man his leanum ðonne he his good forlæt.

3   "Ongit nu þætte ælcum men his agen good gifð good edlean, þæt good þætte oninnan him selfum bið. Hwa wisra manna wile cweðan þæt ænig god man sie bedæled þæs hehstan goodes forðæm he symle æfter þæm swincð? Ac gemun ðu symle þæs miclan and þæs fægran edleanes, forðæm þæt edlean is ofer eal oðru lean to lufianne, and do ðæs lean to ðæm forsprecenan goodum þe ic þe ær tealde on þære

world has a reward. Whatever anyone may contrive, or whatever he may do, he always has what he earns. That is not at all unfair, either; it was customary among the Romans long ago, and still is in many nations, that someone hangs a golden crown up at the end of some racecourse; then a great crowd goes there and all run together, those who have confidence in their running, and whoever comes first to the crown is allowed to have it. Everyone wants to come to it first and have it, but it nevertheless falls to one.

"So does all humankind in this present life, they run and hasten and all strive for the highest good. But it is not intended for one person but is intended for all humankind. Therefore it is needful for everyone to strive with all his power for that reward. No good person will be deprived of that reward. No one can rightly call him good if he is deprived of the highest good, since no good virtue is without good rewards. Let the evil do what they may do, the crown of good reward will always be kept for the good in eternity. The wickedness of the wicked cannot deprive the good of their goodness and brightness. But if they had that good outside themselves, then someone could take it from them, either he who gave it before or another person. But a good person loses his rewards when he relinquishes his goodness. 2

"See now that to everyone his own good gives a good reward, the good that is within himself. What wise person will say that anyone good is deprived of the highest good, because he always strives for it? But remember always that great and fine reward, since that reward is to be loved over all other rewards, and add these rewards to the aforesaid kinds of good which I reckoned for you before in the third 3

þriddan bec. Þonne hi þonne gegaderudu bioð, ðonne meaht þu ongitan þæt ða gesælða and þæt hehste good bið eall an, and þæt bið God. And þonne þu meaht eac ongitan þæt ælc good man bið eadig, and þæt ealle gesælige men bioð godas and habbað ecu edlean heora goodes.

4   "Forðæm ne þearf nænne wisne mon tweogean þæt ða yflan næbben eac ecu edlean hiora yfles, þæt bið ece wite. Þeah ðu nu wene þæt hiora hwylc gesælig sie her for weorulde, he hæfð þeah symle his yfel mid him, and eac þæs yfles edlean ða hwile þe hit him licað. Nis nu nan wis mon þæt nyte þætte good and yfel bioð symle ungeþwære betweox him, and symle on tu willað. And swa swa ðæs godan godnes bið his agen good and his agen edlean, swa bið eac ðæs yfelan yfel his agen yfel and his edlean and his agen wite. Ne tweoð nænne mon, gif he wite hæfð, þæt he næbbe yfel. Hwæt, wenað þa yfelan þæt hi bion bedælde ðara wita, and sint fulle ælces yfles? Nalles no þæt an þæt hi bioð afylde ac forneah to nauhte gedone.

5   "Ongit nu be ðæm godum hu micel wite þa yfelan symle habbað, and gehere get sum bispell, and geheald þa wel þe ic ðe ær sæde. Eall þæt þætte annesse hæfð, þæt we secgað þætte sie þa hwile þe hit ætsomne bið, and þa samwrædnesse we hatað good, swa swa an mon bið man þa hwile ðe sio saul and se lichama ætsomne bioð; þonne hi ðonne gesindrede bioð, þonne ne bið he ðæt þæt he ær wæs. Þæt ilce þu meaht geþencan be þæm lichoman and be his limum. Gif þara lima hwylc of bið, þonne ne bið hit no full man swa hit ær wæs.

6   "Gif eac hwylc good man from gode gewit, þonne ne bið he þon ma fullice good gif he eallunga from gewit. Þonan hit

book. When they are gathered together, then you can see that felicity and the highest good are all one, and that is God. And then you can also see that each good person is blessed, and that all felicitous people are gods and have eternal rewards for their goodness.

"For no wise person need doubt that the evil do not also   4
have eternal reward for their evil, that is eternal punishment. Though you may now think that each of them is fortunate here as regards the world, yet he always has his evil with him, and also the reward for that evil as long he takes pleasure in it. There is now no wise person who does not know that good and evil are always at odds with each other, and always wish to keep apart. And just as the good person's goodness is his own good and his own reward, so also is the wicked person's evil his own evil and his reward and his own punishment. No one doubts that if he has punishment then he has evil. What, do the evil think that they will be deprived of those punishments, and they are full of every evil? Not just that they are filled but almost reduced to nothing.

"See now by comparison with the good how much pun-   5
ishment the evil always have, and listen to another analogy, and remember well those things which I said to you before. Everything that has oneness, we say that it exists as long as it is together, and that togetherness we call good, just as an individual is a human being as long as the soul and body are together; when they are separated, then he is not what he was before. You can think the same about the body and its limbs. If any of the limbs is missing, then it is not a complete person as it was before.

"If also any good person departs from good, then he is   6
not any more completely good for wholly departing from it.

305

gebereð þæt ða yflan forlætað þæt þæt hi ær dydon and ne beoð þæt þæt hi ær wæron. Ac þonne hi þæt good forlætað and weorðað yfle, þonne ne bioð hi nauhtas butan anlicnes. Þæt mon mæg gesion þæt hi gio men wæren, ac hi habbað þæs mennisces þonne þone betstan dæl forloren and þone forcuþestan gehealden. And hi forlætað þæt gecyndelice good, þæt sint mennisclice þeawas, and habbað þeah mannes anlicnesse ða hwile þe hi libbað.

7   "Ac swa swa manna goodnes hi ahefð ofer ða menniscan gecynd to ðon þæt hi bioð godas genemnede, swa eac hiora yfelnes hi awirpð under þa menniscan gecynd to þon þæt hio bioð yfle gehatene; þæt we cweðað sie nauht. Forþæm gif ðu swa gewlætne mon metst þæt he bið ahwerfed from goode to yfle, ne meaht þu hine na mid ryhte nemnan man ac neat.

8   "Gif þu on hwilcum men ongitst þæt he bið gitsere and reafere, ne scealt þu hine na hatan mon ac wulf; and þone reðan þe bið þweorteme ðu scealt hatan hund nalles mon; and þone leasan lytegan þu scealt hatan fox næs man; and þone ungemetlice modgan and yrsiendan þe to micelne andan hæfð þu scealt hatan leo næs man; and þone sænan þe bið swa slaw þu scealt hatan assa ma þonne man; and þone ungemetlice eargan þe him ondræt ma þonne he þyrfe ðu meaht hatan hara ma þonne mon; and þæm ungestæððegan and þæm galan þu meaht secgan ðæt he bið winde gelicra oððe unstillum fugelum þonne gemetfæstum monnum; and þæm þe ðu ongitst þætte ligð on his lichoman lustum, þæt he bið anlicost fættum swinum þe symle willað licgan on fulum solum, and hy næfre nellað aswylian on hluttrum wætrum; ac þeah hi seldum hwonne beswemde weorðen, þonne sleað hi eft on ða solu and bewealwiað hi þæran."

Thence it happens that the evil relinquish what they did be-
fore and are not what they were before. But when they relin-
quish the good and become evil, then they are nothing but
an image. One can see that they were human before, but
they have lost the best part of humanity and kept the worst.
They forsake the natural good, that is, human virtues, and
have however the likeness of humanity while they live.

"But just as the goodness of people raises them above hu- 7
man nature to the point that they are called gods, so too
their wickedness casts them beneath human nature to the
point that they are called evil; that, we say, is nothing. If you
meet someone so debased that he is turned from good to
evil, you cannot rightly name him a human but a beast.

"If you see in some person that he is greedy and a robber, 8
you must not call him a human but a wolf; and the fierce per-
son who is quarrelsome you must call a dog not a human;
and the false deceiver you must call a fox not a human; and
the excessively proud and angry person who has too much
malice, you must call a lion not a human; and the sluggish
person who is so slow you must call donkey rather than hu-
man; and the excessively fearful person who is more fright-
ened than he needs to be, you can call hare rather than hu-
man; and of the unstable and frivolous person you can say
that he is more like the wind or restless birds than sober hu-
mans; and of one whom you see to be lying in bodily plea-
sures, that he is most like fat pigs who always want to lie
in foul mud, and they will never wash themselves in pure
waters; but even if they are occasionally washed, then they
throw themselves again into the mud and wallow in it."

Ða se Wisdom þa ðis spell areaht hæfde, þa ongon he eft sin-
gan and þus cwæð:

Meter 26

"Ic þe mæg eaðe   ealdum and leasum
spellum reccan   spræce gelice
efne ðisse ilcan   þe wit ymb sprecað.
Hit gesælde gio   on sume tide
5   ðæt Aulixes   under hæfde
ðæm casere   cyne-ricu twa.
He wæs Þracia   ðioda aldor
and Retie   rices hirde.
Wæs his frea-drihtnes   folc-cuð nama
10   Agamemnon,   se ealles weold
Creca rices.   Cuð wæs wide
þæt on þa tide   Troia-gewin
wearð under wolcnum.   For wiges heard
Creca drihten   camp-stede secan;
15   Aulixes mid   an hund scipa
lædde ofer lagu-stream,   sæt longe ðær,
tyn winter full.   Þa sio tid gelomp
þæt hi ðæt rice   geræht hæfdon,
diore gecepte   drihten Creca
20   Troia-burg   tilum gesiðum.
    "Ða ða Aulixes   leafe hæfde,
Ðracia cining,   þæt he þonan moste,
he let him behindan   hyrnde ciolas

When Wisdom had spoken this speech, he began to sing again and said as follows:

Meter 26

"I can easily tell you with old
and false stories a similar account
to this same one that we are speaking about.
It happened once upon a time
that Ulysses had possession of   5
two kingdoms under the emperor.
He was lord of the peoples of Thrace
and guardian of the kingdom of Retia.
His lord's name was well known,
Agamemnon, who ruled all   10
the kingdom of the Greeks. It was widely known
that at that time the Trojan War
was being waged under the sky. The lord of the Greeks,
bold in battle, went to find the battlefield;
Ulysses, accompanying him, led a hundred ships   15
over the sea, stayed there for a long time,
fully ten years. When the time came
that they had obtained the kingdom,
the lord of the Greeks had dearly purchased
the city of Troy with worthy companions.   20
    "When Ulysses, king of Thrace,
had leave to depart,
he left behind him ninety-nine

nigon and hundnigontig,   nænigne þonan
25 mere-hengesta   ma þonne ænne
ferede on fifel-stream,   famig-bordon,
ðrie-reðre ceol,   þæt bið ðæt mæste
Creciscra scipa.   Þa wearð ceald weder,
stearc storma gelac;   stunede sio brune
30 yð wið oðre,   ut feor adraf
on Wendel-sæ   wigendra scola
up on þæt ig-land   þær Apolines
dohtor wunode   dæg-rimes worn.
Wæs se Apollinus   æðeles cynnes,
35 Iobes eafora,   se wæs gio cyning.
Se licette   litlum and miclum
gumena gehwylcum,   þæt he god wære
hehst and halgost;   swa se hlaford þa
þæt dysige folc   on gedwolan lædde,
40 oððæt him gelyfde   leoda unrim,
forðæm he wæs mid rihte   rices hirde,
hiora cyne-cynnes.   Cuð is wide
þæt on ða tide   þeoda æghwilc
hæfdon heora hlaford   for ðone hehstan god
45 and weorðodon   swa swa wuldres cining
gif he to ðæm rice wæs   on rihte boren.
Wæs þæs Iobes fæder   god eac swa he;
Saturnus ðone   sund-buende
heton, hæleða bearn.   Hæfdon ða mægða
50 ælcne æfter oðrum   for ecne god.
    "Sceolde eac wesan   Apollines
dohtor dior-boren   dysiges folces,
gum-rinca gyden;   cuðe galdra fela,

prowed ships, and took on to the ocean
from there no more 25
than one of the ships with foamy sides,
a ship with three banks of oars, which is the greatest
of Greek ships. Then cold weather, the violent
tumult of storms, came; the dark waves
resounded one against the other and drove the group 30
of warriors far out into the Mediterranean
on to the island where Apollo's
daughter had lived for a great number of days.
That Apollo was of noble race,
son of Jove, who was a king in olden times. 35
He pretended in all sorts of ways
to each man that he was the highest
and most holy god; thus that lord then
brought those foolish people to error, to the point
that a countless number of people believed him, 40
because he was rightly the protector of the kingdom
and of their royal line. It is known far and wide
that at that time each nation
considered their lord to be the highest god,
and honored him like the king of glory 45
if he was rightly born to the kingdom.
Jove's father was also a god in the same way as he was;
people, sons of men, called
him Saturn. Those tribes considered
each one after the other to be an eternal god. 50
    "Apollo's nobly born daughter
was also supposed to be a goddess of the foolish
people, of warriors; she knew how to perform many

drifan dry-cræftas.　Hio gedwolan fylgde
55　manna swiðost　　manegra þioda,
cyninges dohtor;　sio Circe wæs
haten for herigum.　Hio ricsode
on ðæm ig-londe　þe Aulixes,
cining Þracia,　com ane to
60　ceole liðan.　Cuð wæs sona
eallre þære mænige　þe hire mid wunode
æþelinges sið.　Hio mid ungemete
lissum lufode　lid-monna frean,
and he eac swa same　ealle mægne
65　efne swa swiðe　hi on sefan lufode,
þæt he to his earde　ænige nyste
modes mynlan　ofer mægð giunge,
ac he mid þæm wife　wunode siððan,
oððæt him ne meahte　monna ænig
70　ðegna sinra　þær mid wesan,
ac hi for ðæm yrmðum　eardes lyste,
mynton forlætan　leofne hlaford.
　　"Ða ongunnon wercan　wer-ðeoda spell,
sædon þæt hio sceolde　mid hire scinlace
75　beornas forbredan　and mid balo-cræftum
wraðum weorpan　on wildra lic
cyninges þegnas,　cyspan siððan
and mid racentan eac　ræpan mænigne.
Sume hi to wulfum wurdon,　ne meahton þonne word
　　　　　　　　　　　　　　forðbringan,
80　ac hio þragmælum　ðioton ongunnon.
Sume wæron eaforas,　a grymetedon
ðonne hi sares hwæt　siofian scioldon.
Þa ðe leon wæron　ongunnon laðlice

spells and magical arts. She, the king's daughter,
practiced perversity very strenuously among people   55
of many nations; among hosts she was
called Circe. She reigned
on the island to which Ulysses,
king of Thrace, came sailing
in his one ship. Straightaway the prince's   60
arrival became known to all the multitude
who lived with her. With lack of moderation she
loved dotingly the lord of seafarers,
and he also similarly with all his might
loved her just as much in his heart,   65
so that he felt no yearning for
his homeland over the young woman,
but he stayed afterward with that woman
until none of his followers
could stay with him there,   70
but in their misery they desired their homeland
and intended to leave their beloved lord.
　　"Then people began to produce stories,
said that she supposedly transformed the men
with her sorcery and changed   75
the king's followers with terrible evil arts
into the form of wild things, and then fettered them
and also tied many up with chains.
Some became wolves, and could not then utter words,
but at intervals began to howl.   80
Some were wild boars, and continually grunted
when they were supposed to lament their sorrow.
Those who were lions began continually

yrrenga ryn   a ðonne hi sceoldon
85   clipian for corðre.   Cnihtas wurdon,
ealde ge giunge,   ealle forhwerfde
to sumum diore   swelcum he æror
on his lif-dagum   gelicost wæs,
butan þam cyninge   þe sio cwen lufode.
90   Nolde þara oþra   ænig onbitan
mennisces metes,   ac hi ma lufedon
diora drohtað,   swa hit gedefe ne wæs.
Næfdon hi mare   monnum gelices,
eorð-buendum,   ðonne in-geþonc;
95   hæfde anra gehwylc   his agen mod,
þæt wæs þeah swiðe   sorgum gebunden
for ðæm earfoðum   þe him on sæton.
   "Hwæt, ða dysegan men   þe ðysum dry-cræftum
longe gelyfdon,   leasum spellum,
100   wisson hwæðre   þæt þæt gewit ne mæg
mod onwendan   monna ænig
mid dry-cræftum,   þeah hio gedon meahte
þæt ða lic-homan   lange þrage
onwend wurdon.   Is þæt wundorlic
105   mægen-cræft micel   moda gehwilces
ofer lic-homan   lænne and sænne.
Swylcum and swylcum   þu meaht sweotole ongitan
þæt ðæs lic-homan   listas and cræftas
of ðæm mode cumað   monna gehwylcum,
110   ænlepra ælc.   Þu meaht eaðe ongitan
þætte ma dereð   monna gehwelcum
modes unðeaw   þonne mettrymnes
lænes lic-homan.   Ne þearf leoda nan
wenan þære wyrde,   þæt þæt werige flæsc

to roar horribly in anger when they were supposed
to call out to their companions. The men, old   85
and young, were all turned
into a particular wild animal to which each was previously
most like in his lifetime,
except for the king whom the queen loved.
None of those others would eat   90
human food, but they preferred
the practice of wild animals, as was not fitting.
They had nothing remaining similar to men,
to earth dwellers, except for their minds;
each one had his own mind   95
which was however greatly bound with sorrows
because of the troubles which oppressed it.
   "Oh those foolish people who for a long time believed in
these magical arts and false stories,
knew however that no one can   100
change the understanding or the mind
with sorcery, though she could make
the body be changed
for a long time. The great power
of each mind over the transitory and   105
dull body is wonderful.
You can clearly perceive by such things
that the body's abilities and skills,
each single one, come to everyone
from the mind. You can easily perceive   110
that the vice of the mind harms everyone
more than the weakness
of the transitory body. No one need
expect it to happen that the weary flesh

115 þæt mod mæge   monna æniges
eallunga to him   æfre onwendan,
ac þa unðeawas   ælces modes
and þæt in-geþonc   ælces monnes
þone lic-homan   lit þider hit wile."

Prose 27

Ða cwæð ic: "Ic eom geþafa þæt þæt is soð þæt ðu ær sæ-
dest, þæt wæs ðæt hit nauht unriht nære þæt mon þa yfel-
willendan men hete netenu oððe wildior, þeah hi mannes
onlicnesse hæbben. Ac gif ic hæfde swilcne anwald swilce se
ælmihtiga God hæfð, þonne ne lete ic no ða yfelan derigan
þæm goodum swa swiðe swa hi nu doð." Ða cwæð he: "Nis
hit him no swa longe alefed swa ðe ðincð. Ac ðu meaht ongi-
tan ðæt him bið swiðe hrædlice gestiored hiora orsorgnesse,
swa ic þe nu rihte secgan wille, þeah ic get æmettan næbbe
for oðre spræce.

2   "Þær hi þone unnettan anwald næfden ðe hi wenað þæt hi
hæbben, þonne næfden hi swa micel wite swa hi habban scu-
lon. Ða yflan bioð symle ungesæligran þonne, þonne hi ma-
gon ðurgtion þæt yfel þæt hi lyst, ðonne hi þonne bion
ðonne hi hit don ne magon, þeah his dysige men ne gelefen.
Hit is swiðe yfel þæt mon yfel wille, and hit is þeah micle
wyrse þæt hit mon mæge, forðæm se yfla willa bið tostenced
swaþær rec beforan fyre gif mon ðæt weorc þurgtion ne
mæg. Ac ða yflan habbað hwilum ðrio unsælða. An is þæt hi

316

can ever entirely divert the
mind of anyone to it,
but the vices of each mind
and the thoughts of everyone
incline the body wherever they wish."

Prose 27

Then I said: "I admit that what you said before is true, which was that it would not be unjust for people of evil intent to be called animals or wild beasts, though they have the likeness of a human being. But if I had such power as almighty God has, then I would not let the wicked harm the good as much as they now do." Then he said: "It is not permitted to them for as long as you think. But you can see that their freedom from care is very quickly restrained, as I will tell you in due course, though I do not have leisure yet for further discussion.

"If they did not have the useless power that they think 2 they have, then they would not have such great punishment as they are bound to have. The wicked are always more unfortunate when they can carry out the evil that they want than they are when they cannot carry it out, though foolish people may not believe this. It is very evil that anyone intends evil, and it is much worse however that he is able to do it, because the evil will is scattered like smoke before a fire if the act cannot be carried out. But the wicked have variously three kinds of infelicity. One is that they wish evil,

yfel willað, oðer þæt þæt hi magon, þridde þæt hi hit þurg-
tioð, forðæm ðe God hæfð getiohhod to sellanne witu and
ermða þam yflum monnum for hiora yflum weorcum."

3 "Ða cwæð ic: "Hit is swa swa ðu sægst, and þeah ic wolde
gewyscan, gif ic meahte, þæt hi næfden ða heardsælða þæt
hi meahten yfel don." Ða cwæð he: "Ic wene ðeah þæt him
losige se anwald ær þonne þu wolde oððe hi wenen, forðæm
nanwuht nis longfæres on ðys andweardan life, þeah mon-
num ðynce þæt hit long sie. Ac swiðe oft se micla anwald
ðara yflena gehrist swiðe færlice, swa great beam on wuda
wyrcð hludne dynt þonne men læst wenað, and for ðæm ege
hi beoð simle swiðe earme. Gif hi þonne hiora yfel earme
gedeð, hu ne bið ðonne semle þæt lange yfel wyrse þonne
ðæt scorte? Þeah nu ða yflan næfre ne wurden deade, þeah ic
wolde cweðan þæt hi wæren earmoste and ungesælgoste.
Gif þa yrmða ealla soða sint þe we longe ær ymbe reahton
þæt ða yflan her on weorulde habban scolden, þonne is ðæt
sweotol þæt ða yrmða bioð endelease þe ece bioð."

4 Ða cwæð ic: "Þæt is wundorlic þæt ðu sægst and swiðe
earfoðlic dysegum monnum to ongitanne, ac ic ongite þeah
þæt hit belimpð genog wel to ðære spræce ðe wit ær ymbe
spræcon." Ða cwæð he: "Ic ne sprece nu no to dysegum mon-
num, ac sprece to ðam þe wel wilniað wisdom ongitan,
forðæm þæt bið tacn wisdomes þæt hine mon welnige gehe-
ran and ongitan. Ac gif dysegra hwone tweoge ænges þara
spella þe we ær ymb spræcon on þisse ilcan bec, ðonne
gerecce he gif he mæge oðer twega, oððe þara spella sum
leas, oððe ungelic þære spræce þe wit æfterspyriað, oððe
þridde wend, ongite, and gelefe þæt wit on riht spyrigen. Gif
he þara nan nyte, þonne nat he hwæt he mænð.

the second that they have the ability, the third that they carry it out, since God has determined to give punishments and miseries to the wicked for their evil works."

Then I said: "It is as you say, and yet I would wish if I could that they did not have the ill luck to be able to do evil." 3 Then he said: "I think however that they lose the power earlier than you would wish or they expect, since nothing is long-lasting in this present life, though people think it is long. But very often the great power of the wicked falls very suddenly, as a great tree in the wood makes a loud crash when people least expect it, and out of fear of that they are always very wretched. If their evil makes them wretched, is not then the long-lasting evil always worse than the short? Even if the wicked never died, yet I would say that they were most wretched and ill-fortuned. If the miseries are all true, which we long before said that the evil were due to have in this world, then it is clear that the miseries which are eternal are endless."

Then I said: "What you say is wonderful and very difficult for foolish people to understand, but I see that it fits well enough with the speech that we two spoke before." Then he 4 said: "I am not talking now to fools but I speak to those who wish to understand wisdom well, since that is a sign of wisdom that someone wishes to hear and understand it. But if some fool is doubtful about any of the arguments which we have made before in this same book, then let him demonstrate if he can either that one of those arguments is false or that it is distinct from the argument that we are aiming for, or, thirdly, turn round, understand it, and believe that we are following the right direction. If he does not know any of those then he does not know what he is complaining of.

5   "Ac ic þe mæg giet tæcan oðer þing ðe dysegum monnum
wile ðincan giet ungelefedlicre, and is þeah genog gelic þam
spelle ðe wit æfterspyriað." Ða cwæð ic: "Hwæt is ðæt la
ðinga?" Ða cwæð he: "Is þæt ðæt þa yflan bioð micle gesæli-
gran þe on ðisse weorulde habbað micelne wean and manig-
feald witu for hiora yfelum, ðonne þa sien ðe nane wræce
nabbað ne nan wite on ðisse worulde for hiora yfle. Ne wene
þeah nan mon þæt ic for ðæm anum ðyllic sprece ðe ic wolde
unðeawas tælan and goode herian and mid ðære bysne men
ðreatigan and tyhtan to godum þeawum for þæm ege þæs
wites, ac for oðrum ðincgum ic hit spræc get swiðor."

6   Ða cwæð ic: "For hwylcum oðrum ðingum woldes þu þæt
sprecan buton for ðæm þe þu nu sægdes?" Ða cwæð he: "Ge-
manst þu hwæt wit ær spræcon, þæt wæs þæt ða goodan
hæfdon symle anwald and gesælða, and þa yflan næfden næ-
fre nauðer?" Ða cwæð ic: "Þæt ic geman." Ða cwæð he:
"Hwæt wenst ðu nu, gif þu gesihst hwylcne swiðe unge-
sæligne mon, and ongitst ðeah hwæthwugu goodes on him,
hwæðer he sie swa ungesælig swa se ðe nanwuht goodes
næfð?" Ða cwæð ic: "Se me ðincð gesæligra þe hwæthwugu
hæfð." Ða cwæð he: "Ac hu þincð þe ðonne be ðæm þe nan-
wuht goodes næfð, gif he hæfð sumne eacan yfeles? Se þu
wilt secgan þonne giet sie ungesæligra þonne se oðer for ðæs
yfles eacan."

7   Ða cwæð ic: "Hwy ne sceolde me swa þyncan?" Ða cwæð
he: "Telo þonne þæt ðe swa þincð. Ongit þonne mid in-
newearde mode þæt ða yflan habbað symle hwæthwugu
godes ongemong hiora yfle. Þæt is hiora wite, þæt mon mæg
swiðe eaðe gereccan mid rihte him to goode. Ac þa þe him
bið unwitnode eall hiora yfel on þisse worulde habbað sum
yfel hefigre and frecenlicre þonne ænig wite sie on þisse

"But I can teach you something else that foolish people 5
will think still more incredible, and it is nevertheless suffi-
ciently close to the argument that we are pursuing." Then I
said: "What is that?" Then he said: "It is that the wicked
who have much misery and many punishments for their evils
in this world are much more fortunate than are those who
have no vengeance or punishment in this world for their
evil. Let no one think that I say such things just because I
want to criticize vices and praise good and by that example
threaten people and incite them to good virtues out of fear
of punishment, but I say it rather for other reasons."

Then I said: "For what reasons would you say that other 6
than for the reason you just said?" Then he said: "Do you re-
member what we two said before, which was that the good
always had power and felicity, and the wicked never had ei-
ther?" Then I said: "I remember that." Then he said: "What
do you think now, if you see some very unfortunate person
and yet perceive some element of good in him, would he be
as unfortunate as one who had nothing good?" Then I said:
"He who has something seems the more fortunate." Then
he said: "But how do you think then about someone who has
nothing good, if he has some addition of evil? He, you will
then say, is still more unfortunate than the other because of
the increase of evil."

Then I said: "Why should I not think so?" Then he said: 7
"It is good that you think so. See then with inner mind that
the evil always have something good in among their evil.
That is their punishment, which one can very easily reckon
with justice as a good for them. But those for whom their
evil is entirely unpunished in this world have some evil
that is heavier and more perilous than is any punishment in

worulde. Þæt þæt is þæt him bið unwitnod hiora yfel on þisse weorulde. Ðæt is þæt sweotoloste tacen þæs mæstan yfeles on þisse weorulde, and þæs wyrrestan edleanes æfter þisse worulde." Ða cwæð ic: "Ne mæg ic þæs oðsacan." Ða cwæð he: "Forðæm sint ungesæligran ða yflan forðæm him bið buton gewyrhtum forgifen hiora yfel, þonne ða sien ðe him bið hiora yfel geleanod be hiora gewyrhtum. Forðæm hit is riht þæt mon yflige ða yflan, and hit is wog þæt hi mon læte unwitnode." Ða cwæð ic: "Hwa oðsæcð þæs?" Ða cwæð he: "Ne mæg nan mon oðsacan þæt hit ne sie eall good þætte riht bið and eall yfel þætte woh bið."

8   Ða cwæð ic: "Ic eom swiðe gedrefed mid ðisse spræce, and wundrie forhwy swa rihtwis dema ænige unrihte gife wille forgifan." Ða cwæð he: "Be hwæm cwest þu þæt?" Ða cwæð ic: "Forþam ðe ðu ær cwæde þæt he unriht dyde þæt he lete unwitnod ða yflan." Ða cwæð he: "Þæt is his weorð-scipe þæt he swa giful is, and swa rumedlice gifð. Ðæt is mi-cel gifo þæt he gebit oðþæt ða yflan ongitað hiora yfel and gecierrað to goode." Ða cwæð ic: "Nu ic ongite þæt hit nis ecu gifu þæt he gifð þæm yflum, ac is hwilchwugu eldcung and andbid þæs hehstan deman. For ðæm andbide and for ðæm geþylde me ðincð þæt he sie ðe swiðor forsewen. And þeah me licað þis spell genog wel and ðincð me genog gelic ðæm ðe ðu ær sædes.

9   "Ac ic ðe healsige giet ðæt þu me secge hwæðer ðu wene þæt þa yflan habban ænig wite æfter þisse weorulde, oððe þa godan ænig edlean hiora goodes." Ða cwæð he: "Hu ne sæde ic ðe ær þæt ða goodan habbað edlean heora goodes ægþer ge her ge on ecnesse, and ða yflan eac habbað edlean hiora yfles ægðer ge her ge eft on ecnesse? Ac ic wille dælan þa yflan nu on twua, forðæm þe oðer dæl þara yflena hæfð ece

this world. That is that for them their evil is unpunished in this world. That is the clearest sign of the greatest evil in this world and of the worst reward after this world." Then I said: "I cannot deny that." Then he said: "So the evil are more unfortunate because their evil is forgiven without deserving it, than are those who are punished for their evil according to their merits. It is right that the evil should have evil inflicted on them, and it is wrong that they should be left unpunished." Then I said: "Who denies that?" Then he said: "Nor can anyone deny that what is right is wholly good, and what is wrong is wholly evil."

Then I said: "I am very troubled by this speech, and wonder why such a just judge will award any unjust gift." Then he said: "What are you referring to?" Then I said: "Because you said before that he did injustice in that he left the evil unpunished." Then he said: "That is his honor, to be so generous, and to give so fully. That is a great gift that he waits until the wicked perceive their evil and turn to good." Then I said: "Now I understand that it is not an eternal gift that he gives the wicked but is a partial delay and abiding of the highest judge. Because of that abiding and patience I think that he is the more despised. And yet this argument pleases me well enough and seems to me sufficiently related to what you said before.

"But I beg you still to tell me whether you think that the evil have any punishment after this world, or the good any reward for their goodness." Then he said: "Did I not tell you before that the good have reward for their goodness both here and in eternity, and the wicked also have reward for their evil both here and again in eternity? But I want to divide the wicked into two groups, since one group of the

323

wite, forðæm hi nane mildheortnesse ne geearnodon, oðer
dæl sceal beon geclæsnod and amered on ðæm heofanlican
fyre swa her bið seolfor, forðæm he hæfð sume geearnungæ
sumre mildheortnesse. Forðæm he mot cuman æfter ðæm
earfoðum to ecre are.

10   "Giet ic meahte mare reccan ægðer ge be ðæm goodum
ge be þæm yflum þær ic nu æmettan hæfde. Ac ic ondræde
þæt ic forlæte þæt wyt ær æfterspyredon, þæt wæs þæt wit
woldon gereccan þæt þu ongeate ðæt ða yflan næfden nænne
anwald ne nænne weorðscipe ne on þisse weorulde ne on
þære toweardan. Forðæm þe þuhte ær þæt eallra ðinga wyr-
rest þæt ðu wendes þæt hi hæfden to micelne, and ðæt eall-
neg siofodes þæt hi eallneg næron on wite. And ic ðe sæde
eallne weg þæt hi næfre ne bioð buton wite, ðeah þe swa ne
þince. Ac ic wat þeah þæt ðu wilt siofian ðæt hi swa longne
fyrst habbað leafe yfel to donne, and ic ðe sæde ealne weg
þæt se fyrst bið swiðe lytle hwile. And ic þe secge giet, swa
swa he lengra bið swa hi bioð ungesæligran, þæt him wære
eallra mæst unsælð þæt se fyrst wære oð domes dæg. And ic
þe sæde eac þæt ða wæren ungesæligran þe him unrihtlice
hiora yfel forboren wære þonne þa wæren þe him heora yfel
rihtlice on gewrecen wære. Git hit gebyreð þæt ðe ðincð ðæt
þa orsorgan bioð ungesæligran þonne þonne þa gewitno-
dan."

11   Ða cwæð ic: "Ne þincð me næfre nanwuht swa soðlic swa
me þincað þine spell ðæm tidum ðe ic ða gehere. Ac gif ic me
wende to þises folces dome þonne nis hit no ðæt an þæt hi
nyllað þisse þinre race gelefan, ac hi hit nyllað furðum gehe-
ran." Ða cwæð he: "Nis þæt nan wundor. Hwæt þu wast þæt
þa men þe habbað unhale eagan ne magon full eaðe locian

wicked have eternal punishment, because they earned no mercy, and the other group are to be cleansed and purified in the heavenly fire as here silver is, because that group have somewhat earned some mercy. And so they are allowed to come after those hardships to eternal favor.

"I could tell still more both about the good and about the 10 wicked if I had time now. But I fear that I may abandon what we were previously enquiring after, which was that we two wished to discuss things so that you understood that the wicked had no power nor honor either in this world or in the next. You thought before that the worst of all things was that you believed that they had too much power and honor, and you lamented all the time that they were not always undergoing punishment. And I told you always that they are never without punishment, though you may not think so. But I know that you will lament that they have permission to do evil for so long a time, and I have always told you that the time is a very little while. And I tell you still, the longer it is the more unfortunate they will be, and that the greatest misfortune of all for them would be that the time was until doomsday. And I told you as well that those were more unfortunate whose evil was unjustly suffered than were those whose evil was justly avenged. Still it is proper that you think that those who are free of troubles are more wretched than the punished."

Then I said: "Nothing ever seems to me so true as your 11 arguments seem to me at the time that I hear them. But if I turn to the opinion of these ordinary people, it is not just that they will not believe this argument of yours, but they will not even listen to it." Then he said: "That is no wonder. You know that those people who have weak eyes cannot ongean þa sunnan þonne hio beortost scinð, ne furðum on fyr ne on nanwuht beortes hi ne lyst locian, gif se æppel lef bið. Swa beoð ða synfullan mod ablend mid heora yflan willan þæt hi ne magon gesion þæt leoht þære beorhtan soðfæstnesse, þæt is se hehsta wisdom. Ac him bið swa þæm fuglum and þæm diorum ðe magon bet locian on niht þonne on dæg. Se dæg blent and þiostrað heora eagan, and þære nihte ðiostro hi onlyhtað. Forðy wenað ða ablendan mod þæt þæt sie sio mæste gesælð þæt men sie alefed yfel to donne, and sio dæd him mote bion unwitnod. Forðæm hi ne lyst spyrian æfter ælcre spræce swa longe oð hi þæt riht witen, ac wendað on hiora unnettan willan and spyriað æfter ðæm.

12   "Þe ic nat hu nyt þu me tæhst to ðæm dysegum monnum, þa næfre æfter me ne spyriað. Ic ne sprece næfre to ðæm, ac ic sprece to þe forðæm þu tiohhast þæt þu spyrie æfter me and swiðor swincsð on ðæm spore þonne hi don. Ne recce ic hwæt hi demen. Ic læte nu to þinum dome ma þonne to hiora, forðæm hi eall lociað mid bæm eagum on þas eorðlican ðincg, and hi him liciað eallunga, ægþær ge on þæs modes eagum ge on þæs lichoman. Ac þu ana hwilum bescylst mid oðre eagan on þa heofonlican þincg, mid oðre þu locast nu giet on þas eorðlican.

13   "Forðæm wenað þa dysegan þæt ælc mon sie blind swa hi sint, and þæt nan mon ne mæge gesion þæt hi gesion ne magon. Þæt dysi is anlicost þe sum cild sie full hal and ful æltæwe geboren, and swa fullice ðionde on eallum cystum and cræftum þa hwile þe hit on cnihthade bið, and swa forð eallne giogoðhad oð he wyrð ælces cræftes medeme, and þonne lytle ær his midferhðe weorðe bæm eagum blind, and eac þæs modes eagan weorðan swa ablende þæt he nanwuht

very easily look at the sun when it shines most brightly, nor even do they like to look at a fire or anything bright, if the eye is injured. The sinful minds are so blinded by their evil will that they cannot see the light of the bright truth, that is the highest wisdom. But it is for them as for those birds and animals which can see better at night than by day. The day blinds and darkens their eyes, and the darkness of the night makes them light. So the blinded minds think that the greatest felicity is that someone is allowed to do evil, and that he may not be punished for the act. They do not want to pursue any discussion to the point that they know what is right, but turn to their vain desires and pursue those.

"So I don't know for what purpose you point me to foolish people, who never enquire after me. I never speak to them, but I speak to you, since you intend to enquire after me and toil more on the track than they do. I do not care what opinions they have. I concern myself with your opinion more than theirs, since they all look with both eyes at these earthly things, and those please them totally, both in the mind's eyes and in the body's. But you alone sometimes look with one eye to heavenly things, with the other you still look now on these earthly things. 12

"So the foolish think that everyone is as blind as they are, and that no one can see what they cannot see. That folly is as if a child is born completely sound and whole and so fully prospering in all virtues and skills during its childhood, and so on through all his youth until he becomes excellent in every skill, and then a little before his midlife becomes blind in both eyes, and also the mind's eyes become so blind that he remembers nothing of what he ever saw or heard before, 13

ne gemune þæs ðe he æfre ær geseah oððe geherde, and
wene þeah ðæt he sie ælces þinges swa medeme swa he æfre
medomest wære, and wenð þæt ælcum men sie swa swa him
si, and ælcum men ðince swa swa him þincð. Þeah ðe he
þonne swa dysig sie þæt he þæs wene, hwæðer we ðonne wil-
len ealle wenan þæs ðe he wenð? Ic wene ðeah þæt we nyl-
len. Ac ic wolde witan hu þe þuhte be þæm monnum ðe wit
ær cwædon þæt unc ðuhte þæt wæren wildiorum gelicran
þonne monnum, hu micelne wisdom þa hæfden. Me þincð
þeah ðæt hie næbben nænne.

14   "Ic ðe wolde giet reccan sume swiðe rihte raca, ac ic wat
þæt þis folc his nele gelyfan, þæt is þæt ða bioð gesæligran
þe mon witnað þonne þa bion þe hi witniað." Ða wundrode
ic ðæs and cwæð: "Ic wolde þæt þu me gereahte hu hit swa
bion meahte." Ða cwæð he: "Hwæðer þu ongite þæt ælc
yfelwillende mon and yfelwyrcende sie wites wyrðe?" Ða
cwæð ic: "Genog sweotole ic þæt ongite." Ða cwæð he: "Hu
ne is se ðonne yfelwillende and yfelwyrcende ðe þone un-
scyldigan witnað?" Ða cwæð ic: "Swa hit is swa þu sægst." Ða
cwæð he: "Hwæðer þu wene þæt ða sien earme and unge-
sælige þe wites wyrðe bioð?" Ða cwæð ic: "Ne wene ic his no,
ac wat geare."

15   Ða cwæð he: "Gif þu nu deman moste, hwæðerne woldes
þu deman wites wyrðran, þe ðone þe ðone unscyldgan wit-
node, ðe ðone þe þæt wite þolade?" Ða cwæð ic: "Nis þæt
gelic. Ic wolde helpan þæs ðe ðær unscyldig wære and henan
þone þe hine yflode." Ða cwæð he: "Þonne þe ðincð se
earmra se þæt yfel deð ðonne se þe hit þafað." Ða cwæð ic:
"Þæs ic gelefe þætte ælc unriht witnung sie þæs yfel þe hit
deð, næs þæs ðe hit ðafað, forðæm his yfel hine gedeð
earmne, and ic ongite ðæt þis is swiðe riht racu þæt þu nu

and thinks however that he is as excellent in all things as he was most excellent before, and thinks that it is with everyone as it is with him, and everyone thinks as he thinks. Though he then be so foolish as to think that, will we all then want to think just as he thinks? I think though that we will not. But I would like to know what you think about those people whom we mentioned before, that we thought were more like wild animals than human beings, how much wisdom those had? I think though that they have none.

"I would still like to set out for you a very just argument, 14 but I know that these people will not believe it, that is that those who are afflicted are more fortunate than those who afflict them." Then I wondered at that and said: "I would like you to explain how that could be so." Then he said: "Do you understand that every evil-willing and evil-doing person is worthy of punishment?" Then I said: "I understand that well enough." Then he said: "Is not he who punishes the innocent then evil-willing and evil-doing?" Then I said: "It is as you say." Then he said: "Do you believe that those who are worthy of punishment are wretched and unfortunate?" Then I said: "I don't just believe it, I know it perfectly."

Then he said: "If now you were allowed to judge, which 15 would you judge worthier of punishment, the one who tormented the innocent or the one who suffered the torment." Then I said: "There is no similarity. I would want to help the one who was innocent and bring low the one who did evil to him." Then he said: "Then it seems to you that the one who does evil is more wretched than the one who suffers it." Then I said: "I believe that every unjust affliction is the evil of him who does it, not of him who suffers it. His evil makes him wretched, and I understand that this is a very valid

recst, and swiðe anlic þæm þe þu ær reahtes, ac ic wat þeah
þæt þis folce swa ne þincð."

16   Ða cwæð he: "Wel þu hit ongitst, ac ða þingeras þingiað
nu hwilum þæm þe læssan þearfe ahton; þingiað þæm þe
þær man yflað, and ne þingiað þæm þe þæt yfel doð. Þæm
wære mare ðearf þe þa oðre unscyldige yflað þæt him mon
þingode to þæm ricum, and bæde þæt him mon dyde swa
micel wite swa hi þæm oðrum unscyldgum dydon. Swa swa
se sioca ah þearfe þæt hine mon læde to þæm læce þæt he
his tilige, swa ah se þe ðæt yfel deð þæt hine mon læde to
þæm ricum þæt mon þær mæge sniðan and bærnan his un-
þeawas. Ne cweðe ic na þæt þæt yfel sie þæt mon helpe þæs
unscyldgan and him foreþingie, ac ic cweðe þæt hit is betere
þæt mon wrege þone scyldgan. And ic secge þæt sio fore-
spræc ne dyge nauðer ne þæm scyldgan ne ðæm þe him
foreþingað, gif hi þæs wilniað þæt him heora yfel unwrecen
sie be ðæs gyltes andefne.

17   "Ac ic wat gif ða scyldgan ænigne spearcan wisdomes
hæfden and be ænegum dæle ongeaten þæt hi meahten
heora scylda þurg þæt wite gebetan þe him her on weorulde
on become, þonne noldon hi na cweðan þæt hit wære wite,
ac woldan cweðan þæt hit wære heora clænsung and heora
betrung, and noldon nænne þingere gesecan, ac lustlice hi
woldon lætan þa rican hi tucian æfter hiora agnum willan.
Forðæm ne scyle nan wis man nænne mannan hatian. Ne
hatað nan mon þone godan butan se eallra dysgosta. Ne þæt
nis nan riht þæt mon þone yflan hatige, ac hit is rihtre þæt
him mon miltsige. Þæt is þonne hiora mildsung þæt mon
wrece hiora unðeawas be hiora gewyrhtum. Ne scyle nan
mon siocne monnan and gesargodne swencan, ac hine mon

argument that you now offer, and very similar to the one you made before, but I know that this will not seem so to people."

Then he said: "You understand it well, but the advocates 16 intercede now sometimes for those who have less need; they intercede for those who are afflicted there and do not intercede for those who do evil. There would be more need for those who afflict other innocent people, that one should intercede for them to those in authority, and ask that as much affliction should be done to them as they had done to other innocent people. Just as the sick person needs to be taken to the doctor so that he may take care of him, so one who does evil needs to be taken to the people in authority so that his vices can be cut away and burnt there. I do not say that it is evil to help the innocent and intercede for him, but I say that it is better to accuse the guilty. And I say that intercession does not benefit either the guilty or the one who intercedes for him, if they want their evil to be unavenged according to the measure of the crime.

"But I know that if the guilty had any spark of wisdom 17 and understood to any degree that they could amend their crimes through punishment which fell upon them in this world, then they would not say that it was punishment, but would say that it was their cleansing and amendment, and they would not look for an advocate but would gladly let the authorities afflict them according to their own desire. So no wise person ought to hate anyone. No one hates the good except the most foolish people of all. Nor is it right to hate someone evil, but it is more just to have mercy on him. This then is their mercy, that one punishes their vices according to their merits. No one ought to oppress a sick and afflicted

scel lædan to þæm læce þæt he his tilige." Ða se Wisdom þa
þis spell areaht hæfde, ða ongan he eft singan and þus cwæð:

Meter 27

"Hwy ge æfre scylen   unriht-fioungum
eower mod drefan,   swa swa mere-flodes
yþa hrerað   is-calde sæ,
wecggað for winde?   Hwy oðwite ge
5   wyrde eowre   þæt hio geweald nafað?
Hwy ge þæs deaðes   þe eow drihten gesceop
gebidan ne magon   bitres gecyndes,
nu he eow ælce dæg   onet toweard?
Ne magon ge gesion   þæt he symle spyreð
10   æfter æghwelcum   eorðan tudre,
diorum and fuglum?   Deað eac swa same
æfter mon-cynne   geond ðisne middan-geard,
egeslic hunta,   a bið on waðe;
nyle he ænig swæð   æfre forlætan,
15   ær he gehede   þæt he hwile ær
æfterspyrede.   Is þæt earmlic þing
þæt his gebidan ne magon   burg-sittende,
ungesælige men;   hine ær willað
foran to sciotan,   swa swa fugla cyn
20   oððe wildu dior   þa winnað betwuh
æghwylc wolde   oðer acwellan.
    "Ac þæt is unriht   æghwelcum men

person, but he should be taken to the doctor to be looked after." When Wisdom had spoken this speech, then he began to sing again and said as follows:

Meter 27

"Why must *you* all ever stir up *your* minds
with wicked hatred, just as the ocean
waves agitate the ice-cold sea,
ruffle it as a result of the wind? Why do *you* reproach
your fate for having no power?   5
Why can *you* not wait for that death
in its bitter nature which the Lord created for *you*,
now that each day it hastens toward *you*?
Can *you* not see that it always pursues
each earthly species,   10
animals and birds? Death, the terrible
hunter, is always likewise hunting
for humankind across this world;
it never wishes to give up any track
until it catches what it has previously pursued   15
for a while. It is a wretched thing
that unfortunate citizens
cannot wait for it; they want to rush
to meet it beforehand, just like the race of birds
or wild animals which contend with each other,   20
each wanting to kill the other.
      "But it is wrong for everyone

þæt he oðerne   inwit-þoncum
fioge on færðe,   swa swa fugl oððe dior,
25   ac þæt wære rihtost   þætte rinca gehwylc
oðrum gulde   edlean on riht,
weorc be geweorhtum   weoruld-buendum
þinga gehwilces,   þæt is, þæt he lufige
godra gehwilcne,   swa he geornost mæge,
30   mildsige yflum,   swa we ær spræcon.
He sceal þone monnan   mode lufian,
and his unþeawas   ealle hatian
and ofsniðan,   swa he swiðost mæge."

Prose 28

Ða he þa þis lioð asungen hæfde, þa geswugode he ane hwile.
Ða cwæð ic: "Nu ic ongite openlice ðæt sio soðe gesælð stent
on godra monna geearnunga, and sio unsælð stent on yfelra
monna geearnunga. Ac ic secge get þæt me ne þyncð nauht
lytel good þisses andweardan lifes gesælða, ne eac nauht ly-
tel yfel his ungesalða, forðæm ic næfre ne geseah ne geherde
nænne wisne mon þe ma wolde bion wrecca and earm and
elðiodig and forsewen þonne welig and weorð and rice and
foremære on his agnum earde. Forðæm hi secgað þæt hi me-
gen þe yð hiora wisdome fulgan and hine gehealdan gif hiora
anwald bið fullice ofer þæt folc þe him under bið, and eac be
sumum dæle ofer ða þe him on neaweste bioð ymbutan,
forðæm þæt hi mægen henan ða yflan and fyrðran ða goodan.

to hate another in his mind
with hostile intent, like a bird or a wild animal,
but it would be very right for everyone   25
to pay reward properly to others,
a response according to the deserts of world dwellers
in every respect, that is, to love
each good person as fervently as he can,
and have mercy on the wicked, as we said before.   30
He must love in his mind the person,
and hate and cut away all
his vices, as best he can."

Prose 28

When he had sung this song, he was silent for a while. Then
I said: "Now I understand clearly that true felicity rests in
the merits of good people and infelicity rests in the merits
of wicked people. But I still say that I think the felicities of
this present life to be no small good, and its misfortunes no
small evil. I never saw nor heard any wise person who would
rather be an exile and poor, away from home and despised,
than rich, honored, powerful and full of fame in his own
land. They say that they can the more easily put into effect
their wisdom and maintain it if their power is complete over
the people who are under them, and also to some extent
over those who are in their vicinity around them, because
they can oppress the wicked and support the good. The

Forðæm se gooda bið symle arwyrðe, ægþer ge on þis
andweardan life ge on þæm toweardan; and se yfela þe mon
his yfles gestioran ne mæg bið symle wites wyrþe, ge on þisse
worulde ge on þære toweardan.

2 "Ac ic wundrie swiðe swiðlice forhwi hit swa went swa hit
oft deð, þæt is þætte mislicu witu and mænigfeald earfoðu
cumað to þæm godum swa hi to ðæm yflum sceoldon, and þa
good þe sceoldon beon edlean godum monnum godra
weorca cumað to yflum monnum. Forðæm ic wolde witan
nu æt þe hu ðe licode þæt gewrixle. Ic his wundrode micle
þy læs, gif ic wisse þæt hit weas gebyrede buton Godes wil-
lan and buton his gewitnesse. Ac se ælmehtega God hæfð
geeced minne ege and mine wafunga mid ðisum þingum,
forðæm he hwilum selð þa geselða þæm goodum and þæm
yflum unsælða, swa hit riht wære þæt he symle dyde, hwilum
he eft geþafað þæt þa goodan habbað unsælða and ungelimp
on mænegum þingum, and þa yflan habbað gesælða and him
limpð oft æfter hiora agnum willan. Þy ic ne mæg nan oþer
geþencan buton hit weas swa gebyrige, buton þu me get þy
gesceadlicor oðer gerecce."

3 Ða andswarode he ymbe long and cwæð: "Nis hit nan
wundor þeah hwa wene þæt swelces gehwæt nu unmyndlinga
geberige, ðonne he ne con ongitan and gereccan forhwy
swylc God geþafað. Ac ðu ne scealt no twiogan þæt swa good
sceppend and waldend eallra gesceafta rihtlice gesceop eall
þæt he gesceop, and rihte demð and welt ealles, þeah þu nyte
forhwy he swa and swa do." Ða he ða þis spell areaht hæfde,
þa ongan he singan and cwæð:

good is always worthy of honor, both in this present life and in the future one; and the wicked person whose evil cannot be restrained is always worthy of punishment, both in this world and the next.

"But I wonder very much why it so turns out as it of- 2 ten does, that is that various torments and many hardships come to the good as should come to the wicked, and the good things which should be a reward to good people for good works come to wicked people. So I would like to know from you now how you like that mixing up. I would wonder at it much less if I knew that it happened by chance, without God's will and knowledge. But almighty God has increased my fear and astonishment with these things, since he sometimes gives good fortune to the good, and misfortune to the wicked, as it would be just for him always to do, sometimes again he allows the good to have misfortunes and miseries in many things, and the wicked to have good fortune and things often happening according to their wishes. So I cannot think otherwise than that it happens that way by chance, unless you will explain some other cause yet more rationally."

Then he answered after a while and said: "It is no wonder 3 though anyone should think that some such thing happens now without planning, when he does not know how to understand and explain why God permits such things. But you must not doubt that so good a creator and ruler of all creatures justly created all that he created and justly judges and rules all, though you do not know why he does such and such." When he had spoken this speech, he began to sing and said:

Meter 28

"Hwa is on eorðan   nu unlærdra
þe ne wundrige   wolcna færeldes,
rodres swifto,   ryne tungla,
hu hy ælce dæge   utan ymbhwerfeð
5   eallne middan-geard?   Hwa is mon-cynnes
þæt ne wundrie   ymb þas wlitegan tungl,
hu hy sume habbað   swiðe micle
scyrtran ymbe-hwearft,   sume scriðað leng
utan ymb eall ðis?   An þara tungla
10   woruld-men hatað   wænes þisla;
þa habbað scyrtran   scride and færelt,
ymb-hwerft læssan,   ðonne oðru tungl,
forðæm hi þære eaxe   utan ymbhweorfeð
þone norðende,   nean ymbcerreð.
15   On ðære ilcan   eaxe hwerfeð
eall ruma rodor,   recene scriðeð,
suðheald swifeð,   swift, untiorig.

    "Hwa is on weorulde   þæt ne wafige,
buton þa ane   þe hit ær wisson,
20   þætte mænig tungul   maran ymb-hwyrft
hafað on heofonum?   Sume hwile eft
læsse geliðað,   þa þe lacað ymb
eaxe ende,   oðre micle
mare geferað,   þa hire middre ymbe
25   þearle þrægeð. Þara is gehaten
Saturnus sum,   se hæfð ymb þritig
winter-gerimes   weoruld ymbcirred.
Boetes eac   beorhte scineð,

Meter 28

"Who now among the unlearned on earth
does not wonder at the movement of the heavens,
the swiftness of the firmament, the course of the stars,
how each day they circle the whole world
round about? Who among humankind   5
does not wonder at these fair stars,
how some of them have a very much
shorter orbit, and some move at more length
round about all this? Men on earth call
one of those constellations the wagon shafts;   10
they have a shorter course and journey,
a lesser orbit, than other stars,
because they circle round about the northern
end of the axis, revolve around it from nearby.
On that same axis circles   15
the whole spacious firmament, gliding quickly,
moving southward, swift and untiring.
    "Who in the world does not marvel,
except for the ones who knew it before,
that many stars have a wider   20
orbit in the heavens? Some journey back
in a shorter time, those which move quickly round
the end of the axis, others, which proceed
the whole way around its middle, travel
much more widely. Of those one is   25
called Saturn, which has orbited
the world every thirty years.
Boötes, another star, also

oðer steorra,   cymeð efne swa same
30   on þone ilcan stede   eft ymb þritig
gear-gerimes,   ðær he gio ða wæs.
Hwa is weoruld-monna   þæt ne wafige
hu sume steorran   oð ða sæ farað,
under mere-streamas,   þæs ðe monnum ðincð?
35   Swa eac sume wenað   þæt sio sunne do,
ac se wena nis   wuhte þe soðra.
Ne bið hio on æfen   ne on ær-morgen
mere-streame þe near   ðe on midne dæg,
and þeah monnum þyncð   þæt hio on mere gange,
40   under sæ swife,   þonne hio on setl glideð.
    "Hwa is on weorulde   þæt ne wundrige
fulles monan,   þonne he færinga
wyrð under wolcnum   wlites bereafad,
beþeaht mid þiostrum?   Hwa þegna ne mæge
45   eac wafian   ælces stiorran,
hwy hi ne scinen   scirum wederum
beforan ðære sunnan   swa hi symle doð
middel-nihtum   wið þone monan foran,
hadrum heofone?
                "Hwæt, nu hæleða fela
50   swelces and swelces   swiðe wundrað,
and ne wundriað   þætte wuhta gehwilc,
men and netenu,   micelne habbað
and unnetne   andan betweoh him,
swiðe singalne.   Is þæt sellic þincg
55   þæt hi ne wundriað   hu hit on wolcnum oft
þearle þunrað,   þragmælum eft

shines brightly, coming likewise
to the same place, to where it was,   30
every thirty years.
Who among worldly people does not marvel
at how some stars journey as far as the sea
and under the ocean, as it seems to men?
So also some think that the sun does,   35
but the conjecture is no more true.
Neither in the evening nor in the early morning is it
any the nearer to the sea than at midday,
and yet it seems to people that it travels to the sea,
moves under the sea, when it glides to its resting place.   40
      "Who in the world does not wonder
at the full moon when suddenly it
is robbed of its beauty under the clouds,
concealed by darkness? Who among humankind cannot
also marvel at each star,   45
why they do not shine in bright weather
in the presence of the sun as they always do
in the middle of the night in the clear heaven
in the presence of the moon?
                              "Many men
greatly wonder now at such things,   50
and do not wonder that all creatures,
humans and animals, have great
and long-lasting useless
hostility among themselves. It is a strange thing
that they do not wonder at how thunder often   55
crashes in the clouds, leaving off

anforlæteð,   and eac swa same
yð wið lande   ealneg winneð,
wind wið wæge.   Hwa wundrað þæs
60   oððe oþres eft,   hwi þæt is mæge
weorðan of wætere?   Wlite-torht scineð
sunna swegle hat,   sona gecerreð
is-mere ænlic   on his agen gecynd,
weorðeð to wætre.   Ne þincð þæt wundor micel
65   monna ænegum   þæt he mægge gesion
dogora gehwilce,   ac ðæt dysie folc
þæs hit seldnor gesihð   swiðor wundrað,
þeah hit wisra gehwæm   wundor ðince
on his mod-sefan   micle læsse.
70   Unstaðolfæste   ealneg wenað
þæt þæt eald-gesceaft   æfre ne wære
þæt hi seldon gesioð,   ac swiðor giet
weoruld-men wenað   þæt hit weas come,
niwan gesælde,   gif hiora nængum hwylc
75   ær ne oðeowde;   is þæt earmlic þinc.
    "Ac gif hiora ænig   æfre weorðeð
to ðon firwet-georn   þæt he fela onginð
leornian lista,   and him lifes weard
of mode abrit   þæt micle dysig
80   ðæt hit oferwrigen mid   wunode lange,
þonne ic wæt geare   þæt hi ne wundriað
mæniges þinges   þe monnum nu
wæfðo and wunder   welhwær þynceð."

again from time to time, and also likewise
the waves always contend with the land,
the wind with the wave. Who wonders at that
or at another thing again, why ice can   60
come from water? When the splendidly bright sun
shines hot in the sky, the wonderful sheet of ice
immediately turns to its own nature,
becomes water. It does not seem a great wonder
to anyone what he can see   65
every day, but the foolish people
wonder much more at what they see more seldom,
though it may seem to all the wise much
less a wonder in his mind.
Unstable people always think   70
that what they see seldom was never
an old creation, but furthermore
earthly people think that it has come by chance,
has happened recently, if such a thing has not appeared
to any of them before; that is a pitiful thing.   75
    "But if any of them ever becomes
so curious that he begins to learn
many skills, and the guardian of life
removes from his mind the great folly
that has remained covering it for a long time,   80
then I know for sure that they will not wonder
at many things which now generally
seem to people a marvel and a miracle."

Prose 29

Ða se Wisdom þa þis leoð asungen hæfde, þa geswugode he
ane lytle hwile. Ða cwæð ic: "Swa hit is swa þu sægst, ac ic
wolde get þæt þu me hwæthwugu openlicor gereahte be
ðære wisan þe min mod swiðost gedrefed hæfð, þæt is þæt ic
ðe ær ymb acsode, forðæm hit wæs symle giet þin gewuna
þæt þu woldest ælcum mode deglu ðing tæcan and selðcuð."

2   Ða ongon he smearcian and cwæð to me: "Ðu spænst me
on ða mæstan spræce and on þa earfoðestan to gereccanne.
Þa race sohton ealle uðwiotan, and swiðe swiðlice ymb swun-
con, and uneaðe ænig com to ende þære spræce, forðæm hit
is þeaw þære spræce and þære ascungæ þætte symle þonne
ðær an tweo of adon bið, þonne bið þær unrim astyred. Swa
swa mon on ealdspellum sægð þæt an nædre wære þe hæfde
nigon heafdu, and symle gif mon anra hwelc of aslog þonne
weoxon þær siofon on ðæm anum heafde. Þa geberede hit
þæt þær com se foremæra Erculus to, se wæs Iobes sunu. Þa
ne meahte he geþencan hu he hi mid ænige cræfte ofer-
cuman sceolde, ær he hi bewæg mid wuda utan and for-
bærnde þa mid fyre. Swa is ðisse spræce þe þu me æfter ac-
sast. Uneaðe hire cymð ænig mon of, gif he ærest an cemð,
ne cymð he næfre to openum ende buton he hæbbe swa
scearp andgit swaðær fyr. Forðæm se þe ymb þæt acsian wile,
he sceal ærest witan hwæt sie sio anfealde foresceawung
Godes, and hwæt wyrd sie, and hwæt weas gebergie, and
hwæt sie godcund andgit and godcund foretiohhung, and
hwæt monna freodom sie.

3   "Nu ðu miht ongitan hu hefig and hu earfoðe þis is eall to
gerecanne. Ac ic sceal þeah hwæthwugu his onginnan þe to

Prose 29

When Wisdom had sung this song he was silent for a little while. Then I said: "It is as you say, but I would still like you to explain to me a little more clearly about the issue which has most troubled my mind, that is what I asked you about before, since it was always your practice that you wanted to explain to every mind secret and strange things."

Then he began to smile and said to me: "You entice me 2 into the biggest discussion and the most difficult to explain. All philosophers sought that explanation and toiled over it very greatly, and only with difficulty did anyone get to the end of that discussion, since it is the nature of that discussion and inquiry that always when one doubt is removed countless others are stirred up. As people say in old stories, there was a serpent which had nine heads, and always if one of them was cut off then seven grew there from that one head. Then it chanced that the famous Hercules, who was Jove's son, came there. He could not think how by any means he could overcome it, before he covered it with wood and burned it with fire. So it is with this discussion which you ask me for. If anyone once gets into it he can hardly get out, nor does he ever come to a clear way out unless he has a sharp intelligence like fire. Whoever wishes to ask about that must first know what is the simple providence of God, and what fate is, and what happens by chance, and what divine understanding and divine predestination are, and what human freedom is.

"Now you can understand how heavy and difficult all this 3 is to explain. But I must begin to explain it to you somewhat,

tæcanne, forðæm ic hæbbe ongiten þæt hit is swiðe micel
læcedom þinre sorge gif þu þises auht ongitst þeah hit me
lange to læranne sie. Forðæm hit is neah þære tide þe ic ge-
tiohhod hæfde on oðer weorc to fonne, and get næbbe þis
gedon, and me þincð eac þæt þu sadige hwæthwugununges
and þe ðyncen to ælenge þas langan spell, swelce þe nu lyste
lioða. Ic wat eac þæt þe hiora lyst, ac ðu scealt þeah geþolian
sume hwile; ic ne mæg hit nu swa hraðe asingan ne æmettan
næbbe, forðæm hit is swiðe long spell." Ða cwæð ic: "Do
swæðer ðu wolde."

4   Þa ongan he sprecan swiðe fiorran ymbutan, swelce he na
þa spræce ne mænde, and tiohhode hit þeah þiderweardes
and cwæð: "Ealla gesceafta, gesewenlica and ungesewenlica,
stillu and unstillu, onfoð æt þæm stillan and æt þæm
gestæððegan and æt þæm anfealdan Gode endeberdnesse
and andwlitan and gemetgunge. And forþam hit swa
gesceapen wæs forðæm he wat hwy he gesceop eall þæt he
gesceop. Nis him nanwiht unnyt þæs þe he gesceop. Se God
wunað symle on þære hean ceastre his anfaldnesse and bile-
witnesse. Þonan he dælð manega and misleca gemetgunga
eallum his gesceaftum, and þonan he welt eallra. Ac ðæt
ðætte we hatað Godes foreþonc and his foresceawung, þæt
bið þa hwile þe hit ðær mid him bið on his mode, ærðæm þe
hit gefremed weorðe, þa hwile ðe hit geþoht bið, ac siððan
hit fullfremed bið, þonne hatað we hit wyrd.

5   "Be þy mæg ælc mon witan þæt hit sint ægþer ge twegen
naman ge twa þincg, foreþonc and wyrd. Se foreþonc is sio
godcunde gesceadwisnes; sio is fæst on þæm hean scep-
pende þe eall forewat hu hit geweorðan sceall ær ær hit
geweorðe. Ac þæt þæt we wyrd hatað, þæt bið Godes weorc
þæt he ælce dæg wyrcð, ægþer ge þæs ðe we gesioð ge þæs þe

since I have seen that it is a very great medicine for your sorrow if you understand something of this, though it takes a long time for me to teach it. It is near the time that I had planned to begin another task, and I have still not finished this one, and it seems to me also that you are somewhat sated and these long arguments seem to you too wearisome, as if you now wanted songs. I know too that you would like those, but you must suffer without for a while; I cannot now sing it so quickly, nor do I have leisure, since it is a very long discourse." Then I said: "Do whatever you wish."

Then he began to speak in a very roundabout fashion as if 4 he did not intend that discussion, and yet planned to go in that direction, and said: "All creatures, visible and invisible, still and unstill, receive from that still, stable, and single God order and appearance and governance. And it was so created because he knows why he created all that he created. Nothing of what he created is useless to him. That God resides always in the high city of his singleness and simplicity. From there he delivers many and various ordinances to all his creatures, and from there he rules all things. But that which we call God's providence and his foreseeing, that exists for the time that it is there in his mind, before it is effected, while it is thought, but after it is effected then we call it fate.

"From this everyone can perceive that both two names 5 and two things comprise it, providence and fate. Providence is the divine intelligence; it is fixed in the high creator who foreknows all, how it must turn out before it happens. But that which we call fate, that is God's work, which he effects every day, both that which we see and that which is invisible us ungesewenlic bið. Ac se godcunda foreþonc heaðerað ealle gesceafta þæt hi ne moton toslupan of hiora endebyrdnesse.

6   "Sio wyrd þonne dælð eallum gesceaftum anwlitan and stowa and tida and gemetgunga, ac sio wyrd cymð of ðæm gewitte and of ðæm foreþonce þæs ælmehtigan Godes. Se wyrcð æfter his unasecgendlicum foreþonce swa hwæt swa he wile, swa swa ælc cræftega ðencð and mearcað his weorc on his mode ær ær he hit wyrce and wyrcð siððan eall. Þios wandriende wyrd þe we wyrd hatað færð æfter his foreþonce and æfter his geþeahte, swa swa he tiohhað þæt hit sie. Þeah hit us manigfaldlic ðince, sum good sum yfel, hit is ðeah him anfeald good, forðæm he hit eall to godum ende brengð and for goode deð eall þæt þæt he deð. Siððan we hit hatað wyrd, siððan hit geworht bið; ær hit wæs Godes foreþonc and his foretiohhung.

7   "Ða wyrd he þonne wyrcð oððe þurh ða goodan englas oððe þurh monna sawla oððe þurh oðerra gesceafta lif oððe þurh heofones tungl oððe ðurh þara scuccena mislice lotwrencas, hwilum þurh an ðara, hwilum þurh eall ða. Ac þæt is openlice cuð þæt sio godcunde foretiohhung is anfeald and unandwendlic, and welt ælces þinges endebyrdlice, and eall þing gehiwað. Sumu þing þonne on þisse weorulde sint underðied þære wyrde, sume hire nanwuht underðied ne sint; ac sio wyrd and eall ða þing þe hire underðied sint sint underðied ðæm godcundan foreþonce.

8   "Be ðæm ic ðe mæg sum bispell secgan þæt þu meaht þy sweotolor ongitan hwilce men bioð underðied þære wyrde, hwylce ne bioð. Eall ðios unstille gesceaft and þios hwearfiende hwearfað on ðæm stillan Gode and on ðæm gestæððegan and on ðæm anfealdan, and he welt eallra

to us. But the divine providence restrains all creatures so that they may not slip from their ordering.

"Fate then delivers to all creatures appearance, places, 6 times, and orderings, but fate comes from the intelligence and providence of almighty God. He effects according to his inexpressible providence whatever he wishes, just as every craftsman considers and designs his work in his mind before making it and afterward makes the whole thing. This mutable fate which we call *wyrd* acts according to his providence and his design, as he plans that it should be. Though it seems to us manifold, some good some evil, it is however single good to him, since he brings it all to a good end and does for good all that he does. We call it fate after it is done; previously it was God's providence and his preordaining.

"He then effects fate either through the good angels or 7 through men's souls or through the lives of other creatures or through heaven's stars or through the various wiles of the devils, sometimes through one of those things, sometimes through all of them. But it is clearly evident that divine providence is single and unchangeable, and rules everything by order, and shapes everything. Some things then in this world are subject to fate, some are not at all subject to it; but fate and all the things which are subject to it are subject to divine providence.

"About that I can tell you an analogy to enable you to un- 8 derstand more clearly which people are subject to fate and which are not. All this moving and turning creation revolves around the still, stable, and single God, and he rules all creatures as he had determined at the beginning and still has

gesceafta swa swa he æt fruman getiohhod hæfde and get
hæfð, swa swa on wænes eaxe hwearfiað þa hweol and sio eax
stint stille and byrð þeah ealne þone wæn, welt ealles þæs
færeltes. Þæt hweol hwerfð ymbutan and sio nafu next þære
eaxe, sio færð micle fæstlicor and orsorglicor þonne ða fel-
gan don, swelce sio eax sie þæt hehste god þe we nemnað
God, and þa selestan men faran nehste Gode, swa swa sio
nafu færð neahst þære eaxe and þa midmestan swa swa ða
spacan. Forðæm þe ælces spacan bið oðer ende fæst on ðære
nafe, oðer on þære felge. Swa bið þæm midlestan monnum;
oðre hwile he smeað on his mode ymb þis eorðlice lif, oðre
hwile ymb ðæt godcundlice, swilce he locie mid oðre eagan
to heofonum, mid oðre to eorþan, swa swa þa spacan sticiað
oðer ende on þære felge oþer on þære nafe. Middeweard se
spaca bið ægðrum emnneah, ðeah oðer ende bio fæst on
þære nafe, oðer on þære felge.

9   "Swa bioð þa midmestan men onmiddan þam spacan, and
þa betran near þære nafe, and þa mætran near ðæm felgum;
bioð þeah fæste on ðære næfe, and se nafa on ðære eaxe.
Hwæt þa felga þeah hongiað on þæm spacan þeah hi eal-
lunga wealowigen on þære eorðan; swa doð þa mætestan
men on þæm midmestum, and þa midmestan on þæm bet-
stan, and þa betstan on Gode. Þeah þa mætestan ealle hiora
lufe wenden to ðisse weorulde, hi ne magon þæron wunigan
ne to nauhte ne weorðað, gif hi be nanum dæle ne beoð
gefæstnode to Gode, þon ma þe þæs hweoles felga magon
bion on ðæm færelte gif hi ne bioð fæste on þæm spacum
and þa spacan on þære eaxe. Þa felgea bioð fyrrest ðære eaxe;
forðæm hi farað ungeredelicost.

10   "Sio nafu færð neaxst þære eaxe; forðy hio færð gesundli-
cost. Swa doð ða selestan men. Swa hi hiora lufe near Gode

determined, just as the wheels turn on the axle of a cart and the axle stands still and yet carries the whole cart and controls all the movement. The wheel turns around and the hub next to the axle moves much more stably and securely than the rim pieces do, as if the axle were the highest good which we call God, and the best people went next to God, as the hub goes next to the axle, and the middle-most people like the spokes. One end of each spoke is fixed to the hub and the other to the rim. So is it with the middle-most people; sometimes such a person thinks in his mind about this earthly life, sometimes about the divine life, as if he looks with one eye to heaven and with the other to earth, just as one end of the spoke sticks to the rim and the other to the hub. The middle part of the spoke is equally near to both, though one end is fixed to the hub and the other to the rim.

"So are the middle-most people in the middle of the spoke, and the better ones nearer the hub, and the weaker ones nearer the rim pieces; they are though fixed to the hub, and the hub to the axle. But the rim pieces connect to the spokes though they roll all the time in the earth; so do the weakest people to the middle-most and the middle-most to the best, and the best to God. Though the weakest turn all their affection to this world, they cannot remain in it nor come to anything if they are in no way fastened to God, any more than the wheel's rim pieces can be in that movement if they are not fixed to the spokes and the spokes to the axle. The rim pieces are furthest from the axle; therefore they move most roughly.

"The hub goes next to the axle; therefore it moves most securely. So do the best people. As they place their affection

9

10

lætað and swiðor þas eorðlicon þing forsioð, swa hi beoð or-
sorgran and læs reccað hu sio wyrd wandrige oððe hwæt hio
brenge; swa swa sio nafu bið symle swa gesund, hnæppen þa
felga on þæt ðe hi hnæppen, and þeah bið sio nafu hwæt-
hwugu todæled from þære eaxe. Be þy þu meaht ongitan
þæt þe wæn bið micle leng gesund þe læs bið todæled from
þære eaxe; swa bioð þa men eallra orsorgestæ ægðer ge þisses
andweardan lifes earfoða ge þæs toweardan, þa þe fæste bioð
on Gode. Ac swa hi swiður bioð asyndrede from Gode, swa
hi swiður bioð gedrefde and geswencte ægþer ge on mode ge
on lichoman.

11   "Swylc is þæt þæt we wyrd hatað be þæm godcundan
foreþonce, swylce sio smeaung and sio gesceadwisnes is to
metanne wið þone gearowitan, and swylce þas lænan þing
bioð to metanne wið ða ecan, and swilce þæt hweol bið to
metanne wið ða eaxe; forðæm sio eax welt ealles þæs wænes.
Swa deð se godcunda foreðonc; he astereð þone rodor and
þa tunglu and þa eorðan gedeð stille and gemetgað þa feower
gesceafta, þæt is wæter and eorðe and fyr and lyft. Ða he
geðwærað and wlitegað, hwilum eft unwlitegað, and on
oðrum hiwe gebrengð, and eft geedniwað and tidreð ælc tu-
dor, and hi eft gehyt and gehelt þonne hit forealdod bið and
forsearod, and eft geewð and geedniwað þonne þonne he
wile.

12   "Sume uðwiotan þeah secgað þæt sio wyrd wealde ægþer
ge gesælða ge ungesælða ælces monnes. Ic þonne secge, swa
swa ealle cristene men secgað, þæt sio godcunde foretioh-
hung his walde, næs sio wyrd, and ic wat þæt hio demð eall
þing swiðe rihte, þeah ungesceadwisum men swa ne þince.
Hi wenað þæt þara ælc sie god þe hiora willan fulgæð. Nis
hit nan wundor, forðæm hi beoð ablende mid ðæm þiostrum

closer to God and despise more these earthly things, so they are more free of care and bother less how fate changes or what it brings; just so the hub is always secure, whatever the rim pieces may strike, and yet the hub is somewhat separated from the axle. From that you can see that the less the cart is separated from the axle the longer it is sound; so those people are most secure of all, from the hardships of both this life and the next, who are fixed to God. But the more they are separated from God, the more they are troubled and harassed both in mind and in body.

"That which we call *wyrd* compares with divine providence as contemplation and reason compare with perfect knowledge, and as these transitory things compare with the eternal, and as the wheel compares with the axle; since the axle controls the whole wagon. So does divine providence; it moves the firmament and stars and keeps the earth still and governs the four elements, that is water, earth, fire, and air. He harmonizes and forms them, sometimes unforms them again and brings them forth in a different form, and again renews and fosters every new growth, and hides them again and preserves them when they are old and withered, and shows them again and renews them when he wishes. 11

"Some philosophers however say that fate controls both the good fortune and the bad of every person. I then say, as all Christians say, that divine predestination controls him, not fate, and I know that it judges all things very justly, though it may not seem so to an unreasoning person. They think that everything is good which satisfies their desire. That is no wonder, since they are blinded by the darkness 12

heora scylda. Ac se godcunda foreþonc hit understent eall swiðe rihte, þeah us þince for urum dysige þæt hit on woh fare, forðæm we ne cunnon þæt riht understandan. He demð þeah eall swiðe rihte, þeah us hwilum swa ne ðince.

13   "Ealle men spiriað æfter þæm hehstan goode, ge goode ge yfle. Ac forðy ne magon þa yflan cuman to ðæm hean hrofe eallra gooda, forðæm hi ne spyriað on riht æfter. Ic nat þeah þu cwæðe nu hwonne to me hwylc unriht mæg beon mare þonne geþafige þæt hit geweorðe, swa hit hwilum gewyrð, þæt þæm goodum becymð anfeald yfel on þisse weorulde, and þæm yflum anfeald god, and oðre hwile ægðer gemenged, ge ðæm goodum ge þæm yflum? Ac ic þe acsige hwæðer þu wene þæt ænig mon sie swa andgitfull þæt he mæge ongitan ælcne mon on ryht hwylc he sie, þæt he nawðer ne sie ne betra ne wyrsa þonne he his wene. Ic wat þeah þæt hi ne magan, ac weorðað swiðe oft on won. Se sido þe sume men secgað þæt sie mede wyrðe, sume men secgað þæt he sie wites wyrðe. Þeah hwa mæge ongitan hwæt oðer do, he ne mæg witan hwæt he þencð. Þeah he mæge sume his willan ongitan, þonne ne mæg he eallne.

14   "Ic þe mæg eac reccan sum bispell be þæm þæt þu hit meaht þe sweotolor ongitan, ðeah hit ungesceadwise men ongitan ne mægen. Þæt is forhwy se gooda læce selle þam halum men seftne drenc and swetne, and oðrum halum biterne and strangne; and hwilum eft þam unhalum sumum liðne sumum strangne, sumum swetne sumum biterne. Ic wat þæt ælc þara þe þone cræft ne can wile þæs wundrian forhwi hi swa don. Ac his ne wundriað þa læcas nauht, forðæm hi witon þæt ða oðre nyton; forðæm hi cunnon

of their misdeeds. But divine providence understands it all very justly though we in our folly think that it goes wrong, since we do not know how to understand what is right. It judges however everything very justly, though we sometimes do not think so.

"All people seek for the highest good, both good and 13 wicked. But the wicked cannot attain the high summit of all goods, because they do not look for it rightly. But perhaps you would say to me now what injustice can be greater than to permit it to happen, as it sometimes does, that unmixed evil comes to the good in this world, and unmixed good to the wicked, and sometimes both mixed together, both to the good and to the wicked? But I ask you whether you think that anyone is so perceptive that he can recognize every man rightly for what he is, for being neither better nor worse than he thinks him. I know however that they cannot, but very often go wrong. The practice which some people think worthy of reward, other people say is worthy of punishment. Though anyone were able to perceive what another does, he cannot know what he thinks. Though he were able to perceive some part of his will, he cannot perceive it all.

"I can also give you an analogy by which you can under- 14 stand the more clearly, though unreasoning people cannot understand it. That is, why the good doctor gives to the healthy person a pleasant and sweet drink and to someone else healthy a bitter and strong one; and sometimes again in respect of the unhealthy, to one a mild drink and to another a strong one, to one a sweet drink and to another a bitter one. I know that everyone who does not know that art will wonder why they do so. But the doctors do not wonder at it at all, since they know what the others do not know. They

ælces hiora medtrymnesse ongiton and oncnawan, and eac ða cræftas þe þærwið sculon. Hwæt is sawla hælo bute rihtwisnes? Oððe hwæt is hiora untrymnes bute unþeawas? Hwa is þonne betera læce þære sawle þonne se þe hi gesceop, þæt is God? He arað þæm goodan and witnað ða yflan; he wat hwæs ælc wyrðe bið. Nis hit nan wundor, forðæm he of þæm hean hrofe hit eall gesihð, and þonan miscað and metgað ælcum be his gewyrhtum.

15 "Þæt we þonne hætað wyrd, þonne se gesceadwisa God, þe ælces monnes ðearfe wat, hwæt wyrcð oððe geþafað þæs þe we ne wenað. And git ic þe mæg sume bisne feaum wordum secgan, be þæm dæle þe sio mennisce gesceadwisnes mæg ongitan þa godcundnesse. Þæt is þonne þæt we ongitað hwilum mon on oðre wisan, on oðre hine God ongit. Hwilum we tiohhiað þæt he sie se betra, and þonne wat God þæt hit swa ne bið. Þonne hwæm hwæt cymð oððe goodes oððe yfles mare þonne ðe þincð þæt he wyrðe sie, ne bið sio unrihtwisnes no on Gode, ac sio ungleawnes bið on ðe selfum, þæt þu hit ne canst on riht gecnawan.

16 "Oft gebyreð þeah þætte men ongitað man on ða ilcan wisan þe hine God ongit. Oft hit gebyreð þætte manige men bioð swa untrume ægþer ge on mode ge on lichoman þæt hi ne magan nan good don ne nan yfel nyllað unnedige, and bioð eac swa ungeþyldige þæt hi ne magon nan earfoðu geþyldelice aberan. Forðæm hit gebyreð oft þæt God nylle for his mildheortnesse nan unaberendlice broc him an settan, þy læs hi forlæten hiora unsceðfulnesse and weorðen wyrsan, gif hi asterede bioð and geswencte.

17 "Sume men beoð ælces cræftes full cræftige, and full halige weras and rihtwise. Þonne þincð þæt Gode unriht

know how to recognize and distinguish the illness of each of them, and also the skills which must be used against them. What is the health of souls but righteousness? Or what is their illness but vices? Who then is a better doctor for the soul than he who created it, that is God? He protects the good and punishes the wicked; he knows what each one deserves. That is no wonder, since he sees it all from the high summit and from there mixes and governs for each according to his merits.

"We call that fate then when the reasoning God, who 15 knows the need of everyone, does or permits something that we do not expect. And still I can tell you in a few words an illustration, to the extent that human reason can perceive divinity. That is then that we sometimes understand a person in one way and God understands him in another. Sometimes we think that he is the better person, and then God knows that it is not so. When anyone receives more good or evil than you think that he deserves, that is not injustice on the part of God, but the lack of wisdom is in you yourself, in that you do not know how to understand it rightly.

"Often it happens though that people understand some- 16 one in the same way that God understands him. Often it happens that many people are so weak both in mind and in body that they cannot do good and do not wish to do evil unless compelled, and are also so impatient that they cannot patiently endure hardships. And so it often happens that God in his mercy does not want to impose any intolerable affliction on them, lest they abandon their guiltlessness and become worse, if they are troubled and afflicted.

"Some people are very strong in every virtue, and very 17 holy and righteous people. Then it seems to God unjust to

þæt he swylce swence, ge furðum þone deað, þe eallum mon-
num is gecynde to þolianne, he him gedeð seftran þonne
oðrum monnum. Swa swa gio wis mon cwæð þæt se god-
cunda anwald gefrioðode his deorlingas under fiðra sceade,
and hi scilde swa geornlice swa man deð þone æppel on his
eagan. Manige tiliað Gode to cwemanne to þon georne þæt
hi wilniað hiora agnum willum manigfeald earfoðu to þrowi-
anne, forðæm hi wilniað maran are and maran hlisan and
maran weorðscipe mid Gode to habbanne þonne þa hæbben
þe softor libbað.

18   "Oft eac becymð se anwald þisse worulde to swiðe
goodum monnum forðæm þæt se anwald þara yfelana
weorðe toworpen. Sumum monnum God seleð ægðer ge
good ge yfel gemenged, forðæm hi ægþres earniað. Sume he
bereafað hiora welan swiðe hraðe þæs þe hi ærest gesælige
weorðað, þy læs hi for longum gesælðum hi to up ahæbben,
and þonan on ofermettum weorðen. Sume he læt þreagan
mid heardum broce, þæt hi leornigen þone cræft geþylde on
ðæm langan geswince. Sume him ondrædað earfoðu swiðor
þonne hi þyrfen, þeah hi hi eaðe adreogan mægen. Sume hi
gebycgað weorðlicne hlisan þisses andweardan lifes mid
hiora agnum deaðe, forðæm hi wenað þæt hi næbben nan
oðer fioh þæs hlisan wyrðe buton hiora agnum fiore.

19   "Sume men wæron gio unoferswiðedlice swa þæt hi mon
na meahte mid nanum wite oferswiðan; þa bisnodon hiora
æftergengum þæt hi næren mid witum oferswiððe. On þæm
wæs sweotol þæt hi for heora godum weorcum hæfden ðone
cræft þæt hi mon ne meahte oferswiðan. Ac þa yflan for
hiora yflum weorcum wæron gewitnode and oferswiððe
forðæm þæt ða witu gestirden oðrum þæt hi swa gedon ne
dorsten, and eac þa gebetan þe hi þonne brociað. Þæt is

afflict such people, and he even makes death, which is natural to all people to suffer, easier for them than for other people. As of old a wise man said that divine power protected its loved ones under the shade of its wings, and shielded them as carefully as a person does the pupil of his eye. Many strive to please God so eagerly that they desire by their own will to suffer many kinds of hardships, because they wish to have more favor, fame, and honor with God than have those who live more comfortably.

"Often also power over this world comes to very good 18 people so that the power of the wicked may be overthrown. To some people God gives both good and evil mixed, because they earn both. He deprives some of their prosperity very soon after they first become fortunate, lest they exalt themselves too much because of the long period of felicity and so fall into pride. He lets some suffer with hard affliction, so that they may learn the virtue of patience by that long affliction. Some fear hardships for themselves more than they need, though they could easily endure them. Some buy themselves honorable fame in this present life with their own death, since they believe that they may have no other payment worthy of that fame other than their own life.

"Some people were of old so invincible that they could 19 not be overcome with any torment; those gave an example to their successors so that they might not be overcome with torments. In that it was clear that because of their good deeds they had the ability not to be conquered. But the wicked were punished for their evil deeds and defeated because the punishments restrained others from daring to do likewise, and also amended those whom they then afflict.

swiðe sweotol tacn þæm wisan þæt he ne sceal lufian to un-
gemetlice ðas woruldgesælða, forðæm hie oft cumað to ðæm
wyrrestum monnum.

20   "Ac hwæt wille we cweðan be þæm andweardan welan þe
oft cymð to ðæm goodum, hwæt he elles sie buton tacn þæs
toweardan welan and þæs edleanes angin þe him God
tiohhod hæfð for his goodan willan? Ic wene eac þætte God
selle mænegum yfelum men gesælða forðæm þe he wat hiora
gecynd and hiora willan swa geradne þæt hi for nanum erm-
ðum ne byoð no þy betran ac þy wyrsan, ac se gooda læce,
þæt is God, lacnað hiora mod mid ðæm welan, wile þæt hi
ongiten hwonon him se wela come and olecce þæm, þe læs
he him þone welan afyrre oððe hine þam welan, and wende
his þeawas to gode, and forlæte þa unþeawas and þa yfel þe
he ær for his ermðum dyde. Sume bioð þeah þy wyrson gif hi
welan habbað, forðæm hi ofermodigað for ðæm welan and
his ungemetlice brucað.

21   "Manegum men bioð eac forgifene forðæm þas weoruld-
gesælða þæt he scile þæm goodum leanian hiora good and
þæm yflum hiora yfel. Forðæm symle bioð þa goodan and þa
yflan ungeþwere betwuh him, ge eac hwilum þa yflan bioð
ungerade betwuh him selfum. Ge furðum an yfel man bið
simle ungeþwære him selfum, forðæm þe he wat þæt he un-
tela deð, and wenð him þara leana, and nyle þeah þæs geswi-
can, ne hit furðum him ne læt hreowan, and þonne for ðæm
singalum ege ne mæg no weorðan geþwære on him selfum.
Oft hit gebyreð þæt se yfla forlæt his yfel for sumes oðres
yfles mannes andan, forðæm he wolde mid þy tælan þone
oðerne þæt he onscunode his þeawas. Swincð þonne ymb
þæt swa he swiðost mæg þæt he tiolað ungelic to bionne

That is a very clear sign for the wise person that he must not love these worldly felicities too excessively, since they often come to the worst people.

"But what will we say about the present prosperity that 20 often comes to the good, what else is that but a sign of the prosperity to come and the beginning of the reward that God has assigned him for his good will? I think also that God gives good fortune to many evil people because he knows their nature and their will to be so disposed that they will not be the better or the worse for any hardships, but the good doctor, that is God, heals their mind with that prosperity, wishing them to understand where the prosperity comes from and to propitiate him, lest he take the prosperity from him or him from the prosperity, and to turn his ways to good, and abandon the vices and the evil that he has done before because of his hardships. Some though are the worse if they have prosperity, since they exalt themselves because of that prosperity and use it immoderately.

"Many people are also given these worldly felicities so 21 that they shall reward the good for their goodness and the wicked for their evil. The good and the wicked are always at odds with each other, and also sometimes the wicked are at odds among themselves. What is more, an evil person is sometimes at odds with himself, since he knows that he does wrong and expects penalties for that for himself, and yet will not stop doing that, nor even allow himself to repent of it, and then because of that continual fear he cannot be at peace with himself. Often it happens that the wicked person forsakes his evil on account of hostility toward some other wicked person, since he would like to rebuke the other by shunning his behavior. Then he works as hard as he can to

þæm oðrum, forðæm hit is þæs godcundan anwealdes
gewuna þæt he wircð of yfle good.

22   "Ac hit nis nanum men alefed þæt he mæge witan eall þæt
God getiohhod hæfð, ne eac areccan þæt þæt he geworht
hæfð. Ac on þæm hi habbað genoh to ongitanne þæt se scip-
pend and se waldend eallra gesceafta welt and rehte gesceop
eall þæt he gesceop, and nan yfel ne worhte ne get ne wyrcð,
ac ælc yfel he adrifð of eallum his rice. Ac gif þu æfter þæm
hean anwalde spyrian wilt þæs ælmehtigan Godes þonne ne
ongitst þu nan yfel on nanum þinge, þeah þe nu ðince þæt
her micel on þys middangearde sie. Forðæm hit is riht þæt
ða goodan hæbben good edlean hiora godes, and þa yflan
hæbban wite hiora yfles. Ne bið þæt nan yfel þætte riht bið,
ac bið good. Ac ic ongite ðæt ic þe hæbbe aðretne mid þy
langan spelle, forðæm þe lyst nu leoða. Ac onfoh hiora nu,
forðæm hit is se læcedom and se drenc þe þu lange wilnod-
est, þæt ðu þy eð mæge lare onfon." Ða se Wisdom þa þis
spell areaht hæfde, þa ongon he eft singan and þus cwæð:

Meter 29

"Gif ðu nu wilnige   weoruld-drihtnes
heane anwald   hlutre mode
ongitan giorne,   gem almægene
heofones tunglu,   hu hi him healdað betwuh
5   sibbe singale,   dydon swa lange,
swa hi gewenede   wuldres aldor
æt frum-sceafte   þæt sio fyrene ne mot

strive to be unlike the other one, since it is the custom of the divine power to make good out of evil.

"But it is not allowed to anyone to be able to know all that 22 God has designed, nor also to comprehend what he has made. But they have sufficient in this to understand that the creator and ruler of all creation rules and rightly made all that he made, and made no evil and still makes none, but he drives every evil from all his realm. But if you wish to inquire about the high power of the almighty God then you will perceive no evil in any thing, though you may now think that there is much here in this world. It is just that the good have good reward for their goodness and the wicked have punishment for their evil. That which is just is not evil, but is good. But I see that I have tired you with this long argument. You want songs now. Take them now, since it is the medicine and drink which you have long desired, so that you can more easily accept the teaching." When Wisdom had delivered this speech, he began to sing again and said as follows:

Meter 29

"If you now wish to look properly
with a clear mind at the high power
of the Lord of the world, consider with all your might
the heavenly stars, how they keep an everlasting
peace between them, and have done so for a long time,   5
just as long as the Lord of glory arranged it
at the creation that the fiery sun is not

sunne gesecan   snaw-cealdes weg,
monan gemæro.   Hwæt, ða mæran tungl
10   auðer oðres rene   a ne gehrineð
ær þæm þæt oðer   of gewiteð.
Ne huru se stiorra   gestigan wile
west-dæl wolcna   þone wise men
Ursa nemnað;   ealle stiorran
15   sigað æfter sunnan   samod mid rodere
under eorðan grund,   he ana stent.
Nis þæt nan wundor;   he is wundrum east,
up-ende neah   eaxe ðæs roderes.
    "Ðonne is an steorra   ofer oðre beorht,
20   cymeð eastan up   ær þonne sunne;
þone monna bearn   morgen-stiorra
hatað under heofonum   forðæm he hæleþum dæg
bodað æfter burgum,   brengeð æfter
swegel-torht sunne   samad eallum dæg.
25   Is se for-rynel   fæger and sciene,
cymeð eastan up   æst for sunnan
and eft æfter sunnan   on setl glideð
west under weorulde.   Wer-ðioda his
noman onwendað   þonne niht cymeð,
30   hatað hine ealle   æfen-stiorra.
Se bið þære sunnan swiftra;   siððan hi on setl gewitað,
ofirneð þis æþele tungol,   oðþæt he be eastan weorðeð
eldum oðewed   ær þonne sunne.
    "Habbað æðele tungol   emne gedæled
35   dæg and nihte   drihtnes meahtum,
sunna and mone,   swiðe geþwære,
swa him æt frymþe   fæder getiohhode.

permitted to make for the path of the snow-cold one,
the region of the moon. Neither of those great
heavenly bodies ever touches the orbit of the other   10
before the other departs from it.
Indeed that star that the wise
call Ursa will not approach
the west part of the skies; all stars,
following the sun, descend along with the firmament   15
under the base of the earth, and it alone remains.
That is no wonder; it is wondrously eastward,
near to the top end of the axis of the firmament.

   "Then there is one star bright above the others,
it comes up from the east before the sun;   20
people under the heavens call it
the morning star because it proclaims day
to men in the towns, brings after it the sun
bright in the sky, together with the day for everybody.
It is the beautiful and bright forerunner,   25
comes up from the east first before the sun
and later glides after the sun to its resting place
west under the world. People
change its name when night comes,
everyone calls it the evening star.   30
It is swifter than the sun; after it departs to its resting place,
this noble star runs ahead, until it is revealed
to people in the east before the sun.

   "Those noble stars, the sun and the moon, very
harmonious, have shared out equally   35
the day and the night by the power of the Lord,
just as the father appointed to them at the beginning.

Ne þearft þu no wenan   þæt ða wlitegan tungl
ðæs þeowdomes   aðroten weorðe
40   ær domes dæge;   deð siððan ymbe
mon-cynnes fruma   swa him gemet þinceð.
Forðon hi be healfe   heofones þisses
on ane ne læt   ælmihtig God,
þy læs hi oðra fordyden   æþela gesceafta,
45   ac se eca God   ealla gemetgað
sida gesceafta,   softa geþwerað.
Hwilum ðæt drige   drifð þone wætan,
hwylum he gemengeð   metodes cræfte
cile wið hæto;   hwilum cerreð eft
50   on up-rodor   ælbeorhta leg,
leoht on lyfte;   ligeð him behindan
hefig hrusan dæl,   þeah hit hwile ær
eorðe sio cealde   oninnan hire
heold and hydde   haliges meahtum.
55   "Be þæs cyninges gebode   —cymeð geara gehwæm—
eorðe bringeð   æghwylc tudor,
and se hata sumor   hæleða bearnum
geara gehwilce   giereð and drigeð
geond sidne grund   sæd and bleda,
60   hærfest to honda   her-buendum
ripa receð.   Ren æfter þæm,
swylce hagal and snaw,   hrusan leccað
on wintres tid,   weder unhiore.
Forðæm eorðe onfehð   eallum sædum,
65   gedeð þæt hi growað   geara gehwilce;
on lencten-tid   leaf up spryttað.

You do not need to think by any means that those fair stars
will ever be tired of that service
before judgment day; afterward humankind's 40
creator will do with them as seems to him fitting.
Indeed almighty God does not allow them to be
on the same side of this heaven at one time,
lest they destroy other noble creatures,
but eternal God tempers and gently 45
reconciles all spacious creation.
At times dryness drives away the wet,
at times he mingles the cold with heat
by the skill of the creator; at times a very bright
flame turns back into the sky above, 50
light into the air; behind it remains
the heavy part of the earth, though the cold
earth previously held and hid it
within itself by the power of the holy one.
　　"By the king's command—it happens every year— 55
the earth brings forth each species,
and the hot summer every year
prepares and dries seeds and crops
across the spacious earth for the sons of men,
the harvest conveys them ripe into the hands 60
of earth dwellers. After that rain,
and likewise hail and snow, rough weather,
moisten the earth in wintertime.
Indeed the earth receives all seeds,
ensures that they grow every year; 65
in springtime the foliage sprouts up.

Ac se milda metod   monna bearnum
on eorðan fet   eall þætte groweð,
wæstmas on weorolde   wel forðbrengeð,
70   hit þonne he wile,   heofona waldend,
and eowað eft   eorð-buendum,
nimð þonne he wile,   nergende God.
And þæt hehste good   on heah-setle
siteð, self cyning,   and þios side gesceaft
75   þenað and ðiowað.   He þonan waldeð
þæm gewelt-leðrum   weoruld-gesceafta.
    "Nis þæt nan wundor;   he is weroda God,
cyning and drihten   cwucera gehwelces,
æ-welm and fruma   eallra gesceafta,
80   wyrhta and sceppend   weorulde þisse,
wisdom and æ   woruld-buendra.
Ealla gesceafta   on his ærendo
hionane sendeð,   hæt eft cuman.
Gif he swa gestæððig   ne staðolade
85   ealla gesceafta,   æghwylc hiora
wraðe tostencte   weorðan sceolden,
æghwilc hiora   ealle to nauhte
weorðan sceoldon   wraðe toslopena,
þeah þe ane lufe   ealla gesceafta
90   heofones and eorðan   hæbben gemæne,
þæt hi þiowien   swilcum þiod-fruman,
and fægniað   þæt hiora fæder wealdeð.
Nis þæt nan wundor,   forðæm wuhta nan
æfre ne meahte   elles wunian,
95   gif hi eall-mægene   hiora ord-fruman
ne þiowoden,   þeodne mærum."

But the merciful creator, the ruler of the heavens,
nourishes for the sons of men everything
that grows on earth, produces well
the fruits in the world, hides them when he will,   70
and reveals them again to earth dwellers,
takes them when he will, God the savior.
And the highest good, the king himself, sits
on his high throne and supports and serves
this spacious creation. He controls from there   75
the reins of worldly creation.
　　"That is no wonder; he is God of hosts,
king and Lord of every living thing,
source and origin of all created things,
maker and creator of this world,   80
wisdom and law of world dwellers.
He sends all created things from here
on his errand, bids them come back.
If he in his steadfastness did not stabilize
all created things, each of them   85
would become horribly scattered,
they would all come
to nothing, terribly dissolved,
though all created things in heaven and earth
have one love in common,   90
that they serve such a ruler
and rejoice that the father rules them.
That is no wonder, for no created thing
could ever reside elsewhere
if they were not serving with all their might   95
their creator, glorious prince."

Prose 30

Ða forlet se Wisdom þæt leoð and cwæð to me: "Hwæðer ðu
nu ongite hwider þios spræce wille?" Ða cwæð ic: "Sege me
hwider hio wille." Ða cwæð he: "Ic wille secgan þæt ælc wyrd
bio good, sam hio monnum good þince, sam hio him yfel
þince." Ða cwæð ic: "Ic wene þæt hit eaðe swa bion mæge,
þeah us hwilum oðer þynce." Ða cwæð he: "Nis þæs nan
tweo ðæt ælc wyrd bið good þara ðe riht and nytwyrðe bið.
Forðæm ælc wyrd, sam hio bio wynsum sam hio sie unwyn-
sum, forðy cymþ to ðæm goodan þæt hio oðer twega do,
oððe hine þreatige to ðon þæt he bet do þonne he ær dyde
oððe him leanige þæt he ær tela dyde. And eft ælc wyrd þara
þe to ðæm yflum cymð, cymð for þæm twæm þingum, sam
hio sie reðe sam hio sy wynsum. Gif to ðæm yflum cymð
reðu wyrd, þonne cymð hio to edleane his yfla oððe to
þreunge and to lære þæt he eft swa ne do."

2   Þa ongann ic wundrian and cwæð: "Is þæt forinweardlice
riht racu þæt þu ðær recst." Þa cwæð he: "Swa hit is swa ðu
sægst. Ac ic wolde, gif ðu wolde, ðæt wit unc wenden sume
hwile to þises folces spræce, þylæs hi cweþan þæt wit spre-
can ofer monnes gemet." Ða cwæð ic: "Sprec þæt ðu wille."

3   Ða cwæð he: "Wenst þu ðæt þæt ne sie good þæt nit bið?"
Ða cwæð ic: "Ic wene þæt hit sie." Ða cwæð he: "Ælc wyrd is
nyt þara þe auðer deð, oððe lærð oððe wrycð." Ða cwæð ic:
"Þæt is soð." Ða cwæð he: "Eall bið good þætte nyt bið." Ða
cwæð ic: "Þæt is soð." Ða cwæð he: "Sio wiðerwearde wyrd
is ðæm good þe winnað wið unðeawas and wendað hi to
goode." Ða cwæð ic: "Ne mæg ic þæs oðsacan." Ða cwæð he:

Prose 30

Then Wisdom ceased singing and spoke to me: "Do you now understand where this discussion is going?" Then I said: "Tell me where it is going." Then he said: "I want to say that all fate is good, whether people think it good or evil." Then I said: "I think that could easily be so, though we sometimes think otherwise." Then he said: "There is no doubt that every kind of fate that is just and useful is good. Therefore every kind of fate, whether it is pleasant or unpleasant, comes to the good person to do one of two things, either to threaten him so that he does better than he did before or to reward him because he did good before. And again, every kind of fate that comes to the wicked, comes for one of two things, whether it is harsh or pleasant. If harsh fate comes to the wicked then it comes as a reward for his evils or as a threat and warning that he should not do so again."

Then I began to wonder and said: "This argument which 2 you set out is essentially just." Then he said: "It is as you say. But I would like us, if you are willing, to turn for a while to the talk of the common people, lest they say that we two talk above the measure of humankind." Then I said: "Speak as you wish."

Then he said: "Do you think that what is useful is not 3 good?" Then I said: "I think that it is." Then he said: "Every kind of fate is useful which either teaches or punishes." Then I said: "That is true." Then he said: "Everything that is useful is good." Then I said: "That is true." Then he said: "Adverse fate is good for those who fight against vices and turn themselves to good." Then I said: "I cannot deny that."

"Hwæt wenst þu bi þære goodan wyrde ðe oft cymð to goodum monnum on ðisse weorulde, swylce hit sie foretacn ecra gooda, hwæþer þis folc mæge cweðan þæt hit sie yfel wyrd?" Ða smearcode ic and cwæð: "Ne cwið þæt nan mon, ac cwið þæt hio sie swiðe good swa hio eac bið." Ða cwæð he: "Hwæt wenst þu be þære unwenlicran wyrde þe oft þreatað þa yflan to witnianne, hwæðer þis folc wene þæt þæt good wyrd sie?" Ða cwæð ic: "Ne wenað hi no þæt þæt god wyrd sie, ac wenað þæt hio sie swiðe earmlico."

4   Ða cwæð he: "Uton healdan unc þæt wit ne wenen swa swa þis folc wenð; gif wit þæs wenað ðe þis folc wenð, þonne forlæte wit ælce gesceadwisnesse and ælce rihtwisnesse." Ða cwæð ic: "Hwy forlæte wit hi þy ma?" Ða cwæð he: "Forðy þe folcisce men secgað þæt ælc reðu wyrd and unwynsumu sie yfel. Ac we ne sculon þæs gelefan, forðæm þe ælc wyrd bið good swa we ær spræcon, sam hio sy reðe sam hio sie wynsum." Ða wearð ic afæred and cwæð: "Þæt is soð þæt þu sægst. Ic nat þeah hwa hit dyrre secgan dysegum monnum, forðæm his ne mæg nan dysi man gelefan."

5   Ða onsac se Wisdom sarlice and cwæð: "Forðy ne scyle nan wis mon to swiðe ymb þæt gnornian to hwæm his wise weorðe, oððe hwæðer him cume þe reðu wyrd þe liðu, ðon ma þe se hwata esne scyle ymb þæt gnornian hu oft he fiohtan scyle. Ne bið his lof na ðy læsse, ac is wen þæt hit sie þy mare; swa bið eac þæs wisan med þe mare þe him wraðre wyrd and reðre to becymð. Þi ne scyle nan wis man wilnian seftes lifes, gif he ænigra cræfta recð oððe æniges weorðscipes her for weorulde oððe eces lifes æfter þisse weorulde.

6   "Ac ælc wis man scyle a winnan ægðer ge wið þa reðan wyrd ge wið þa wynsuman, þy læs he hine for ðære wynsuman wyrde fortruwige oððe for ðære reðan forðence. Ac

Then he said: "What do you think about the good fate that often comes to good people in this world, as if it were a foretoken of eternal goods, could the common people say that it was an evil fate?" Then I smiled and said: "No one says that, but says that it is very good, as it indeed is." Then he said: "What do you think about the more unpleasant fate which often threatens to punish the evil, do the common people think that this is good fate?" Then I said: "They do not think that it is good fate at all, but think that it is very wretched."

Then he said: "Let us guard ourselves against thinking as 4 the ordinary people think; if we think what these people think, then we would forsake all reason and justice." Then I said: "Why would we forsake it because of that?" Then he said: "Because ordinary people say that all adverse and unpleasant fate is bad. But we must not believe that, since every kind of fate is good as we said before, whether it is harsh or pleasant." Then I was frightened and said: "What you say is true. But I don't know who would dare say that to foolish people, since no foolish person can believe it."

Then Wisdom protested sorrowfully and said: "For that 5 reason no wise person ought to grieve too much about what his condition shall come to, or whether adverse or favorable fate falls to him, any more than the brave soldier should care about how often he is to fight. His fame is not the less for that, but is expected to be the greater; so also is the reward of the wise person the greater the more hostile and adverse a fate befalls him. Therefore no wise person ought to desire a comfortable life, if he cares for any virtues or any honor in respect of this world or for eternal life after this world.

"But every wise person must always contend against both 6 adverse and pleasant fate, lest he become overconfident because of the pleasant fate or despair because of the adverse.

him is ðearf þæt he aredie þone midmestan weg betweoh
þære reðan wyrde and ðære liðan, þæt he ne wilnige wyn-
sumran wyrde and maran orsorgnesse ðonne hit gemetlic
sie, ne eft reðre, forðæm he ne mæg nauþres ungemet adrio-
gan. Ac hit is on hiora agnum anwealde hwæðere þara hi ge-
ciosen. Gif hi þonne þone midmestan weg aredian willað,
þonne sculon hi selfe him selfum gemetigan þa wynsuman
wyrde and þa orsorgan. Þonne gemetgað him God þa reðan
wyrde ge on þisse weorulde ge on þære toweardan, swa swa
hi eaðe adreogan magan.

7   "Wella wisan men wel, gað ealle on þone weg ðe eow lærað
þa foremæran bisna þara godena gumena and þara weorð-
geornena wera þe ær eow wæron. Eala ge eargan and idel-
geornan, hwy ge swa unnytte sien and swa aswundne? Hwy
ge nyllen ascian æfter þæm wisum monnum and æfter þæm
weorðgeornum, hwylce hi wæron þa þe ær eow wæron? And
hwy ge þonne nyllen, siððan ge hiora þeawas geascod hæb-
ben, him onhirian swa ge swiðost mægen? Forðæm hi wun-
non æfter weorðscipe on þisse worulde, and tiolodon goodes
hlisan mid goodum weorcum, and worhton goode bisne
þæm þe æfter him wæron. Forðæm hi wuniað nu ofer ðæm
tunglum on ecre eadignesse for hiora godum weorcum."

HER ENDAÐ SIO FIORÐE BOC BOETIES
AND ONGINÐ SIO FIFTE.

But it is necessary for him to follow the middle-most way between the adverse fate and the mild, so that he does not desire more pleasant fate and greater freedom from care than is moderate, nor again more adverse, since he cannot endure excess of either. But it is in their own power which of those they choose. If they then wish to take the middle way, then they must themselves moderate the pleasant and care-free fate for themselves. Then God will moderate the adverse fate both in this world and in the one to come, such as they can easily endure.

"All you wise people, follow the road which *you* are shown 7 by the famous examples of good men and those men eager for honor who were before *you*. *You* cowards and *you* who are devoted to idleness, why are *you* so useless and so sluggish? Why will *you* not ask about the wise people and those eager for honor, and ask what kinds of people those were who were before *you?* And why will *you* not, after *you* have learnt about their behavior, imitate them as much as *you* can? They fought for honor in this world, and strove for good fame with good works, and created a good model for those who were after them. Therefore they live now above the stars in eternal bliss because of their good works."

HERE ENDS THE FOURTH BOOK OF BOETHIUS
AND THE FIFTH BEGINS.

BOOK 5

Prose 31

Þa se Wisdom þa þis spell areaht hæfde, þa cwæð ic: "Swiðe riht is þin lar; ac ic wolde þe nu myndgian þære mænigfealdan lare þe þu me ær gehete be þære Godes foretiohhunge. Ac ic wolde ærest witan æt þe hwæðer þæt auht sie þæt we oft geheraðþæt men cweðað be sumum þingum þæt hit scyle weas gebyrian." Ða cwæð he: "Me wære leofre þæt ic onette wið þæs þæt ic þe moste gelæstan þæt ic þe ær gehet, and þe moste getæcan swa scortne weg swa ic scyrtestne findan meahte to ðinre cyððe. Ac hit is swiðe feor of uncrum wege, of þæm wege þe wit getiohhod habbað on to farenne, þæt þæt þu me ær bæde; wære þeah nyttre to gecerranne and ongitanne. Ac ic ondræde þæt ic þe læde hidres þidres on ða paðas of þinum wege, þæt þu ne mæge eft þinne weg aredian. Nis hit nan wundor þeah þu getiorie, gif ic þe læde bi ðæm wege." Ða cwæð ic: "Ne þearft þu no þæt ondrædan, ac ic bio swiðe gefægen gif þu me lædst þider ic ðe bidde."

2   Ða cwæð he: "Ic þe wille læran bispellum swa ic þe ealne weg dyde, and þe þeah secgan wille þæt hit nis nauht þæt mon cwið þæt ænig þing weas gebyrige, forðæm ælc þing cimð of sumum þingum; forðæm hit ne bið weas gebyred. Ac ðær hit of nauhte ne come þonne wære hit weas gebyred." Ða cwæð ic: "Ac hwonan com se nama ærest?" Ða cwæð he: "Aristoteles min diorling hit gerehte on þære bec þe Fisica hatte." Þa cwæð ic: "Hu rehte he hit?" Ða cwæð he: "Men

BOOK 5

Prose 31

When Wisdom had delivered this speech I said: "Your teaching is very just, but I would now like to remind you of the many teachings which you promised me before about the providence of God. But I would like first to know from you whether there is anything in what we often hear, that some things, it is said, must happen by chance." Then he said: "I would rather hasten toward the aim of fulfilling what I promised you before, and teaching you the shortest way I could find to your homeland. But what you asked me earlier is very far from our way, from the way which we have designed to journey on; it would however be more useful to turn aside and to understand. But I dread that I may lead you hither and thither on to paths off your track, preventing you from being able to find your way again. It is no wonder though you should tire if I lead you by *that* way." Then I said: "You do not need to fear that, but I will be very glad if you lead me in the direction that I ask."

Then he said: "I want to teach you by analogies as I did all the way, and say to you however that it is meaningless for a person to say that anything happens by chance, since everything comes from some things; therefore it has not happened by chance. But if it came of nothing then it would have happened by chance." Then I said: "But where did the name first come from?" Then he said: "My beloved Aristotle explained it in the book called Physics." Then I said: "How did he explain it?" Then he said: "People said of old, when

377

cwædon gio, þonne him hwæt unwenunga gebirede, þæt
þæt wære weas gebyred, swylce hwa nu delfe eorðan and
finde ðær þonne goldhord ond secge ðonne þæt þæt sie weas
gebered. Ic wat þeah gif se delfere þa eorðan no ne delfe, ne
nan mon ær þæt gold þær ne hydde, þonne ne funde he hit
no. Forðy hit næs na weas funden, ac sio godcunde foretioh-
hung lærde þone þe he wolde þæt þæt gold hydde and eft
þone þe he wolde þæt hit funde."

3   Ða cwæð ic: "Þæt ic ongite þæt hit is swa swa þu sægst.
Ac ic þe wolde acsian hwæðer we ænigne freodom hæbben,
oððe ænigne anweald hwæt we don hwæt we ne don, þe sio
godcunde foretiohhung oððe sio wyrd us nede to þam þe hi
willan." Þa cwæð he: "We habbað micelne anwald. Nis nan
gesceadwis gesceaft þæt næbbe friodom. Se þe gesceadwis-
nesse hæfð se mæg deman and tosceadan hwæs he wilnigan
sceal and hwæt he onscunian sceal, and ælc mon hæfð þone
freodom þæt he wat hwæt he wile hwæt he nele.

4   "And þeah nabbað ealla gesceadwisa gesceafta gelicne
friodom. Englas habbað rihte domas and goodne willan, and
eall þæt hi wilniað hi begitað swiðe eaðe, forðæm þe hi nanes
wos ne wilniað. Nis nan gesceaft þe hæbbe friodom and
gesceadwisnesse buton englum and monnum. Þa men hab-
bað simle freodom þy maran þe hi heora mod near godcun-
dum ðingum lætað, and habbað þæs þy læssan friodom þe hi
hiora modes willan near þisse weoruldare lætað. Nabbað hi
nænne freodom þonne hi heora agnum willum hi selfe un-
ðeawum underðiodað, ac sona swa hi hiora mod onwendað
from gode, swa weorðað hi ablende mid unwisdome. Swa

something happened unexpectedly, that it had happened by chance, as if someone were now to dig in the earth and find a hoard of gold there and then say that it had happened by chance. I know however that if the digger had not dug the earth and the gold had not been hidden there before, then he would not have found it. Therefore it was not found by chance, but divine providence guided the one whom he wanted so that he hid the gold and again the one whom he wanted so that he found it."

Then I said: "I understand that it is as you say. But I would 3 like to ask you whether we have any freedom, or any power as to what we do or not do, or whether divine providence or fate compels us to what they want." Then he said: "We have great power. There is no rational creature that does not have freedom. He who has reason can judge and distinguish what he ought to desire and what he ought to shun, and everyone has the freedom to know what he desires and does not desire.

"And yet all rational creatures do not have similar free- 4 dom. Angels have just judgments and good will, and they very easily attain all they desire, since they desire nothing wrong. There is no created being that has freedom and reason except angels and human beings. Human beings always have the more freedom by setting their minds nearer divine things, and have the less freedom by placing their mind's desire nearer this world's favor. They have no freedom at all when they subject themselves by their own will to vices, but as soon as they turn their minds from good they become blinded with folly. However there is one almighty

þeah is an ælmihtig God on his þære hean ceastre; se gesihð
ælces monnes geþoht, and his word and his dæda toscead,
and gilt ælcum æfter his gewyrhtum." Ða se Wisdom þa þis
spell asæd hæfde, þa ongon he singan and þus cwæð:

Meter 30

"Omerus wæs   east mid Crecum
on ðæm leodscipe   leoða cræftgast,
Firgilies   freond and lareow,
þæm mæran sceope   magistra betst.
5   Hwæt, se Omerus   oft and gelome
þære sunnan wlite   swiðe herede,
æðelo cræftas   oft and gelome
leoðum and spellum   leodum reahte.
Ne mæg hio þeah gescinan,   þeah hio sie scir and
                                   beorht,
10   ahwærgen neah   ealla gesceafta,
ne furðum þa gesceafta   ðe hio gescinan mæg
endemes ne mæg   ealla geondlihtan
innan and utan.   Ac se ælmihtega
waldend and wyrhta   weorulde gesceafta
15   his agen weorc   eall geondwliteð,
endemes þurhsyhð   ealla gesceafta.
Ðæt is sio soðe   sunne mid rihte,
be ðæm we magon singan   swylc butan lease."

God in that high city of his; he sees everyone's thought, and distinguishes his words and deeds, and rewards each according to his deeds." When Wisdom had said this speech, then he began to sing and said as follows:

Meter 30

"In the East among the Greeks the most skilful of poets
in that nation was Homer,
Virgil's friend and teacher,
best of tutors to that famous poet.
Indeed Homer very often   5
greatly praised the sun's beauty,
very often told its noble
virtues to people in verse and prose.
Though it may be shining and bright, yet it cannot shine
on anywhere near all creatures,   10
and it cannot even fully illuminate
inside and outside those creatures
which it can shine on. But the almighty
ruler and maker of worldly creatures
illuminates entirely his own work,   15
sees fully through all creatures.
That is properly the true sun
which we can sing about without any falsehood."

Prose 32

Ða se Wisdom þa þis leoð asungen hæfde, ða geswugode he
ane lytle hwile. Ða cwæð ic: "Sum tweo me hæfð swiðe ge-
drefed." Ða cwæð he: "Hwæt is se?" Ða cwæð ic: "Hit is þæt
þæt ðu sægst þæt God selle ælcum men freodom swa good
to donne swa yfel swæðer he wille, and þu sægst þæt God
wite ælc þing ær hit geweorðe; and þu sægst eac þæt nan
þing ne geweorðe bute hit God wille oððe geðafie, and þu
sægst þæt hit scyle eall faran swa he getiohhod hæbbe. Nu
wundrie ic þæs hwy he geþafige þæt þa yflan men hæbben
þone freodom þæt hi mægen don swa god swa yfel, swæðer
swa hi willan, þonne he ær wat þæt hi yfel don willað." Ða
cwæð he: "Ic þe mæg swiðe eaðe geandwyrdan þæs spelles.
Hu wolde þe nu lician gif hwilc swiðe rice cyning wære and
næfde nænne freone mon on eallum his rice, ac wæren ealle
þiowe?" Ða cwæð ic: "Ne þuhte me hit no rihtlic ne eac
nauht gerisenlic gif him sceolden þiowe men þenian."

2   Ða cwæð he: "Þæt wære uncynlicre gif God næfde on eal-
lum his rice nane frige gesceaft under his anwalde. Forðæm
he gesceop twa gesceadwisa gesceafta freo, englas and men.
Þæm he geaf micle gife freodomes, þæt hi mosten don swa
god swa yfel swæðer swa hi wolden. He sealde swiðe fæste
gife and swiðe fæste æ mid ðære gife ælcum men oð his ende.
Ðæt is se freodom ðæt se mon mot don þæt he wile, and þæt
is sio æ þæt he gilt ælcum be his gewyrhtum, ægðer ge on
þisse worulde ge on þære toweardan, swa good swa yfel,
swæðer he deð. And men magon begitan þurh þone freodom
swa hwæt swa hi willað, buton deað hi ne magon forcerran;

Prose 32

When Wisdom had sung this song, he was silent for a little while. Then I said: "One doubt has greatly disturbed me." Then he said: "What is that?" Then I said: "It is that you say that God gives freedom to everyone to do whatever he wishes, good or evil, and you say that God knows everything before it happens; and you also say that nothing happens unless God wishes or permits it, and you say that it must all come about as he has decided. Now I wonder why he permits the wicked to have the freedom to be able to do whatever they wish, whether good or evil, when he knows before that they want to do evil." Then he said: "I can very easily answer that argument for you. How would you like it now if there were some very powerful king and he had no free person in his whole kingdom, but they were all slaves?" Then I said: "I would not think it at all right or suitable if slaves were to serve him."

Then he said: "It would be more unfitting if God did not 2 have in all his kingdom any free creature under his power. Therefore he created two rational creatures free, angels and human beings. To them he gave the great gift of freedom, permitting them to do either good or evil, whatever they wished. He gave a very fixed gift and very fixed law with that gift to everyone until his end. Freedom means that someone may do what he wishes, and the law means that he (God) rewards each according to his deeds, both in this world and in the next, whatever he does, whether good or evil. And human beings can attain through that freedom whatever they wish, except that they cannot forestall death; but they can

æc hi hine magon mid goodum weorcum gelettan þæt he þe
lator cymð, ge furþum oð oreldo hi hine hwilum gelettað.
Gif men to goodum weorce ne onhagie, hæbbe goodne wil-
lan; þæt is emngood."

3   Ða cwæð ic: "Wel ðu me hæfst aretne on þam tweon and
on þære gedrefednesse þe ic ær on wæs be ðæm freodome.
Ac ic eom nu giet on micle maran gedrefednesse geunrot-
sod, fulneah oð ormodnesse." Ða cwæð he: "Hwæt is sio
micle unrotnes?" Ða cwæð ic: "Hit is ym ða Godes foretioh-
hunge; forðæm we geherað hwilum secgan þæt hit scyle eall
swa geweorðan swa swa God æt fruman getiohhad hæfde
þæt hit ne mæge nan mon onwendan. Nu ðincð me þæt he
do woh þonne he arað þa goodan and eac þonne he witnað
þa yflan, gif þæt soð is þæt him swa gesceapen wæs þæt hi ne
mosten elles don. Unnytlice we swincað þonne we us gebid-
dað and ðonne we fæstað oððe ælmessan sellað gif we his
nabbað ðy maran þanc þe þa þe on eallum þingum wadað on
hiora agenne willan and æfter hiora lichoman luste irnað."

4   Ða cwæð he: "Þis is sio ealde siofung þe þu longe siofodes,
and manige eac ær ðe. Þara wæs sum Marcus, oðre naman
Tullius, þriddan naman he wæs gehaten Cicero. Se wæs Ro-
mana heretoga, se wæs uðwita. Se wæs swiðe abisgod mid
þære ilcan spræce, ac he hi ne meahte brengan to nanum
ende. Forðy he ne meahte, ne nan mon on þone timan, þa
spræce to nanum ende bringan forðy hiora mod wæs abisgod
on ðisse weorulde wilnunga. Ac ic þe secge, gif þæt soð is
þæt ge secgað, þæt hit wæs unnet gebod on godcundum
bocum þæt God bebead þæt mon sceolde forlætan yfel and
don good, and eft se cwide þe he cwæð: swa mon ma swincð,
swa mon maran mede onfehð. And ic wundrige hwy þu
hæbbe forgiten eall þæt þæt wit ær spræcon."

defer it by good deeds so that it comes the later, and even until old age they sometimes defer it. If good deeds are not possible for someone, let him have a good will; that is equally good."

Then I said: "You have comforted me well in the doubt 3 and anxiety that I was in before about freedom. But I am now again troubled with much more anxiety, almost to despair." Then he said: "What is that great anxiety?" Then I said: "It is about God's foreordaining; since we hear it said sometimes that everything must happen as God had determined at the beginning, so that it cannot be changed. Now it seems to me that he does wrong when he favors the good and also when he punishes the wicked, if it is true that it was so shaped for them that they might not do otherwise. Uselessly we toil when we pray and when we fast or give alms if we have no more thanks for it than those who in all things follow their own will and run after their body's pleasure."

Then he said: "This is the old complaint that you have 4 long lamented, and many also before you. One of them was Marcus, second name Tullius, he was called Cicero by his third name. He was a Roman consul, who was a philosopher. He was greatly occupied with that same issue, but he could not bring it to an end. He could not bring the argument to an end, nor could anyone at that time, because their minds were preoccupied with the desire of this world. But I tell you that if what *you* people say is true it was a useless command in the divine books when God commanded people to forsake evil and do good, and again the saying that he spoke: the more one labors, the greater the reward one receives. And I wonder why you have forgotten all that we discussed earlier."

5   Ða cwæð ic: "Hwæt hæbbe ic forgiten þæs þe wit ær
spræcon?" Ða cwæð he: "Wit sædon ær þæt sio godcunde
foretiohhung ælc god worhte and nan yfel ne tiohhode to
wyrcanne, ne næfre ne worhte. Ge furðum þæt wit gereah-
ton to goodum þæt folciscum monnum yfel þuhte, þæt wæs
þæt mon wræce and witnode hwone for his yfle. Hu ne sæ-
don wit eac ær on þisse ilcan bec þæt God hæfde getiohhod
freodom to sellanne monnum and swa dyde, and gif hi þone
freodom tela gehealdon þæt he hi wolde swiðe weorðian mid
ece life; and gif hi ðone freodom forheolden þæt he hi þonne
wolde witnian mid deaðe? He tiohhode gif hi hwæt gesyn-
goden on ðæm freodome þæt hi hit eft on ðæm freodome
mid hreowsunga gebeten, and gif hiora hwylc swa heard-
heort wære þæt he nane hreowsunge ne dyde þæt he þonne
hæfde rihtlic wite.

6   "Ealla gesceafta he hæfde getiohhod þeowu buton en-
glum and monnum. Forðy þe þa oðra gesceafta þeowe sint,
hi healdað hiora þegnunga oð domes dæg. Ac þa men and þa
englas þe freo sint forlætað hiora þegnunga. Hwæt magon
men cweðan þæt sio godcunde foretiohhung getiohhod
hæfde þæs ðe hio ne þurhtuge? Oððe hu magon hi hi aladian
þæt hi ne mægen good don nu hit awriten is þæt God gelde
ælcum men be his gewyrhtum? Hwy sceall þonne ænig mon
bion idel ðæt he ne wyrce?"

7   Ða cwæð ic: "Genoh þu me hæfst gefreolsod þære
tweounge mines modes be þære ascunga þe ic þe ahsade, ac
ic þe wolde giet acsian sumre spræce ðe me ymbe tweoð."
Ða cwæð he: "Hwæt is þæt?" Ða cwæð ic: "Genog cuð me is
þæt God hit wat eall beforan, ge good ge yfel, ær hit ge-
weorðe. Ac ic nat hwæðer hit eall geweorðan sceal unanwen-
dendlice þæt he wat and getiohhod hæfð." Ða cwæð he:

Then I said: "What have I forgotten that we spoke about 5
before?" Then he said: "We said before that divine provi-
dence made every good and did not intend to make any evil,
and never made any. Moreover, we accounted as good what
ordinary people thought evil, that was that someone was
avenged and punished for his evil. Did we not say also before
in this same book that God had determined to give freedom
to mankind and did so, and if they kept that freedom well
that he would honor them greatly with eternal life; and if
they misused that freedom that he would then punish them
with death? He determined that if they sinned somewhat
within that freedom they might make amends for it again
within that freedom, with repentance, and that if any of
them was so obstinate that he did no repentance he would
then have just punishment.

"He had intended all creation to be servants except an- 6
gels and men. Because the other created things are servants
they maintain their service until doomsday. But human be-
ings and angels who are free are released from their service.
What can people say that divine providence had intended
which it has not carried through? Or how can they excuse
themselves that they are unable to do good now that it is
written that God rewards each person according to his
deeds? Why then shall any person be idle by not working?"

Then I said: "You have sufficiently freed me of the doubt 7
in my mind about the question I asked you, but I would
still like to ask you about a certain issue that I am in doubt
about." Then he said: "What is that?" Then I said: "It is clear
enough to me that God knows all things beforehand, both
good and evil, before it happens. But I do not know whether
all that he knows and has intended must happen without

"Ðearf hit no eall geweorðan unanwendendlice; ac sum hit sceal geweorðan unanwendendlice, þæt bið þætte ure nedþearf bið and his willa bið. Ac hit is sum swa gerad þæt his nis nan nedþearf, and þeah ne dereð no þeah hit geweorðe, ne nan hearm ne bið þeah hit no ne geweorðe.

8   "Geþenc nu be ðe selfum hwæðer þu ænig þing swa fæst getiohhod hæbbe þæt þe þince þæt hit næfre þinum willum onwend ne weorðe ne þu butan bion ne mæge. Oððe hwæðer þu eft on ængum geþeahte swa twioræde sie þæt þe helpe hwæðer hit geweorðe ðe hit no ne geweorðe. Fela is þara þinga þe God ær wat ær hit geweorðe and wat eac þæt hit dereð his gesceaftum gif hit gewyrð. Nat he hit no forðy þe he wille þæt hit geweorðe, ac forðy þe he wile forwernan þæt hit ne geweorðe, swa swa good scipstiora ongit micelne wind on hreore sæ ær ær hit geweorðe, and hæt fealdan þæt segl and eac hwilum lecgan þone mæst and lætan þa bætinge, gif he ær þweores windes bætte; warenað wið ðæt weder."

9   Ða cwæð ic: "Swiðe wel þu min hæfst geholpen æt þære spræce. Ic wundrige hwy swa mænige wise men swa swiðe swuncen mid þære spræce and swa lytel gewis funden." Ða cwæð he: "Hwæs wundrast þu þær swa swiðe, swa eðe swa hit is to ongitanne? Hu ne wast þu þæt manig þing ne bið no ongiten swa swa hit bið ac swa swa þæs andgites mæð bið þe þæræfter spyreð? Swilc is se wisdom þæt hine ne mæg nan mon of þisse weorulde ongitan swilcne swylce he is, ac ælc winð be his andgites mæðe þæt he hine wolde ongitan gif he meahte. Ac se wisdom mæg us eallunga ongitan swylce swylce we sint, þeah we hine ne mægen ongitan eallunga

change." Then he said: "It does not all have to happen with-out change, but some of it must happen without change, that is, that which is necessary for us and is his will. But some of it is so conditioned that there is no necessity for it, and yet it does no harm if it happens, and there is no harm if it does not happen.

"Consider now about yourself, whether you have deter- 8 mined on anything so fixedly that you think that it will never be changed by your will and you could not be without it. Or whether again you are so doubtful on any issue that it helps you whether it happens or doesn't happen. There is many a thing which God knows before it happens and also knows that it will harm his creatures if it happens. He does not know it because he wishes it to happen, but because he would like to prevent it happening, as a good pilot per-ceives a great wind in a rough sea before it happens and gives orders to fold the sail and also sometimes to take down the mast and to leave off beating, if he previously has been beating against an adverse wind; he protects against the weather."

Then I said: "You have helped me very well with that ar- 9 gument. I wonder why so many wise people toiled so much with that issue and found so little that was certain." Then he said: "Why do you wonder so much at this, easy as it is to understand? Do you not know that many a thing is under-stood not as it is but according to the measure of the under-standing of the one who inquires after it? Such is wisdom that no one in this world can understand it as it is, but each strives according to the measure of his understanding to un-derstand it if he can. But wisdom can understand us entirely as we are, though we cannot understand it entirely as it is,

swylcne swylce he is, forðæm se wisdom is God. He gesihð
ure weorc, ge good ge yfel, ær hi gewordene sien oððe
furðum geþoht. Ac he us ne ned no þy hraðor to þæm þæt
we nede scylen good don, ne us ne wernð þæt we yfel don,
forðæm þe he us sealde freodom.

10   "Ic þe mæg eac tæcan sume bisne þæt þu þe yð ongitan
meahte þa spræce. Hwæt þu wast þæt gesihð and gehernes
and gefrednes ongitað þone lichoman þæs monnes and þeah
ne ongitað hi hine no gelicne. Þa earan ongitað þæt hi gehe-
rað; ne ongitað hi þeah þone lichoman eallunga swylcne
swylce he bið. Sio gefrednes hine mæg gegrapian and gefre-
dan þæt hit lichoma bið, ac hio ne mæg gefredan hwæðer he
bið þe blæc þe hwit, ðe fæger ðe unfæger. Ac sio gesihð æt
frumcerre swa þa eagan on besioð, hi ongitað ealle þone
andwlitan ðæs lichoman. Ac ic wolde get reccan sume race
þæt ðu wisse hwæs þu wundrode."

11   Þæ cwæð ic: "Hwæt is þæt?" Ða cwæð he: "Hit is þæt se
an man ongit þæt þæt he on oðrum ongit synderlice. He
hine ongit þurh þa eagan, synderlice þurh þa earan, synder-
lice þurh his rædelsan, synderlice þurh gesceadwisnesse,
synderlice þurh gewis andgit. Manige sint cwucera gesceafta
unstirende, swa swa nu scylfiscas sint, and habbað þeah
sumne dæl andgites, forðæm hi ne meahton elles libban gif
hi nan grot andgites næfdon. Sume magon gesion, sume ma-
gon geheran, sume gefredan, sume gestincan. Ac þa styrien-
dan netenu sint monnum gelicran forðæm hy habbað eall
þæt ða unstyriendan habbað and eac mare to, þæt is þæt
hi onhyriað monnum, lufiað þæt hi lufiað and hatiað þæt hi
hatiað, and flioð þæt hi hatiað, and secað þæt hi lufiað. Ða
men ðonne habbað eall þæt we ær ymbe spræcon and eac

since wisdom is God. He sees our actions, both good and evil, before they are done or even thought. But he does not any the more compel us to do good by necessity, nor does he prevent us from doing evil, because he gave us freedom.

"I can also show you an analogy so that you might more 10 easily understand that argument. You know that sight, hearing and touch perceive the body of a person and yet do not perceive it alike. The ears perceive what they hear; yet they do not perceive the body wholly such as it is. Touch can grasp and feel that it is a body but cannot feel whether it is black or white, fair or unfair. And as for sight, at the first glance when the eyes behold it, they perceive all the appearance of the body. But I would like still to give an explanation so that you knew what you wondered at."

Then I said: "What is that?" Then he said: "It is that the 11 individual person perceives what he perceives in another in various different ways. He perceives him through the eyes, in a different way through the ears, in another way through his imagination, in another way through reason, in another way through perfect understanding. Many living creatures are motionless, as shellfish are, and yet have some portion of perception, since they could not otherwise live if they did not have a speck of perception. Some can see, some can hear, some can feel, some can smell. But moving animals are more like human beings because they have all that the motionless creatures have and also more as well, that is, they resemble human beings, loving what they love and hating what they hate, and they flee what they hate and look for what they love. Then human beings have all that we

toeacan þam micle gife gesceadwisnesse. Englas þonne hab-
bað gewiss andgit.

12   "Forþam sint ðas gesceafta þus gesceapene þæt ða unstyr-
iendan hi ne ahebben ofer þa styriendan ne him wið ne win-
nan, ne þa styriendan ofer þa men, ne þa men ofer þa englas,
ne þa englas wið God. Ac þæt is earmlic þæt se mæsta dæl
monna ne secð no þæt þæt him forgifen is, þæt is gescead-
wisness, ne þæt ne secð þæt him ofer is, þæt is þæt englas
habbað and wise men, þæt is gewis andget. Ac mest monna
nu onhyreð neatum on þam þæt hi willniað woruldlusta swa
swa netenu. Ac gif we nu hæfdon ænigne dæl untwiogendes
andgites swa swa englas habbað þonne mihte we ongiton
þæt þæt andget bið micle betere þonne ure gesceadwisnes
sie. Þeah we fela smeagen we habbað litellne gearowitan bu-
ton tweon. Ac þam englum nis nan tweo nanes þæra þinga
þe hi witon. Forþi is hiora gearowito swa micle betra þonne
ure gesceadwisnes se, swa ure gesceadwisnes is betere þonne
netena andgit sie, oððe þæs gewittes ænig dæl þe him
forgifen is, auþer oððe hrorum neatum oððe unhrorum.

13   "Ac uton nu habban ure mod up swa swa we yfemest mæ-
gen wið þæs hean hrofes þæs hehstan andgites, þæt ðu mæge
hrædlicost cumon and eðelicost to þinre agenre cyððe þo-
nan þe ðu ær come. Þær mæg þin mod and þin gescead-
wisnes geseon openlice þæt þæt hit nu ymb tweoð ælces
þinges, ægþer ge be þære godcundan foresceawunge þe we
nu oft ymb spræcon, ge be urum freodome, ge swa be eallum
þingum." Ða se Wisdom þa þis spell asæd hæfde, þa ongan
he singan and þus cwæð:

mentioned before and also in addition to that the great gift of reason. Then angels have perfect understanding.

"These created things are so formed that the motionless 12 do not raise themselves above the moving ones nor contend with them, nor the moving creatures over human beings, nor human beings over the angels, nor angels against God. But it is grievous that the greatest part of humankind does not strive for what is granted to them, which is reason, nor does it strive for what is above them, which is what angels and wise men have, that is perfect understanding. But most people now imitate animals in that they desire worldly pleasures like the animals. But if we now had any portion of unambiguous understanding as angels have then we could perceive that that understanding is much better than our reason is. Though we ponder many things we have little full understanding without uncertainty. But for the angels there is no uncertainty about any of the things that they know. So their full understanding is as much better than our reason is, as our reason is better than the perception of animals is, or than any portion of intelligence that is granted to them, whether to moving animals or unmoving ones.

"But let us now raise our minds up as high as we can to-13 ward the high roof of the highest understanding, so that you can most quickly and easily come to your own homeland from which you came before. There your mind and reason can see openly what it now doubts about everything, both about the divine providence which we have now often discussed and about our freedom, and thus about all things." When Wisdom had spoken this speech he began to sing and said as follows:

Meter 31

"Hwæt ðu meaht ongitan,   gif his ðe geman lyst,
þætte mislice   manega wuhta
geond eorðan farað   ungelice.
Habbað blioh and fær   bu ungelice
5   and mæg-wlitas   manegra cynna
cuð and uncuð.   Creopað and snicað,
eall lic-homa   eorðan getenge;
nabbað hi æt fiðrum fultum,   ne magon hi mid fotum
                                                                  gangan,
eorðan brucan,   swa him eaden wæs.
10   Sume fotum twam   foldan peððað,
sume fierfete,   sume fleogende
windað under wolcnum.   Bið ðeah wuhta gehwylc
onhnigen to hrusan,   hnipað ofdune,
on weoruld wliteð,   wilnað to eorðan,
15   sume ned-þearfe,   sume neod-fræce.
    "Man ana gæð   metodes gesceafta
mid his andwlitan   up on gerihte.
Mid ðy is getacnod   þæt his treowa sceal
and his mod-geþonc   ma up þonne niðer
20   habban to heofonum,   þy læs he his hige wende
niðer swa ðær nyten.   Nis þæt gedafenlic
þæt se mod-sefa   monna æniges
niðerheald wese   and þæt neb upweard."

Meter 31

"You can perceive, if you wish to notice it,
that many and various created beings
move across the earth unalike to one another.
They have dissimilar color and motion,
and shapes of many kinds,   5
familiar and strange. They creep and crawl,
the whole body close to the earth;
they have no help from wings, they cannot walk on feet
or enjoy the earth, as was allotted to them.
Some walk on the ground with two feet,   10
some are four-footed, some by flying
soar under the clouds. Each creature, however, is
inclined down to the earth, lowers his head downward,
gazes at the earth, wishes to go toward the earth,
some by necessity, some out of greed.   15
    "Of the creator's creatures, man alone goes
with his face directed upward.
By that it is signified that his faith and his mind
ought to be raised more upward to heaven
than downward, lest his mind be turned   20
downward like an animal. It is not appropriate
that the mind of any man
should be inclined downward and the face upward."

Prose 33

Ða se Wisdom ða ðis leoð asungen hæfde, ða cwæð he: "Forðy we scoldon ealle mægene spyrian æfter Gode þæt we wissen hwæt he wære. Ðeah hit ure mæð ne sie þæt we witen hwylc he sie, we sculon þeah be þæs andgites mæðe þe he us gifð fandian, swa swa we ær cwædon þæt mon scolde ælc þing ongitan be his andgites mæþe, forðæm we ne magon ælc þing ongitan swylc swylce hit bið. Ælc gesceaft ðeah, ægðer ge gesceadwis ge ungesceadwis, þæt sweotolað þæt God ece is, forðæm næfre swa manega gesceafta and swa micla and swa fægra hi ne underðiodden læssan gesceafte and læssan anwalde þonne ealle sindon, ne furðum emnmiclum."

2 Ða cwæð ic: "Hwæt is ecnes?" Ða cwæð he: "Þu me ahsast micles and earfoðes to ongitanne. Gif þu hit witan wilt, ðu scealt habban ær þines modes eagan clæne and hlutor. Ne mæg ic ðe nauht helan ðæs ðe ic wat. Wast þu þæt þreo ðing sindon on þis middangearde? An is hwilendlic: ðæt hæfð ægðer ge fruman ge ende, and nat ðeah nanwuht ðæs ðe hwilendlic is nauðer ne his fruman ne his ende. Oðer ðing is ece: þæt hæfð fruman and næfð nænne ende, and wat hwonne hit onginð and wat þæt hit næfre ne geendað, þæt sint englas and monna saula. Þridde ðing is ece buton ende and buton anginne, þæt is God. Betweoh þæm þrim is swiðe micel toscead. Gif wit þæt eall sculon tosmeagan, þonne cume wit late to ende þisse bec oððe næfre. Ac an þing ðu scealt nede þæran witan, forhwy God is gehaten sio hehste ecnes."

3 Ða cwæð ic: "Hwy?" Ða cwæð he: "Forðon þe we witon

Prose 33

When Wisdom then had sung this song, he said: "We ought with all our might to inquire about God in order to know what he is. Though our ability may not be such that we may know what he is, yet we ought to inquire according to the measure of understanding that he gives us, just as we said before that one should perceive everything according to the measure of his understanding, since we cannot perceive everything such as it is. Every creature however, both rational and irrational, testifies that God is eternal. So many creatures, and such great and fair ones, would never subject themselves to a lesser creature and lesser power than they all are, nor even to an equal one."

Then I said: "What is eternity?" Then he said: "You ask 2 me a great thing, and one difficult to understand. If you wish to understand it, you must first have your mind's eyes clean and pure. I cannot conceal from you what I know. Do you know that there are three things in this world? One is transitory: it has both beginning and end, and yet nothing that is transitory knows either its beginning or its end. The second thing is eternal: that has beginning and has no end, and knows when it begins and knows that it will never end, which are angels and the souls of men. The third thing is eternal without end and without beginning, that is God. Between those three is a very great distinction. If we are to consider all that, then we would come late or never to the end of this book. But one thing in this you must necessarily know, why God is called the highest eternity."

Then I said: "Why?" Then he said: "Because we know 3

swiðe litel ðæs þe ær us wæs buton be gemynde and be ge-
æscum, and get læsse þæs ðe æfter us bið. Þæt an us is gewis-
lice andweard þæt þe þonne bið. Ac him is eall andweard, ge
þætte ær wæs ge þætte nu is ge þætte æfter us bið; eall þæt is
him andweard. Ne wexð his wela na, ne eac næfre ne wanað.
Ne ofman he næfre nane wuht, forðæm he næfre nauht ne
forgeat. Ne secð he nanwuht ne ne smeað forðæm þe he hit
wat eall. Ne secð he nanwuht forðy he nanwuht ne forleas.
Ne eht he nanre wuhte forðy hine nanwuht ne mæg flion.
Ne ondræt he him nane wuht forðæm he næfð nænne ric-
ran, ne furðum nænne gelican.

4   "Simle he bið gifende and ne wanað his næfre nauht.
Symle he bið ælmihtig forðæm he symle wile good and næ-
fre nan yfel. Nis him nanes þinges nedþearf. Symle he bið
lociende. Ne slæpð he næfre. Symle he bið gelice manþwære.
Symle he bið ece forþam næfre sio tid næs þæt he nære, ne
næfre ne wyrð. Simle he bið freoh, ne bið he to nanum
weorce geneded for his godcundlicum anwealde. He is ægh-
wær andweard. His micelnesse ne mæg nan man ametan.
Nis þæt ðeah no licumlice to wenanne ac gastlice, swa swa
nu wisdom is and rihtwisnes, forþæm he þæt is self.

5   Ac hwæt ofermodie ge þonne, oððe hwy ahebbe ge eow
wið swa heane anwald, forðæm ge nauht wið hine don ne
magon? Forðæm se eca and se ælmehtga simle sit on þæm
heahsetle his anwaldes, þonan he mæg eall gesion, and gilt
ælcum swiðe rihte æfter his gewyrhtum. Forðæm hit nis no
unnet þæt we hopien to Gode, forðæm he ne went no swa
swa we doð. Ac biddað hine eadmodlice forðæm he is swiðe
rummod and swiðe mildheort. Hebbað eower mod to him
mid eowrum hondum and biddað þæs þe riht sie and eower

very little of what was before us except by memory and by inquiry, and still less of what will be after us. Only what exists at that time is present with certainty to us. But for him everything is present, both what was before and what now is and what will be after us; it is all present to him. His wealth does not grow at all, and also never wanes. He never remembers anything because he never forgot anything. He inquires after nothing nor ponders, since he knows it all. He looks for nothing because he lost nothing. He pursues nothing because nothing can flee him. He fears nothing because he has no one more powerful than him, nor even any like him.

"He is always giving and his possessions never wane. He is 4 always almighty because he always desires good and never any evil. He has no need of anything. Always he is looking on. He never sleeps. Always he is alike gentle. Always he is eternal because the time never was that he was not, and never will be. Always he is free, nor is he compelled to any act because of his divine power. He is everywhere present. No one can measure his greatness. That, though, is not to be conceived physically but spiritually, as are wisdom and rightness, since he himself is that.

"But why do *you* exalt yourselves, or why do *you* raise your- 5 selves up against so high a power, since *you* can do nothing against him? The eternal and almighty one sits always in the high seat of his power, from which he can see all and rewards everyone very justly according to his deeds. Therefore it is not in vain that we trust to God, since he does not change as we do. But pray to him humbly, since he is very generous and merciful. Raise *your* minds to him with *your* hands and ask for what is right and necessary for *you,* since he will not

þearf sie, forðæm he eow nele wyrnan. Hatiað yfel and fleoð swa ge swiðost magen. Lufiað cræftas and folgiað þæm. Ge habbað micle nedðearfe þæt ge symle wel don forðæm ge symle beforan þam ecan and þæm ælmihtgan Gode doð eall þæt þæt ge doð. Eall he hit gesihð and eall he hit forgilt."

FINIT.

refuse you. Hate evil and flee it as much as *you* can. Love virtues and follow them. *You* have great need that *you* always do well, since *you* always do all that *you* do in the presence of the eternal and almighty God. He sees it all and he repays it all."

THE END.

VERSE PROLOGUES
AND EPILOGUES

The Verse Prologue to the
Old English *Dialogues*

Se ðe me rædan ðencð   tyneð mid rihtum geðance.
He in me findan mæg,   gif hine feola lysteð
gastlices lifes   godre biesene,
þæt he ful eaþe mæg   upp gestigan
5   to ðam heofonlican hame   þar byð a hyht ond wyn,
blis on burgum,   þam þe bearn Godes
sielfes hiora eagum   geseon motan.
Þæt mæg se mon begytan   se þe his mod-geðanc
æltowe byþ   ond þonne þurh his in-gehygd
10   to þissa haligra   helpe geliefeð
ond hiora bisene fulgað,   swa þeos boc sagað.
Me awritan het   Wulfsige bisceop,
þeow ond þearfa   þæs þe alne þrym aof
ond eac walden is   wihta gehwelcre,
15   an ece God   eallra gesceafta.
Bideþ þe se bisceop   se þe ðas boc begeat,
þe þu on þinum handum nu   hafast ond sceawast,
þæt þu him to þeossum halgum   helpe bidde,
þe heora gemynd her on   gemearcude siendon,

The Verse Prologue to the
Old English *Dialogues*

He who sets out to read me will close me with proper
understanding. If he wishes for many good examples
of the spiritual life, he can find them in me,
so that he can very easily ascend
to the heavenly home where there is always hope, joy,   5
and bliss in those dwellings, for those who may see
the son of God himself with their own eyes.
That can be gained by any person whose mind
is sound, and then through his understanding
trusts in the help of these saints   10
and carries out their example, as this book says.
Bishop Wulfsige commanded me to be written,
the poor servant of him who exalted all glory
and is also the ruler of every creature,
one eternal God of all creation.   15
The bishop who procured this book, which you
now have in your hands and gaze at, requests
that you should pray these holy men, whose
memories are inscribed in here, to help him,

20   ond þæt him God ællmihtig
       forgyue þa gyltas   þe he geo worhte
       ond eac resðe mid him   se ðe ah ealles rices geweald,
       ond eac swa his beah-gifan,   þe him ðas bysene forgeaf,
       þæt is se selesða   sinces brytta,
25   Ælfryd mid Englum,   ealra cyninga
       þara þe he sið oððe ær fore   secgan hyrde,
       oððe he iorð-cyninga ær   ænigne gefrugne.

and ask almighty God   20
to forgive the sins that he formerly committed and also to
grant him rest with him who has power over every kingdom,
and also to grant rest to his treasure-giver, who gave him
the book's exemplar, that is Alfred of the English, the best
distributor of treasure of all the kings   25
that he has ever before heard of,
or of earthly rulers that he has known about.

The Verse Prologue to the
Old English *Pastoral Care*

Þis ærend-gewrit   Agustinus
ofer sealtne sæ   suðan brohte
ieg-buendum,   swa hit ær fore
adihtode   dryhtnes cempa,
5   Rome papa.   Ryht-spell monig
Gregorius   gleaw-mod gindwod
ðurh sefan snyttro,   searo-ðonca hord.
Forðæm he monn-cynnes   mæst gestriende
rodra wearde,   Rom-wara betest,
10   monna mod-welegost,   mærðum gefrægost.
Siððan min on Englisc   Ælfred kyning
awende worda gehwelc   and me his writerum
sende suð and norð;   heht him swelcra ma
brengan bi ðære bisene,   ðæt he his biscepum
15   sendan meahte,   forðæm hi his sume ðorfton
ða ðe Læden-spræce   læste cuðon.

The Verse Prologue to the Old English *Pastoral Care*

Augustine brought this message
from the south over the salt sea
to the island dwellers, just as the Lord's
champion, the pope at Rome,
had previously composed it. The wise Gregory explored   5
many true texts thoroughly through his mind's
intelligence, his hoard of clever thoughts. Therefore
he, the best of Romans, most wealthy in mind among
men, most renowned for his glorious deeds, won the
greatest number of humankind for the guardian of heaven.   10
Afterward King Alfred translated every word
of me into English and sent me south and north to
his scribes; he ordered them to produce more such copies
according to the exemplar, so that he could
send them to his bishops, because some of them   15
who knew very little Latin needed it.

The Verse Epilogue to the Old English *Pastoral Care*

Ðis is nu se wæterscipe   ðe us wereda God
to frofre gehet   fold-buendum.
He cwæð ðæt he wolde   ðæt on worulde forð
of ðæm innoðum   a libbendu
5   wætru fleowen   ðe wel on hine
gelifden under lyfte.   Is hit lytel tweo
ðæt ðæs wæterscipes   wel-sprynge is
on hefon-rice,   ðæt is halig gæst.
Ðonan hine hlodan   halge and gecorene;
10   siððan hine gierdon   ða ðe Gode herdon
ðurh halga bec   hider on eorðan
geond manna mod   missenlice.
Sume hine weriað   on gewit-locan,
wisdomes stream,   welerum gehæftað,
15   ðæt he on unnyt   ut ne tofloweð,
ac se wæl wunað   on weres breostum
ðurh dryhtnes giefe   diop and stille.
Sume hine lætað   ofer land-scare
riðum torinnan.   Nis ðæt rædlic ðing,
20   gif swa hlutor wæter   hlud and undiop
tofloweð æfter feldum   oð hit to fenne werð.
Ac hladað iow nu drincan,   nu iow dryhten geaf
ðæt iow Gregorius   gegiered hafað
to durum iowrum   dryhtnes welle.

The Verse Epilogue to the
Old English *Pastoral Care*

This is now the body of water which the God of hosts
promised for the comfort of us as earth dwellers.
He said that he wished ever-living waters
to flow continually in the world from the hearts
of those under the sky who fully   5
believed in him. There is little doubt
that the source of the body of water is
in the kingdom of heaven, that is, the holy ghost.
From there saints and the elect drew it;
then they, being obedient to God, directed it   10
by means of holy books here on earth
in various ways through the minds of men.
Some guard the stream of wisdom
within their minds, keep it captive with their lips,
so that it does not flow away useless,   15
but the pool remains deep and still
in the man's breast through the Lord's grace.
Some let it run away over
the land in small streams. It is not advisable
for clear water thus to flow away loud and   20
shallow across the plains until it becomes a marsh.
But draw yourselves water to drink, now that the Lord has
granted you that Gregory has directed
the Lord's stream to your doors.

25 Fylle nu his fætels   se ðe fæstne hider
    kylle brohte,   cume eft hræðe.
    Gif her ðegna hwelc   ðyrelne kylle
    brohte to ðys burnan,   bete hine georne,
    ðy læs he forsceade   scirost wætra,
30 oððe him lifes drync   forloren weorðe.

He who has brought here a watertight pitcher   25
may now fill his vessel, and may come back quickly.
If any man has brought here a leaky pitcher
to this stream, let him repair it speedily,
so that he may avoid spilling the clearest of waters
or losing the drink of life.   30

The Verse Epilogue to the Old English *Bede*

Bidde ic eac   æghwylcne mann,
brego-rices weard   þe þas boc ræde
and þa bredu befo,   fira aldor,
þæt gefyrðrige þone writre   wynsumum cræfte
5   þe ðas boc awrat   bam handum twam,
þæt he mote manega gyt   mundum synum
geendigan   his aldre to willan;
and him þæs geunne   se ðe ah ealles geweald,
rodera waldend,   þæt he on riht mote
10   oð his daga ende   drihten herigan.

Amen. Geweorþe þæt.

The Verse Epilogue to the
Old English *Bede*

I too pray to every person,
to every guardian of a kingdom and lord of men
who reads this book and holds the boards,
that he support with his own sweet skill the scribe
who wrote this book with his two hands   5
so that he may complete many more
with his hands in accordance with his lord's desire;
and may he who controls everything, the ruler of heaven,
grant him that he may rightly
praise the Lord until the end of his days.   10

Amen. So be it.

Note on the Texts

The text is that of the prosimetrical version of the Old English *Boethius* and is based as far as possible on its sole extant copy in London, British Library, Cotton MS Otho A.vi (here *C*), deciphered with the help of ultraviolet images kindly made available to us by Kevin Kiernan. Where *C*'s damaged state means that its text is lost or illegible, the text is based on the transcriptions and collations of Junius (in Oxford, Bodleian Library, MS Junius 12, here *J*) or, for the prose parts, on the prose version of the work in Oxford, Bodleian Library, MS Bodley 180 (here *B*).

This edition of the text is based on that prepared by the present editors for the Oxford University Press edition of 2009, but without the extensive apparatus and the indications of what letters and words are still legible in the Cotton manuscript.

Manuscript abbreviations are silently expanded. For ease of reference, the Old English prose sections (referred to in the notes as *P*) have numbered paragraphs, and the translation of the prose uses the same paragraph boundaries and numbers. The Old English verse sections (referred to in the notes as *M*) have lines numbered in fives, and the translation follows the verse lines as closely as possible. Following series practice, as an aid to comprehension, hyphens have been added in the verse sections to compound nouns and adjectives and their derivatives, and also to some other words (excluding personal names) in which the meaning of the separate constituents is particularly transparent.

VERSE PROLOGUES AND EPILOGUES

The text of the verse prologue to the Old English *Dialogues* is based on its sole manuscript copy in London, British Library, Cotton Otho C.i, written in the first part of the eleventh century. The manuscript was damaged in the Cotton fire of 1731 and some letters on the outer edges of the text are lost or illegible.

The texts of the verse prologue and epilogue to the Old English *Pastoral Care* are based on the earliest known manuscript copy in Oxford, Bodleian Library, Hatton 20, written 890–897. The prologue is preserved in five other manuscripts which range in date from the late ninth to the late eleventh century: London, British Library, Cotton Tiberius B.xi, and Kassel, Landesbibliothek, Anhang 19; London, British Library, Cotton Otho B.ii; Cambridge, Corpus Christi College 12; Cambridge, Trinity College, R.5.22; Cambridge, University Library, Ii.2.4. The epilogue is preserved only in Hatton 20 and CCCC 12.

The text of the verse epilogue to the Old English *Bede* is based on its unique copy in Cambridge, Corpus Christi College 41, written in the first part of the eleventh century.

Manuscript abbreviations are silently expanded in the texts. The translations are our own, based in some cases on translations we have published elsewhere.

Notes to the Texts

B = Oxford, Bodleian Library, MS Bodley 180; *C* = London, British Library, Cotton MS Otho A.vi; *J* = Oxford, Bodleian Library, MS Junius 12.

The notes record significant editorial emendations to *C*, and to the reading of Junius where his transcription (*J*) is the only witness to the text. The more significant variations between *C* and the *B* version as corrected and edited in the Oxford University Press edition of 2009 are also recorded.

P2 2.2 liðum: bliðum *B* tobrogdene: tobrocene *B* 2.3 rihtre: hyre *B*

P3 3.2 gestrodum: gestreonum *B*

M4 4.12 geneahst: geneahsne *J*

P4 4.1 adrifen: afaren *B* 4.3 unclænan: *C begins here* 4.5 rihtwisige: rihtere sie *B* 4.6 dem: wol *B* 4.7 Eac: Ac *B*

P5 5.1 ormodnesse: ofermodnesse *B* 5.3 ungewunelices: *so B*, ungewislices *C*. *B's reading is confirmed by Latin source* fæstrædnesse: *so B*, \un/fæstrædnesse *C*. *B's reading is confirmed by Latin source* liolcen: oleccan *B* 5.11 ne hwearfode: earefoðe sum eofel ne gefeldest *B* 5.16 woruldlices: woruldrices *B*

P6 6.1 ærest sy gesælig: ærest weorðe gesælig *B* 6.3 wisdomes: *so B*, domes *C*. *B's reading is confirmed by Latin source.* 6.7 weorðscipe: weorðscipe her for worulde *B* 6.8 oððe hwa is nu: *om. B* 6.9 woruldwillan: woruldwelan *B* læfað: lætað *B* 6.12 werelica: hwerflice *B* 6.13 God: *so B*, good *C*. *B's reading is supported by the sense and by a Latin gloss.*

M7 7.2 æfter: æst *J* 7.25 hi: he *J* 7.45 God: good *C*

P7 7.3 mon selð: nimð *B* 7.4 swa smealice: smale *B* 7.5 godweb: god *B* 7.8 sien ðin agnu: sen þine get nu *B* 7.9 hehst: hæfst *B* 7.10 and lytige: *om. B*

M8 8.1 hæfde: *om. C, but emendation is required by sense, syntax and meter*

P8 8.1 iu: eac *B* 8.4 forhycgað: forhogiað *B.* hongian: hogian *B* 8.7 agene *om. B* mid ðære tungan: þærmid *B* 8.10 hwilum: hwilcum *B* 8.12 Swa mæg eac: Swa gedeð eac *B* 8.15 þær nanwuht on nis ðæs ðe: nanwuht on nis þæs þær *B*

P9 9.3 gemynd: *so B,* . . . myndig *C*

M10 10.43 hwelcum: hwelcum in *C* 10.54 her: here *J*

P10 10.2 ic wat: wa *C,* wat *B. Emendation is supported by Latin source.* gesælðum mid þære: gesælðum mid hiere *B* 10.3 lætað: *so B,* lædað (*with* t *written above* d) *C. B's reading is confirmed by Latin source.*

M11 11.57 lencten deð: *om. C. Emendation is required by sense, syntax, and meter.*

P11 11.3 me lædan: me nu swiðost lædan *B*

P12 12.5 genumen: gewunnen *B* 12.11 secð: secð fulneah *B*

M13 13.2 ealla: ealra *C* 13.12 him: hi *J* 13.18 þu: nu *C* 13.20 þe: *om. C. Emendation is required by the sense and syntax.*

P13 13.2 willan: *so B,* welan *C. B's reading is supported by Latin source.* 13.3 unhyðig: unhydig *C,* unhiðy *B. Emendation based on B is supported by context.* 13.7 ecað eowre wædle: ecað eowre ermðe *B*

P14 14.6 unweorðran: wyrsan *B* 14.7 forþæm on ðam: and on þære sceade *B* his wela and his rice: his rice *B* 14.8 se anwald and se wela: se anweald *B*

M15 15.7 fierenlustes full: fierenfull *C*

P15 15.3 mænigra: mænig ger *C,* manegra *B. B's reading is supported by Latin source and context.* 15.5 and siððan ofslean: *so B, om. C. B's reading is supported by Latin source.* 15.6 eallon mægene: *so B, om. C* 15.7 on freondes anlicnesse: and freondes anlicnesse *BC. Emendation of this shared error is supported by the sense.*

M16 16.7 þa siofunga: siofunga . . . d *C,* siofunga and *J. Error in C?* sinra: þinra *C. Error in C?*

P16 16.2 þæt is soð an segge: *om. B*

M17 17.11 þyssum: þys *J* 17.17 ænigne ne: ænigne *C*

P17 17.2 bearneacen wif: wif acenð bearn and *B*

P18   18.5 ælc wuht þurhsion: ælc wuht þurhseon ge treowa ge furðum stanas *B*

P19   19.6 ne don: don *BC. Emendation of this shared error is supported by the sense and Latin source.*   19.7 geseald hæfð: geseald hæfð þæt þæt he hæfde *B*   19.9 her: *so B,* ær *C. B's reading is supported by the sense.*

M20   20.32 God: good *C*   20.41 æror ðe: aworðe *C*   20.72 geþwerod: geþweorod *C*   20.89 gemengdest: ne . . . ngdest *C,* ne mengdest *J*   20.112 ne mengdest: mengdest *C*   20.122 eard: cræft *C*   eagorstreames: eagorstreamas *C*   20.123 on eorþan: and eorþan *C*   20.214 Hwilum ymb hi: hwilum hi *C*

P20   20.4 þæt God sie; *so B,* þæt good sie *C*   20.5 se hehsta God: *so B,* se hehsta good *C*   þonne we ne þyrfen: þonne we ðyrfon *B*   20.6 se God þe fæder is: *so B,* se good þe fæder is *C*   20.7 an Gode sie: an god sie *BC. Emendation of this shared error is supported by the sense and Latin source.*   on Gode: *so B,* on goode *C*   20.9 medemre: betere *B*   Ða cwæð he: *om. BC. Emendation of this shared error is required by the sense.*   20.12 afercað: afersceað *B*   20.15 is God and: *so B,* is good and *C*   20.17 hior ðe: hior þe *B,* eorðe *C. B's reading is supported by the sense and Latin source.*

P21   21.6 creope: greowe *B*   wyrtrumum weorðe: wyrtrumum weorþe on þære eorðan *B*   bewæfed: bewerod *B*   21.8 æþelo: hælo *B*   21.11 God: *so B,* good *C*   21.12 to nauhte wurden: *om. B*   lange: *om. B*   God: *so B,* good *C*   21.13 þæt is God: *om. B*

P22   22.5 and helma: *om. B*   22.8 nan gecynd: nan gesceaft *B*   Gode: goode *B*

P23   23.3 metena: gydena *B*   blisse: miltse *B*   23.4 uneaðe oððe na: uneaþe *B*

P25   25.3 hi ungelice hiora earnien: he ungelice hiora earnige *B*   25.5 ðær he wile: *om. B*   25.8 meahte gan: mihte gan þeah he wolde *B*   25.13 mid goode to bionne: mid Gode to bionne *B*   25.14 tellanne: dællanne *C,* tellenne *B*   to ðon hiora welt: to ðonne hiora welt *C,* to donne hiora welt *B. Emendation of both B and C readings is supported by the sense.*

P26   26.2 yfel þa: yfel þam *BC. Emendation of this shared error is supported by grammatical usage elsewhere.*   26.4 næbbe yfel: nabbe yfel *B,* næbbe *C*   26.8 swa slaw: to slaw *B*

M26   26.2 reccan: andreccan *C*   26.37 god: good *C*   26.115 mæge: *om. C. Emendation is required by sense, syntax, and meter.*

P27   27.3 and ungesælgoste: *om. B*   27.4 þara nan nyte: þara nan ne deð *B*   27.11 wendað: *so B,* wenað *C. B's reading is supported by the sense.*   27.12 ægþær: ægþer *B,* þær *C*   27.17 gewyrhtum: *so B,* unwyrhtum *C. B's reading is supported by the sense.*

M27   27.30 ær: *om. C. Emendation is required by sense, syntax, and meter.*

M28   28.23 oðre: oððe *C*   28.24 middre: midore *C*   28.70 unstaðolfæste: understaðolfæste *J* (. . . rstaðolfæste *C*)   28.83 wæfðo: wærðo *C*

P29   29.6 Godes foreþonc: *so B,* goodes foreþonc *C*   29.15 se betra: þe betsta *B*   29.17 sceade: *so B,* sceate *C. B's reading is supported by apt biblical echo.*   29.18 geþylde: *so B,* geþyldelice *C. B's reading is supported by Latin source.*   29.21 þara leana: maran leana *B*   29.22 God: god *B,* good *C*   hean anwalde: anwealde *B*   aðretne: aretne *C,* aþriet | nu *B*

M29   29.7 ne: *om. C. Emendation is required by the sense.*   29.9 monan: monna *C*   29.51 on: *om. C. Emendation is required by sense, syntax, and meter.*   29.75 þonan waldeð: þone anwald deð *C*   29.82 his ærendo: hærendo *C*   29.83 sendeð hæt eft cuman: ne sendað þæt eft cumað, *with* þæt *altered from* hæt *C*   29.89 þe: þa *C*

P30   30.2 gemet: andget *B*   30.3 wrycð: wricð *B,* wyrcð *C. B's reading is confirmed by Latin source.*   is ðæm good: is ðæm is ðæt good *C,* is þam god *B*   foretacn ecra: *so B,* foretacn ælcra *C*   30.4 his ne mæg: his nele *B*   30.5 to swiðe ymb þæt: sorhigan ne *B*

P32   32.2 Þæt: Hwæt *B*   uncynlicre: ungecyndlicre *B*   32.5 tela gehealdon: *so B,* to lange heoldon *C*   32.8 on hreore sæ: and hreo se *B*   windes: winde *B*   warenað: wærnað he hine *B*

M31   31.21 Nis: is *C*

P33   33.2 hit witan wilt: hit ongitan wilt *B*   33.5 gilt ælcum swiðe: gilt ælcum be þam *B*

Verse Prologues and Epilogues

These notes, in line with the practice elsewhere in this volume, record significant textual variants and emendations to the base text (see Note on the Texts above). Significant features in the layout of the base text are also recorded.

The Verse Prologue to the Old English *Dialogues*

1–2   *The manuscript has two lines of large capitals, the first reading* E ÐE ME RÆDAN, *the second reading* ÐANCE. HE IN ME FINDAN MÆ *(the word gaps are editorial). A missing row of capitals between these two lines is likely to have existed at one time, and on the basis of early Middle English glosses visible above where this row of capitals would have been, we propose its restoration as* ÐENCÐ TYNEÐ MID RIHTUM GE. *This proposed restoration follows Yerkes except in replacing* teonð *(the form of the gloss) with the more plausible Old English form* tyneð *(interpreted here as the 3rd pers. pres. sg. form of* tynan *"to close [a book]").*

12   Wulfsige: Wulfstan *with* tan *over an erasure, probably of* ige

13   þæs þe: þæs þ (e *lost at end of MS line*)

14   wihta: wiht

15   gesceafta: gesc ta (ea *lost at end of MS line*)

16   þe se: *one or two letters after* þe *have been erased*

19   heora: heo (ra *missing at end of MS line*)

21   forgyue: forgyu (e *missing at end of MS line*).   geo worhte: geworhte

22   geweald: gewe (ald *missing at end of MS line*)

27   iorð-cyninga: hiorðcyninga

The Verse Prologue to the Old English *Pastoral Care*

T = Cambridge, Trinity College, R.5.22; *U* = Cambridge, University Library, Ii.2.4.

3   iegbuendum: eorðbugendum *T*

11   min: me *TU*

13   heht: forþam he heht *U*

The Verse Epilogue to the Old English *Pastoral Care*

21   *In Hatton 20 the text from here to the end forms an inverted triangle, tapering at both left and right margins to a point.*

The Verse Epilogue to the Old English *Bede*

Written in alternating dark brown and red gilt lines.

1   Bidde: idde, *preceded by a space for the capital to be inserted*
4   wynsumum: wynsum

Notes to the Translations

THE OLD ENGLISH *BOETHIUS*

Verse Preface: This preface seems to speak initially in the voice of a reader or listener ("us" in line 1). In line 8, however, with a shift from plural to singular pronoun and an apparent change of perspective, the identity of the first person speaker ("ic") becomes uncertain. The possibility that the voice here may be interpreted as that of the book itself is supported by the use of a similar technique in the verse prologues to the Old English *Dialogues* and the Old English *Pastoral Care*. It is not inconceivable, though, that the voice is that of the supposed author, Alfred (moving from third to first person as in the prose prologue to the Old English *Pastoral Care*), or of someone engaged in reciting the work.

Meter 1: This introductory meter is not from the *DCP* but is based in part on one or more of the biographical notes (termed *vitae*) that accompanied the Latin text in MSS from the late ninth century onward and describe the circumstances in which the work was supposedly composed. But the invasion of Italy and sack of Rome by the Visigoths in the early fifth century described in lines 1–27 are not mentioned in the Latin *vitae* and were historically quite distinct from the late fifth-century invasion by Ostrogoths under Theoderic, leading to his long reign over Italy.

M1.7   *Rædgota and Alaric.* Rædgota is Radagaisus, the pagan commander of a Gothic army who invaded Italy in 406 and was defeated and killed. Alaric was a Christian and the ruler of another army of Goths who invaded Italy around the same time and eventually sacked Rome in 409. He then proceeded southward but died while attempting to move to Sicily, and his army turned back through Italy to southern Gaul. Some traditions make Radagaisus and Alaric allies against Rome.

M1.20   *the emperor fled.* The reigning emperor in the West, Honorius, was in fact based at Ravenna and unaffected by the attack on Rome in 409. The detail is not in the prose version but apparently added by the author of the verse.

M1.31   *Theoderic.* Theoderic the Ostrogoth invaded Italy in 488, possibly with the approval of the Eastern emperor, deposed the barbarian ruler Odovacer, and ruled Italy until his death in 526.

M1.40   *The heresy of Arius.* The Goths under Theoderic, like the Visigoths under Alaric and other Germanic peoples, were considered to be adherents of the unorthodox doctrine of the Trinity originally articulated by the third-century priest Arius, and hence at odds with the orthodoxy of Rome and (sometimes) Constantinople. This was in origin an accident of history, the Goths and others having preserved a set of doctrines that when first received were normal in the Eastern empire at least, but by the sixth century the Arian tradition may have been deliberately retained by the Goths and others as a mode of distinguishing themselves from Romans.

M1.42   *the good pope John.* Pope John I was, according to early tradition, imprisoned by Theoderic and died in prison in 526.

M1.46   *Then a certain powerful man in Rome was raised as consul.* Boethius (ca. 480–ca. 525) had held the largely honorary post of consul in 510, but at the time of his arrest and conviction ca. 523 held the much more powerful post of Master of the Offices, which made him one of Theoderic's main officials.

M1.68   *Theoderic the Amuling.* A reference to the Amal dynasty from which Theoderic claimed descent.

Meter 2:   Based on Boethius, *De consolatione philosophiae,* Book 1, Meter 1.

Prose 2:   A combination of material from *DCP* 1p1, 1p2, and 1p3.

P2.1   *heavenly Wisdom . . . my mourning mind.* In the Latin text the two speakers are the female personification Philosophia and Boethius himself, referred to as *ego,* "I." In the OE text Philosophia is replaced by Wisdom, who is described as the mind's mother or foster mother but is nevertheless referred to throughout by masculine pronouns, reflecting the fact that the word *wisdom* is grammatically masculine in OE (though "he" is occasionally called Reason as well or instead). The Modern English translation uses "he" since there is no consistent representation of Wisdom as female and to use "it" would be to lose the sense of Wisdom's personality. The other speaker is initially identified as the Mind (*Mod*) of Boethius, which is referred to by the grammatically appropriate neuter pronouns, but Mind changes to "Boethius" and "I" in subsequent sections.

Meter 3: Based on first part of *DCP* 1m2.

Prose 3: Material from *DCP* 1p2 and 1p4.

P3.2   *Plato.* The Latin text (1p4.5) refers to Plato's famous notion of the well-governed state being one in which philosophers were kings. The OE text stresses the importance of morality rather than philosophy.

Meter 4: Based on *DCP* 1m5 (1m3 and 1m4 are omitted).

M4.34, 40   *fate.* The Latin here refers to *Fortuna,* but the OE uses *wyrd,* which carries the sense "fate" or "the course of events." Both the Latin version and the OE one tend to represent fate (Latin *fata,* OE *wyrd*) in a negative sense early in the work but as an agent of divine providence later on.

Prose 4: §§1–3 based on *DCP* 1p5, §4 on 1m6, and §§5–8 on 1p6.

Meter 5: based on *DCP* 1m7.

Prose 5: §§1–7 are based on *DCP* 2p1, §§8–11 on 2p2, §12 on 2m2, and §§13–16 on 2p3. 2m1, on Fortune's power, is omitted in the OE version.

P5.1   *worldly felicity.* The OE text uses (*ge*)*sælð* ("fortune, happiness, prosperity, blessing") to render both *felicitas* ("happiness," but generally associated in the *DCP* with worldly fortune and prosperity) and *beatitudo* ("happiness," but gradually identified in the *DCP* with God and ultimate good), and often employs words like "false" or "worldly" to specify the former kind where necessary. "Happiness" has in Modern English lost some of that sense of general prosperity and success and become identified with cheerfulness; the translation here generally renders the term "felicity."

P5.8–11   *I would like us now to speak further about worldly felicities.* This corresponds to a passage in the Latin text where Philosophia speaks in the character of Fortune, but in the OE it has been adapted to fit Wisdom's voice.

P5.11   *Do you know how I changed things for the sake of Croesus king of the Greeks, when Cyrus king of the Persians had captured him and intended to burn him to death?* Croesus the sixth-century BCE king of Lydia was a famous example of wealth in classical tradition; according to Herodotus he was captured by Cyrus, king of the Persians, and about to be burned to death but miraculously released by sudden rain.

P5.13   *Answer the two of us now.* Wisdom uses the dual pronouns *unc* and *wit,* meaning himself and worldly felicities (understood as a singular entity here and corresponding to Fortune).

Meter 6:   Based on *DCP* 2m3.

Prose 6:   Based on *DCP* 2p4.

P6.1   *Then Boethius said.* The text briefly switches here to identifying the prisoner as Boethius rather than Mind, and then begins identifying him regularly as Boethius from Prose 13 until Prose 24.

P6.3   *Symmachus your father-in-law.* A distinguished Roman senator who apparently adopted Boethius as a child after his father died and married him to his daughter Rusticiana. According to early accounts he was executed by Theoderic at about the same time as Boethius.

P6.5   *Your two sons.* The young sons of Boethius were appointed as consuls for the year 522, at the same time as Boethius himself became Master of the Offices. The consulship had become a high honor associated with public largesse but not necessarily a post of power or duties.

P6.11   *The place in which you are held captive.* Referring presumably not
to the prison itself but to Pavia, an important Italian city in
Boethius's time and one enriched by Theoderic.

Meter 7:   Based on *DCP* 2m4.

Prose 7:   Based on *DCP* 2p5.

P7.12   *The old saying.* Not identified as an old saying in the Latin text,
but it is indeed one, going back at least to Aulus Gellius in the
second century CE (*Noctes Atticae* 9.8.1).

P7.17   *The old saying which was sung long ago.* Boethius does not indicate
an allusion here (*DCP* 2p5.34–35), but in fact the whole passage,
from *if now you were traveling,* paraphrases Juvenal, Satire 10.20–
22, as the glosses to the Latin text often note. The "old saying"
of the OE text refers to line 22 of Juvenal, not in the standard
wording but in the form in which it is quoted in marginal glosses
in the Latin MSS: *cantabit **nudus** coram latrone viator.*

Meter 8:   Based on *DCP* 2m5.

Prose 8:   Based on *DCP* 2p6.

P8.1   *done to this same Theoderic and long ago previously to the emperor
Nero.* Neither is mentioned at this point in the Latin text, but
Theoderic (the Ostrogothic king of Italy) has already been in-
troduced in the OE Meter 1, and the emperor Nero (Roman em-
peror 54–68 CE) is to be mentioned again frequently as the type
of the evil ruler in the course of the Latin text and the OE.

P8.2   *Tarquin the proud king.* Tarquinius Superbus, the last king of
Rome, expelled in 509 BCE.

P8.7   *a certain Roman nobleman called Liberius.* Boethius does not name
the tyrant or the hero in his version of this story, and similar sto-
ries were told in classical times of several figures, though always
Greeks rather than Romans. The name Liberius appears to be
a corruption of the Latin adjective *liberum* ("noble, wellborn"),
which refers to the unnamed hero of the story.

P8.8   *the savage Busiris.* According to Greek legends Busiris was a king
of Egypt who sacrificed his visitors to the gods but was in turn
sacrificed by Hercules.

P8.9   *Regulus the famous consul.* Numerous stories were told about the heroism and nobility of Marcus Atilius Regulus, the Roman consul and general who was defeated and captured in the Carthaginian wars in 255 BCE and who supposedly returned voluntarily to his torture and death after being sent to Rome on parole to negotiate peace.

P8.12   MS C bafflingly places the explicit to Book 1 after "he is quick," in the middle of a long speech by Wisdom which corresponds to the middle of 2p6 in the source, a very long distance from the Latin book division.

Meter 9:   Based on *DCP* 2m6.

M9.1–47   *We all know what foul deeds Nero, king of the Romans, performed.* The crimes attributed in classical accounts to the emperor Nero, including the murder of his mother and brother, are briefly alluded to by Boethius and expanded by the OE author. The notion that Nero set fire to Rome in order to reproduce the effect of Troy burning was a classical tradition, repeated in glosses to the Latin text.

Prose 9:   Based on *DCP* 2p7.

P9.2   *the material for a king and his tools for ruling with are that he has his land fully manned. He must have prayer men and army men and workmen.* The OE text expands greatly on the *DCP* and offers here the earliest known formulation of what became a central political concept in the Middle Ages, that society was composed of three orders, those who pray, those who fight, and those who work. The whole passage has frequently been taken as expressing the credo of King Alfred, but it is perhaps to be noted that the speaker is firmly rebuked by Wisdom for what he argues.

P9.5   *the book which is called Astrologium.* A book by that title is not known, but the OE author may have had a particular book or text on the stars and heavens in mind, such as the *Arataea* of Cicero or the *Astronomica* of Hyginus.

        the books of Ptolemy. The writings of Claudius Ptolemy (died ca. 168 CE) on astronomy and geography may have been known to Boethius but being in Greek were probably not known in

Western Europe at this time, and the details here were probably drawn from glosses or from Cassiodorus.

P9.7   *since their speech is divided into seventy-two.* That there were seventy-two languages was an early medieval commonplace, deriving from the apparent number of descendants of Noah listed in Genesis.

P9.8   *in the days of Marcus the consul.* The reference, derived from the *DCP,* is to a passage in Cicero's *De republica* as transmitted by Macrobius's *Somnium Scipionis.* The Caucasus was a general name in early sources for the mountain chain extending from the Mediterranean to the eastern ocean, and the Scythians likewise a general name for barbarian peoples extending from north of the Black Sea to the eastern ocean.

P9.13   *in olden days it happened that a very wise and very high-ranking man.* The story is based on Boethius's account, which says nothing of the identity of the characters or the time and place.

Meter 10:   Based on *DCP* 2m7.

M10.33   *the wise Weland.* Weland or Wayland was the legendary metal-working craftsman in Germanic tradition, appearing in several OE poems and on the whalebone Franks Casket. He may have been substituted here for the Roman hero Fabricius, mentioned at the same point in the Latin text, not because there was any similarity between the two but because of the potential pun on Latin *faber* ("smith" or "craftsman"). Anglo-Saxon tradition identified a Neolithic longbarrow on the Berkshire ridgeway as "Weland's smithy," and there may have been other such barrows associated with his name, prompting the reference to a mound or barrow here.

M10.47   *Brutus.* Boethius could be referring either to Lucius Junius Brutus, who became the first consul of Rome in 509 BCE after expelling Tarquin, or to Marcus Junius Brutus, who led the assassination of Julius Caesar in 44 BCE. Boethius does not specify, and the early commentators were uncertain.

M10.51   *Cato.* Either Cato the censor (234–149 BCE) or his great-grandson Cato the Younger (95–46 BCE), another opponent of

Julius Caesar. Again, Boethius does not specify and probably recognized the ambiguity, but the identification of him as a philosopher in the OE points to Cato the Younger.

Prose 10: Based on *DCP* 2p8.

Meter 11: Based on *DCP* 2m8.

M11.102 *this Boethius was also called Severinus.* His full name was Anicius Manlius Severinus Boethius. Early copies of the *DCP* and other texts generally refer to him just as "Boetius," but there are a few references to him as "Severinus" in Latin poetry of the ninth and tenth centuries. The cult of Boethius as "Saint Severinus" seems to have arisen later than the OE text.

Prose 11: Based on *DCP* 3p1.

P11.1 *I would never say.* Or perhaps *I would never lament.*

Meter 12: Based on *DCP* 3m1.

Prose 12: Based on *DCP* 3p2.

P12.8 *Epicurus the philosopher.* The Greek philosopher (341–270 BCE), traditionally associated with a doctrine of physical pleasure and avoidance of pain.

Meter 13: Based on *DCP* 3m2.

Prose 13: Based on *DCP* 3p3.

P13.2 *Boethius.* From here on the text generally refers to the prisoner as "Boetius" rather than Mind (OE *mod*).

P13.5 *Then Wisdom said: "But why do you not admit it?"* An inappropriate response to Boethius's agreement, and some text may have been lost here unless the author was translating unthinkingly at this point.

Meter 14: Based on *DCP* 3m3.

Prose 14: Based on *DCP* 3p4.

P14.1 *Honor and power can bring about two things.* The two things are probably (1) making the fool seem important to other fools and (2) making his deficiencies more evident to others.

P14.2   *the wise Catulus.* Boethius's reference is to the Roman poet Ca-
         tullus (ca. 84– ca. 54 BCE) and his mockery of the unidentified
         Nonius in Poem 52, but the OE text refers to him as "Catulus"
         and identifies him instead as a consul and (in the prose version)
         philosopher. There were indeed several consuls called Catu-
         lus. The OE author may have been using a Latin MS in which a
         gloss intended to identify Nonius, such as "consul," had become
         wrongly attached to Catullus, as happens in several early Latin
         MSS.

P14.3   *the unjust king Theoderic.* The *DCP* refers at this point to a politi-
         cian Decoratus, contemporary with Boethius and evidently a ri-
         val. The OE text offers a quite different story, at odds with the
         account in Prose 1 but in line with contemporary evidence, that
         Boethius was an advisor to Theoderic but fell out of favor when
         he insisted on speaking the truth instead of flattering him and
         was expelled from his court.

Meter 15: Based on *DCP* 3m4.

Prose 15: Based on *DCP* 3p5.

P15.3   *a certain king.* Boethius does not identify the king in question,
         but the story was usually attributed to Dionysius I of Sicily (ca.
         432–367 BCE), as early glosses to the Latin text note.

P15.5   *Seneca.* The Roman philosopher and dramatist Lucius Annaeus
         Seneca (ca. 4 BCE–65 CE) who became tutor to the emperor
         Nero and was compelled to commit suicide when implicated in
         a plot against Nero.

P15.5   *Papinianus . . . Antoninus.* The Roman jurist Aemilius Papinianus
         (142–212 CE) was advisor to the emperor Bassianus Antoninus
         (better known as Caracalla) and executed by him.

Meter 16: Based on *DCP* 3m5.

M16.13   *Thule.* A legendary island located in the ocean to the far west or
         northwest in early texts, and often cited, as by Boethius in the
         Latin text at this point, as the most distant point in the world.
         The absence of darkness in summer and of daylight in winter is a
         detail that goes back to Pliny at least, but is also cited by Bede

and others. The information shows genuine knowledge of arctic regions but not necessarily referring to Iceland, as often thought.

Prose 16: Based on *DCP* 3p6.

P16.1 *a poet sang.* The quotation is from the Greek dramatist Euripides, but Boethius refers to him simply as "the writer of tragedies," and the early commentators do not identify him.

Meter 17: Based on *DCP* 3m6.

Prose 17: Based on *DCP* 3p7.

P17.3 *that the children conspired among themselves and plotted against the father.* In adding this point the OE author was perhaps thinking of Rome's first consul, Lucius Junius Brutus, who executed his sons for conspiring against him, since the example is cited by glosses in the Latin MSS.

we heard from long ago in old stories that a son killed his father. Perhaps a reference to Oedipus, whose killing of his father is mentioned in the well-known *History* of Orosius and in the contemporary OE version of it.

Euripides. Cited here by name by Boethius.

Meter 18: Based on *DCP* 3m7.

Prose 18: Based on *DCP* 3p8.

P18.5 *Alcibiades the nobleman.* The good looks of the fifth-century BCE Athenian orator and general were famous in antiquity, though many of the early commentators assumed that Boethius must have been referring to a woman.

P18.5 *that animal lynx.* Boethius's word *lyncei* probably refers to the keen-sighted argonaut Lynceus, but the OE author, like most glossators and Chaucer, took it as a reference to the equally sharp-sighted lynx.

Meter 19: Based on *DCP* 3m8.

Prose 19: Based on *DCP* 3p9.

P19.4 *most honorable and glorious.* The OE wording fails to capture the intended distinction between respect or worthiness in the previous paragraph and renown or glory in this one.

P19.12   *our philosopher Plato.* Boethius identifies the source of his allusion as Plato's *Timaeus.*

Meter 20: Based on *DCP* 3m9.

M20.1   *My Lord, you are almighty.* The Latin meter draws heavily and allusively on the famous account of the universe in Plato's *Timaeus,* and in part because of its reliance on a pagan source became the most controversial and challenging part of the *DCP* in the early Middle Ages, generating lengthy commentaries as well as accusations of heresy. The OE translator reworked it extensively and imaginatively, with much additional material on the four elements and the structure of the world, and it was reworked again by the author of the verse, but it retains what must have been some challenging ideas about the soul and the universe.

Prose 20: Based on *DCP* 3p10.

Meter 21: Based on *DCP* 3m10.

P⋅ ⋅ 21: Based on *DCP* 3p11

Meter 22: Based on *DCP* 3m11.

M22.53   *the ancient philosopher, our Plato, formerly told us.* The OE text follows the Latin in referring to Plato's view that learning is actually a process of recalling what the soul knew, from the beginning of time, before it was imprisoned within the body; but by the ninth century it was a controversial and, for many, heretical position

Prose 22: Based on *DCP* 3p12

P22.9   *in old false stories.* The classical legend of the giants' revolt against the gods is fleetingly alluded to by Boethius but treated in more expansive detail by the OE author; the Latin MSS add further material in the margins, but his knowledge seems to be independent.

P22.10   *what folly the giant Nimrod worked.* The account of Babel (not of course cited by Boethius) draws on Genesis 11 but shows impressive familiarity with other parts of the Bible and traditional commentary.

P22.14 *Parmenides the poet.* Boethius gives a quotation in Greek from a poem by the fifth-century BCE philosopher Parmenides (of whose work very little survives) and expands on it in the Latin that follows. The quotation in the OE text is actually a rendering of the subsequent Latin rather than the words of Parmenides, but the Latin MSS of the *DCP* show the same misconception.

Meter 23, *Prose 23:* Based on *DCP* 3m12. The OE text uses verse only for the introductory lines of the Latin meter and then switches back to prose for the account of Orpheus, perhaps because the author of the verse was misled by the reference in the prose at that point to *spellum,* the word which is generally used for prose or speech, and thought that the meter ended there. The OE account of Orpheus here shows an extensive knowledge of the legend, giving a detailed account of the classical Hades and its celebrated guardians and captives.

P23.2 *Charon.* Charon, the aged ferryman of Hades in classical legend, is the one figure in the OE account who is not mentioned by Boethius. His three heads are not a traditional feature, and it may be that the OE author decided to offer two interpretations of Boethius's "three-headed doorkeeper," identifying him with Charon as well as the dog Cerberus.

P23.3 *whom ordinary people call Parcae.* Boethius speaks of "the avenging goddesses" and probably means the Furies rather than the Parcae or Fates, but the two triads were often confused.

to their king. The Latin refers only to the "overseer of the shades" (*arbiter umbrarum*) but presumably means Pluto, god of the underworld.

Ixion . . . Tantalus. . . . Tityus. All familiar examples of those tormented in Hades, and all mentioned in the Latin text at this point (though none is identified there as a king).

Prose 24: Based on *DCP* 4p1. From here to the end of the text the prisoner is referred to as "I" and "me" rather than Mind or Boethius.

Meter 24: Based on *DCP* 4m1.

M24.22 *Saturn . . . wanders uppermost over all other stars.* Strictly, in the medieval picture Saturn is above all the other *planets* (and the sun and moon), not the stars, but neither Boethius nor the OE text distinguishes between them here.

Prose 25: Based on *DCP* 4p2.

P25.11 *he who is blessed is a god to the extent that we explained in this same book.* The back-reference is not in fact to Book 4 but to Book 3, at P20.10.

P25.13 *Plato's saying.* From Plato's *Gorgias,* but Boethius gives it as "the wise alone can do what they desire, while the wicked can do what they like but cannot achieve what they desire," and there may be some loss of text here.

Meter 25: Based on *DCP* 4m2.

Prose 26: Based on *DCP* 4p3.

Meter 26: Based on *DCP* 4m3.

M26.5 *Ulysses . . . was lord of the peoples of Thrace and guardian of the kingdom of Retia.* Boethius identifies Ulysses here only as the lord of Neritius (= Neritos, then a Greek island) but later refers to him as "the man from Ithaca" (4m7). The OE prose version reflects those two traditional origins by identifying him as the ruler of two countries, Ithaca and "Retie," the latter being perhaps a corruption of Neritos (it is unlikely that the author was meaning to link him with Rhaetia, the classical name for Switzerland). The OE meter has Thrace for Ithaca, perhaps through a copying error in the prose from which the poet worked.

M26.62 *she loved dotingly the lord of seafarers, and he also . . . loved her.* The OE text reverses the traditional story of Ulysses and Circe in which the king enters into a relationship with the enchantress only after she has transformed his men into animals and he has gained power over her and forced her to agree to free them.

Prose 27: Based on *DCP* 4p4.

Meter 27: Based on *DCP* 4m4.

Prose 28: Based on *DCP* 4p5.

Meter 28: Based on *DCP* 4m5.

M28.26   *Saturn, which has orbited the world every thirty years.* The Latin meter has been describing the nightly course of the stars and the apparently longer and slower nightly course of the constellations nearer the celestial pole such as Bootes and the Plow. The OE text here introduces a rather different movement, the thirty-year orbit of Saturn around the earth (in the medieval view; around the sun in the modern view).

Prose 29: Based on *DCP* 4p6.

P29.2   *a serpent which had nine heads.* The story of Hercules's defeat of the Hydra (as one of his twelve labors), briefly alluded to by Boethius, was told by many writers, including Ovid, but the OE text has distinctive details.

P29.8   *just as the wheels turn on the axle of a cart.* The long and original analogy of the wagon wheel (P29.8–11) to explain the connections of providence, fate, and human existence seems to spring from Boethius's brief image of concentric circles, but it was perhaps inspired by diagrams of the circles in early MSS of the *Consolation,* which often resemble cartwheels.

P29.17   *As of old a wise man said.* The Latin text has at this point a Greek quotation from "one more excellent than myself," which has not been found elsewhere but has been attributed variously to the Chaldean Oracles or Gnostic sayings. The OE version substitutes this adapted quotation from Psalm 16:8 (17:8 in the English Bible), which has a similar sentiment, but conceals the authorship.

Meter 29: Based on *DCP* 4m6.

M29.12   *that star which the wise call Ursa.* Referring again to the Plow, by another name. Boethius's point is that the constellation never appears to set (since it circles the celestial north pole), which may be what the OE text means by saying it does not approach the west, though to say that it stays in the east is probably to misinterpret what the OE prose version says.

Prose 30: §§1–6 based on *DCP* 4p7, §7 on 4m7. The OE text omits most of the Latin 4m7, which refers to Agamemnon's sacrifice of his daughter Iphigenia on the way to Troy, Ulysses' defeat of the Cyclops, and the labors of Hercules, and gives just the final lines of exhortation, in prose.

Prose 31: §§1–2 based on *DCP* 5p1, §§3–4 on 5p2; the OE text omits 5m1 on the convergence of the Tigris and Euphrates as a figure for the merging of causes.

P31.1   *what you asked me earlier is very far from our way.* The passage is opaque (in both Latin and English versions), but the point in the OE text seems to be that Wisdom will accede to the prisoner's request to pursue the knotty issues of providence, fate, and chance instead of taking the simpler line of argument which will lead him to heaven or himself.

P31.2   *my beloved Aristotle.* The reference to Aristotle's *Physics* is taken over from the *DCP,* where Philosophia refers to the Greek philosopher as "my Aristotle." Wisdom apparently identifies himself as the representative of pagan philosophy, among other things.

Meter 30: Based on *DCP* 5m2.

M30.2   *Homer, Virgil's friend and teacher.* Boethius mentions Homer but not Virgil. The OE prose version describes Homer as the teacher of Virgil, which could just be interpreted as meaning his model or inspiration, but the poetic description of him as Virgil's friend (*freond*) seems to be a clear misunderstanding of the prose.

Prose 32: Mostly not based on the Latin text, but there are some parallels with *DCP* 5p3, 5p4, 5p5, and 5p6. The OE text does not include any of 5m3, on the problem of reconciling two truths, and 5m4, on the ways in which different philosophers have sought to analyze perception.

P32.4   *Cicero . . . was greatly occupied with that same issue.* Boethius is apparently referring to Cicero's *De divinatione.*

Meter 31: Based on *DCP* 5m5.

Prose 33: Based on *DCP* 5p6.

Verse Prologues and Epilogues

The Verse Prologue to the Old English *Dialogues*

1, 3, 12   *me.* In this prologue, as in the verse prologue to the Old English *Pastoral Care* and perhaps in the verse preface to the Old English *Boethius,* the book itself is the speaker. Carolingian precedents for the OE verse prologues in the voice of the book can be found in Latin verse prologues by Alcuin. Vernacular analogues for the *topos* of the speaking book include riddles, scribal colophons, and poems such as *Aldhelm* and *Thureth.* The book which speaks out in this prologue is a copy of Wærferth's translation of Gregory the Great's *Dialogues* apparently commissioned by Bishop Wulfsige.

12   *Wulfsige.* The manuscript reads *Wulfstan,* probably an alteration from original *Wulfsige.* The alteration may have been done in the second half of the eleventh century when the MS was being prepared for the use of Wulfstan II of Worcester. In its unrestored form, the prologue claims anachronistically that this bishop was given by Alfred a copy of the Old English *Dialogues.*

20   The metrical irregularity of this line may indicate a loss of text.

23   *who gave him the book's exemplar.* Since *bisen* could mean either "exemplar" or "example," this may also be rendered as "who gave him an example of that practice" (i.e., of praying to the holy saints to help him, or of a virtuous life in general, or of producing and circulating the Old English *Dialogues*).

The Verse Prologue to the Old English *Pastoral Care*

1   Augustine of Canterbury initiated the process of conversion to Christianity in Britain through the mission he led from Rome in 597 CE. The poem implies that Gregory's *Regula Pastoralis* was brought with him on this mission.

6   Gregory the Great, Pope Gregory I between 590 and 604, was the author of *Regula pastoralis,* a manual on the responsibilities

of the clergy written around 590, which was the source for the Old English *Pastoral Care.*

12 The words "of me" and "me" (*min* and *me*) identify the book itself as speaker, a device which is also used in the verse prologue to the Old English *Dialogues* (see above).

and sent me south and north. Copies of the work were apparently sent to other centers (such as, perhaps, Canterbury, Worcester, and Sherborne) for copying, before being distributed to the bishops.

The Verse Epilogue to the Old English *Pastoral Care*

1–8 These lines paraphrase Saint John's Gospel 7:38–39, where Christ's words are quoted then explained: "'He who believes in me, as the scripture said, rivers of living water will flow from his breast.' This however he said concerning the spirit."

9–12 The image of channeling the waters of wisdom to others has its source in chapter 48 of the Old English *Pastoral Care,* where the teacher is urged to channel the waters to the minds of his subjects.

13–21 The image of those who wisely contain the waters in a pool rather than rashly releasing them to form a useless marsh develops passages in chapters 38 and 39 of the Old English *Pastoral Care* (which themselves rework Gregory's original).

The Verse Epilogue to the Old English *Bede*

1 *I too pray.* The epilogue is in our view written in the voice of the scribe (though conceivably in the voice of the book) rather than in the voice of Bede, and it belongs to the tradition of the scribal colophon.

3 *the boards.* The book is depicted as being in its finished state within board covers.

5, 7 *with his two hands . . . with his hands.* Writing required the use of both hands, one to hold the quill to write with and the other to

NOTES TO THE TRANSLATIONS

hold the penknife for keeping the parchment steady and sharpening the quill.

7   *in accordance with his lord's desire.* Although the poem is initially addressed to a secular lord, its last three lines are an appeal to God. The ambiguous use of "lord" (*aldre*) in line 7 may look both backward and forward.

Bibliography

THE OLD ENGLISH *BOETHIUS*

Editions and Translations into Modern English

Assmann, Bruno, ed. *Metra des Boetius*. Bibliothek der angelsächsischen Poesie 3, ed. Richard Paul Wülker, 247–303/2.1–57. Leipzig, 1898.

Cardale, J. S., ed. *King Alfred's Anglo-Saxon Version of Boethius De Consolatione Philosophiæ, with an English Translation, and Notes*. London and Leicester, 1829.

Fox, Samuel, ed. *King Alfred's Anglo-Saxon Version of Boethius De Consolatione Philosophiae, with a Literal English Translation, Notes and Glossary*. London, 1864.

———. *King Alfred's Anglo-Saxon Version of the Metres of Boethius, with an English Translation and Notes*. London, 1835.

Godden, Malcolm, and Susan Irvine, eds., with a chapter on the Metres by Mark Griffith and contributions by Rohini Jayatilaka. *The Old English Boethius: An Edition of the Old English Versions of Boethius's* De Consolatione Philosophiae. 2 vols. Oxford, 2009.

Grein, Christian W. M., ed. *Älfreds Metra*. Bibliothek der angelsächsischen Poesie 2, 295–339. Göttingen, 1858.

Griffiths, Bill, ed. *Alfred's Metres of Boethius*. Pinner, 1991; Rev. ed. Pinner, 1994.

Krämer, Ernst, ed. *Die altenglischen Metra des Boetius*. Bonner Beiträge zur Anglistik 8. Bonn, 1902.

Krapp, George Phillip, ed. *The Paris Psalter and the Meters of Boethius*. The Anglo-Saxon Poetic Records 5. London, 1932.

Obst, Wolfgang, and Florian Schleburg, eds. *Lieder aus König Alfreds Trostbuch: die Stabreimverse der altenglischen Boethius-Übertragung.* Anglistische Forschungen 259. Heidelberg, 1998.

Rawlinson, Christopher, ed. *An. Manl. Sever. Boethi consolationis Philosophiæ libri V. Anglo-Saxonice redditi ab Alfredo, inclyto Anglo-Saxonum rege. Ad apographum Junianum expressos edidit Christophorus Rawlinson e Collegio Reginae.* Oxford, 1698.

Sedgefield, Walter John, ed. *King Alfred's Old English Version of Boethius De Consolatione Philosophiae.* Oxford, 1899.

Stewart, H. F., E. K. Rand, and S. J. Tester, trans. *Boethius: The Theological Tractates, The Consolation of Philosophy.* Loeb Classical Library. London, 1973.

Selected Secondary Literature

Bolton, W. F. "How Boethian Is Alfred's *Boethius?*" In *Studies in Earlier Old English Prose,* edited by Paul E. Szarmach, 153–68. Albany, 1986.

Discenza, Nicole Guenther. *The King's English: Strategies of Translation in the Old English Boethius.* Albany, 2005.

Donoghue, Daniel. "Word Order and Poetic Style: Auxiliary and Verbal in the *Metres of Boethius.*" *Anglo-Saxon England* 15 (1986): 167–96.

Gibson, Margaret T., ed. *Boethius: His Life, Thought and Influence.* Oxford, 1981.

Godden, Malcolm. "The Alfredian Project and Its Aftermath: Rethinking the Literary History of the Ninth and Tenth Centuries." *Proceedings of the British Academy* 162 (2009): 93–122.

———. "The Anglo-Saxons and the Goths: Rewriting the Sack of Rome." *Anglo-Saxon England* 31 (2002): 47–68.

Griffith, M. S. "Verses Quite Like *cwen to gebeddan* in *The Metres of Boethius.*" *Anglo-Saxon England* 34 (2005): 145–67.

Irvine, Susan. "Ulysses and Circe in King Alfred's Boethius: A Classical Myth Transformed." In *Studies in English Language and Literature. "Doubt Wisely": Papers in Honour of E. G. Stanley,* edited by M. J. Toswell and E. M. Tyler, 387–401. London, 1996.

Keynes, Simon, and Michael Lapidge, trans. *Alfred the Great: Asser's Life of King Alfred and Other Contemporary Sources.* Harmondsworth, 1983.

Marenbon, John, ed. *The Cambridge Companion to Boethius.* Cambridge, 2009.

Minnis, A. J., ed. *The Medieval Boethius: Studies in the Vernacular Tradition of Boethius.* Cambridge, 1987.

Otten, Kurt. *König Alfreds Boethius.* Studien zur englischen Philologie, neue Folge 3. Tübingen, 1964.

Payne, F. Anne. *King Alfred and Boethius: An Analysis of the Old English Version of the Consolation of Philosophy.* Madison, Wis., 1968.

Proppe, Katherine. "King Alfred's *Consolation of Philosophy.*" *Neuphilologische Mitteilungen* 74 (1973): 635–48.

Reuter, Timothy, ed. *Alfred the Great: Papers from the Eleventh-Centenary Conferences.* Studies in Early Medieval Britain 3. Aldershot, Hants., 2003.

Schmidt, K. H. *König Alfreds Boethius-Bearbeitung.* Göttingen, 1934.

Szarmach, Paul E., ed. *Old English Prose: Basic Readings.* Basic Readings in Anglo-Saxon England 5. New York, 2000.

Waite, Gregory. *Old English Prose Translations of King Alfred's Reign.* Annotated Bibliographies of Old and Middle English Literature. Woodbridge, 2000.

Verse Prologues and Epilogues

Editions and Translations into Modern English

General

Dobbie, Elliott Van Kirk, ed. *The Anglo-Saxon Minor Poems.* The Anglo-Saxon Poetic Records 6. New York, 1942.

Hamer, Richard, trans. *A Choice of Anglo-Saxon Verse.* London, 1970.

The Verse Preface to the OE Dialogues

Cook, Albert S. "An Unsuspected Bit of Old English Verse." *Modern Language Notes* 17 (1902): 13–20.

Hecht, Hans, ed. *Bischof Wærferths von Worcester Übersetzung der Dialoge Gregors des Grossen.* 2 vols. Bibliothek der angelsächsischen Prosa 5. Leipzig, 1900–1907.

Holthausen, F. "Die allitterierende Vorrede zur altenglischen Übersetzung von Gregors Dialogen." *Archiv* 105 (1900): 367–69.

——. "Kleinere Altenglische Dichtungen." *Anglia* 41 (1917): 402.

Krebs, H. "Zur angelsaechsischen Uebersetzung der Dialoge Gregors." *Anglia* 3 (1880): 70–73.

Yerkes, David. "The Full Text of the Metrical Preface to Wærferth's Translation of Gregory," *Speculum* 55 (1980): 505–13.

The Verse Preface and Epilogue to the OE Pastoral Care

Holthausen, F. "Die Gedichte in Ælfreds Übersetzung der *Cura pastoralis.*" *Archiv* 106 (1901): 346–47.

Körner, K. *Einleitung in das Studium des Angelsächsischen* II. Heilbronn, 1880.

Schreiber, Carolin. *King Alfred's Old English Translation of Pope Gregory the Great's Regula Pastoralis and Its Cultural Context: A Study and Partial Edition According to All Surviving Manuscripts Based on Cambridge, Corpus Christi College 12.* Frankfurt-am-Main, 2003.

Sweet, Henry, ed. *King Alfred's West-Saxon Version of Gregory's Pastoral Care.* London, 1871.

The Verse Epilogue to the OE Bede

Holthausen, Ferdinand. "Altenglische Schreiberverse." *Anglia,* Beiblatt 38 (1927): 191–92.

Miller, Thomas, ed. *The Old English Version of Bede's Ecclesiastical History of the English People.* 4 vols. London, 1890–1898.

Robinson, Fred C. "'Bede's' Envoi to the Old English *History:* An Experiment in Editing." In his *The Editing of Old English,* 167–79. Oxford, 1994.

Schipper, J. *König Alfreds Übersetzung von Bedas Kirchengeschichte.* Leipzig, 1899.

Sievers, E. "Altenglische Schreiberverse." *Beiträge zur Geschichte der deutschen Sprache und Literatur* 52 (1928): 310–11.

Selected Secondary Reading

Bredehoft, Thomas A. *Authors, Audiences, and Old English Verse.* Toronto, 2009.

Cross, J. E. "The Metrical Epilogue to the Old English Version of Gregory's *Cura Pastoralis.*" *Neuphilologische Mitteilungen* 70 (1969): 381–86.

Discenza, Nicole Guenther. "Alfred's Verse Preface to the *Pastoral Care* and the Chain of Authority," *Neophilologus* 85 (2001): 625–33.

Earl, James W. "King Alfred's Talking Poems." In *Thinking About "Beowulf",* 87–99. Stanford, 1994. [Originally published in *Pacific Coast Philology* 24.1–2 (1989): 49–61].

Frantzen, Allen J. "The Form and Function of the Preface in the Poetry and Prose of Alfred's Reign." In *Alfred the Great: Papers from the Eleventh-Century Conferences,* edited by Timothy Reuter, 121–36. Aldershot, Hants., 2003.

Godden, Malcolm. "Prologues and Epilogues in the Old English *Pastoral Care,* and Their Carolingian Models." *Journal of English and Germanic Philology* 110 (2011): 441–73.

———. "Wærferth and King Alfred: The Fate of the Old English *Dialogues.*" In *Alfred the Wise: Studies in Honour of Janet Bately on the Occasion of Her Sixty-fifth Birthday,* edited by Jane Roberts and Janet L. Nelson with Malcolm Godden, 37–51. Cambridge, 1997.

Irvine, Susan. "Alfredian Prefaces and Epilogues." In *A Companion to Alfred the Great,* edited by Nicola Guenther Discenza and Paul E. Szarmach. Leiden, 2013 (forthcoming).

Isaacs, Neil D. *Structural Principles in Old English Poetry.* Knoxville, 1968.

O'Brien O'Keeffe, Katherine. "Listening to the Scenes of Reading: King Alfred's Talking Prefaces." In *Orality and Literacy in the Middle Ages: Essays on a Conjunction and Its Consequences in Honour of D. H. Green,* edited by Mark Chinca and Christopher Young, 17–36. Turnhout, 2005.

———. *Visible Song: Transitional Literacy in Old English Verse.* Cambridge, 1990.

Orton, Peter. "Deixis and the Untransferable Text: Anglo-Saxon Colophons, Verse-Prefaces and Inscriptions." In *Imagining the Book,* edited by Stephen Kelly and John J. Thompson, 195–207. Turnhout, 2005.

Robinson, Fred C. "Old English Literature in Its Most Immediate Context." In *Old English Literature in Context: Ten Essays,* edited by John D. Niles, 11–29. Cambridge, 1980.

Sisam, Kenneth. *Studies in the History of Old English Literature.* Oxford, 1953.

Stanley, E. G. "King Alfred's Prefaces." *The Review of English Studies* n.s. 39 (1988): 349–64.

Whobrey, William T. "King Alfred's Metrical Epilogue to the *Pastoral Care.*" *Journal of English and Germanic Philology* 90 (1991): 175–86.

Index

References are to the Old English texts or, where *n* follows the reference, to the Notes to the Translations.

P = prose section in the Old English *Boethius;* M = meter in the Old English *Boethius;* VPref.Bo. = verse preface to the Old English *Boethius;* Pref.GD = verse preface to the Old English *Dialogues;* Pref.PC = verse preface to the Old English *Pastoral Care;* Ep.PC = epilogue to the Old English *Pastoral Care.*